공인중개사 1차
국가자격시험

교시	문제형별	시험과목	회차
2교시	A	② 민법 및 민사특별법	제1회

01 반사회적 법률행위로서 무효가 <u>아닌</u> 것은? (다툼이 있으면 판례에 의함)

① 과도하게 중한 위약벌 약정

② 도박자금에 제공할 목적으로 금전을 대여하는 행위

③ 소송에서의 증언을 조건으로 통상 용인되는 수준을 넘는 대가를 받기로 한 약정

④ 공무원의 직무행위에 관하여 부정한 청탁의 대가로 금전을 지급하기로 한 약정

⑤ 부동산에 대한 강제집행을 면할 목적으로 그 부동산에 허위의 근저당권을 설정하는 행위

02 다음 중 형성권인 것은?

① 부동산매수인의 소유권이전등기청구권

② 저당권설정자의 저당물보충청구권

③ 미성년자의 법률행위의 취소권

④ 점유자의 유익비상환청구권

⑤ 점유취득시효 완성자의 등기청구권

03 의사표시에 관한 설명 중 <u>틀린</u> 것은? (다툼이 있으면 판례에 의함)

① 「민법」상 도달주의원칙은 특별한 규정이나 행위의 성질에 반하지 않는 한 상대방 있는 공법행위에도 적용된다.

② 공무원이 사직의 의사표시를 하여 의원면직처분이 이루어진 경우에 사직원 제출자의 내심의 의사가 사직할 뜻이 아니었다 하더라도 진의 아닌 의사표시에 관한 「민법」 제107조가 준용되지 않는다.

③ 제한능력자의 법정대리인이 의사표시의 도달을 안 후에는 그때부터 표의자는 그 의사표시의 도달을 주장할 수 있다.

④ 표의자가 진정으로 마음 속에서 바라지는 아니하면서도 그것이 최선이라고 판단하여 그 사직서를 제출하였다면, 이는 내심의 효과의사가 결여된 비진의 의사표시에 해당한다.

⑤ 내용증명 기타 등기취급의 방법으로 발송된 경우에는 반송되는 등의 특별한 사정이 없는 한 그 무렵 수취인에게 도달된 것으로 추정된다.

04 사기, 강박에 의한 의사표시에 관한 설명으로 <u>틀린</u> 것은? (다툼이 있으면 판례에 의함)

① 강박에 의한 의사표시는 해악의 고지에 의해 공포를 느끼고 행한 것이어야 한다.

② 사기가 성립하려면 기망행위로 표의자가 착오에 빠져야 한다.

③ 상대방 있는 의사표시에 관하여 제3자가 강박을 행한 경우에는 상대방이 그 사실을 알았던 경우에 한하여 취소할 수 있다.

④ 신의칙상 고지의무가 있는 사항을 침묵한 경우에도 부작위에 의한 기망행위가 될 수 있다.

⑤ 강박에 의한 의사표시는 무효가 될 수도 있다.

05 의사표시에 관한 설명으로 <u>틀린</u> 것은? (다툼이 있으면 판례에 따름)

① 통정허위표시에서 파산관재인은 제3자에 해당한다.

② 통정허위표시에서 제3자가 보호받기 위해서는 가장행위에 대하여 선의이면서 과실이 없어야 한다.

③ 상대방에 의해 유발된 동기의 착오는 동기가 표시되지 않았더라도 법률행위 내용의 중요부분의 착오가 될 수 있다.

④ 통정허위표시는 제3자 유무와 상관없이 당사자 사이에서는 무효이다.

⑤ 사기에 의한 의사표시의 취소는 선의의 제3자에게 대항하지 못한다.

원큐패스 Q PASS

원큐패스는 수험생들이 **한번에 합격**하기를 응원합니다.

공인중개사
빈출 기출문제

김화현 저

1차

민법 및 민사특별법

다락원

머리말

공인중개사 1차 국가자격시험 민법 및 민사특별법은 공부할 양이 방대하고 어려운 내용도 상당히 많은 과목입니다. 또한 2차 과목에도 영향을 많이 미치는 과목이기도 합니다.

그래서 공인중개사 국가자격시험에서 가장 중요한 과목이라고 할 수 있습니다.

이와 같이 중요한 공인중개사 국가자격시험은 그 동안 많은 기출문제가 누적되어 왔고 기출문제와 비슷한 내용의 문제들이 해마다 반복되어 출제되고 있는 경향이 있습니다. 따라서 민법 및 민사특별법의 여러 공부 방법 중 기출문제 공략이 빠른 합격을 위해서 가장 중요합니다.

한편, 공인중개사 국가자격시험은 평균 60점 이상이면 합격하는 시험입니다. 따라서 너무 어려운 내용이나 아주 지엽적인 내용을 공부하지 않더라도 합격할 수 있는 시험이므로 다른 시험과 달리 공부 전략이 가장 중요한 시험이기도 합니다.

따라서 본 교재는 이러한 현실을 감안하여 다음과 같이 집필하였습니다.

첫째, 그동안 출제되어 왔던 기출문제와 빈출문제를 매우 충실하게 구성하였습니다.

기출문제 중에서도 최근에 출제된 문제와 자주 반복되어 출제되는 문제에 주안점을 두고 이러한 내용들을 문제에 충실히 반영하였습니다.

둘째, 최근 중요한 대법원 판례도 문제에 많이 반영하였습니다.

공인중개사 국가자격시험 1차 민법 및 민사특별법도 그 난이도가 점점 높아지고 있는 추세를 반영한 결과입니다.

셋째, 최근 공인중개사 국가자격시험 1차 민법 및 민사특별법은 박스형 문제 출제가 증가하고 있습니다.

박스형 문제 출제가 증가하고 있다는 것은 그만큼 정확한 지식을 요구하는 문제들이 증가하고 있다는 것입니다. 따라서 이와 같은 현실을 감안하여 박스형 문제를 많이 수록하여 수험생들의 학습역량이 증진될 수 있도록 구성하였습니다.

넷째, 최근 공인중개사 1차 국가자격시험 민법 및 민사특별법은 중요한 법조문이나 중요한 대법원 판례를 단순한 서술형 문제가 아닌 사례형 문제로 출제하고 있습니다.

사례형 문제가 출제되고 있는 추세에 부응하기 위하여 사례형 문제를 많이 가미하여 실제 시험에서 고득점을 득점할 수 있도록 최선을 다하였습니다.

다섯째, 최근 공인중개사 시험경향을 철저히 분석하여 반드시 학습하여야 할 내용을 반복적인 문제로 구성하였습니다.

반드시 익혀야 할 문제를 실제 시험에서 절대 실수하지 않도록 철저히 반복학습할 수 있도록 대비하는 데 가장 적합한 교재입니다.

마지막으로 수험생 여러분들의 건강과 합격을 진심으로 기원합니다. 실제 시험에서 실수하지 않고 차분히 시험에 임하여 부디 좋은 결과가 있기를 기원합니다.

저자 김화현 배상

※ 최신기출문제는 다락원 홈페이지에 수록되어 있습니다.

공인중개사 시험요강

❶ 공인중개사 자격시험

부동산 중개업을 건전하게 지도, 육성하여 공정하고 투명한 부동산 거래질서를 확립함으로써 국민경제에 이바지함을 목적으로 한다.

※ 소관부처명: 국토교통부(부동산산업과)

❷ 시험일정 (※원서접수시간은 원서접수 첫날 09:00부터 마지막 날 18:00까지임)

구분	접수기간	시험일정	의견제시기간	발표기간
2022년 33회 1차	2022.08.08 ~ 2022.08.12 빈자리추가접수기간 2022.10.13 ~ 2022.10.14	2022.10.29	2022.10.29 ~ 2022.11.04	2022.11.30 ~
2022년 33회 2차	2022.08.08 ~ 2022.08.12 빈자리추가접수기간 2022.10.13 ~ 2022.10.14	2022.10.29	2022.10.29 ~ 2022.11.04	2022.11.30 ~

❸ 응시자격

제한없음

단, 「공인중개사법 제4조3에 따라 시험부정행위로 처분 받은 날로부터 시험시행일 전일까지 5년이 경과되지 않은 자」, 「제6조에 따라 자격이 취소된 후 3년이 경과하지 않은 자」, 「시행규칙 제2조에 따른 기자격취득자」는 응시할 수 없음

※ 공인중개사 등록을 위한 결격사유는 별도로 정하고 있으며, 담당기관(관할 시,군,구)으로 문의바람.

❹ 응시수수료

1차 : 13,700원
2차 : 14,300원

❺ 시험과목 및 방법

구분	시험 과목	문항수	시험시간	시험방법
제1차 시험 1교시 (2과목)	1. 부동산학개론(부동산감정평가론 포함) 2. 민법 및 민사특별법 중 부동산 중개에 관련되는 규정	과목당 40문항 (1번~80번)	100분 (09:30~11:10)	객관식 5지선택형
제2차 시험 1교시 (2과목)	1. 공인중개사의 업무 및 부동산 거래신고 등에 관한 법령 및 중개실무 2. 부동산공법 중 부동산중개에 관련되는 규정	과목당 40문항 (1번~80번)	100분 (13:00~14:40)	
제2차 시험 2교시 (1과목)	1. 부동산공시에 관한 법령(부동산등기법, 공간정보의 구축 및 관리 등에 관한 법률) 및 부동산 관련 세법	40문항 (1번~40번)	50분 (15:30~16:20)	

※답안작성 시 법령이 필요한 경우는 시험시행일 현재 시행되고 있는 법령을 기준으로 작성

❻ 합격기준

1차시험 : 매 과목 100점을 만점으로 하여 매 과목 40점 이상, 전 과목 평균 60점 이상 득점한 자

2차시험 : 매 과목 100점을 만점으로 하여 매 과목 40점 이상, 전과목 평균 60점 이상 득점한 자

※제1차 시험에 불합격한 자의 제2차 시험에 대하여는 「공인중개사법」시행령 제5조제3항에 따라 이를 무효로 함.

❼ 취득방법

(1) 원서접수방법 : Q-net을 통해 하거나 공단 지역본부 및 지사에서 인터넷접수 도우미서비스를 제공받을 수 있음

　　※내방 시 준비물 : 사진(3.5×4.5) 1매, 전자결재 수단(신용카드, 계좌이체, 가상계좌)

　　※수험자는 응시원서에 반드시 본인 사진을 첨부하여야 하며, 타인의 사진 첨부 등으로 인하여 신분확인이 불가능할 경우 시험에 응시할 수 없음

(2) 자격증발급 : 응시원서 접수일 현재 주민등록상 주소지의 시·도지사명의로 시·도지사가 교부

　　※(사진(여권용 사진) 3.5×4.5cm 2매, 신분증, 도장 지참, 시·도별로 준비물이 다를 수 있음)

이 책의 특징

원큐패스 공인중개사 빈출기출문제 1차 민법 및 민사특별법
모의고사식 빈출기출문제와 저자직강 무료 동영상 전회에 의한
동영상 반복학습으로 합격에 최적화된 교재

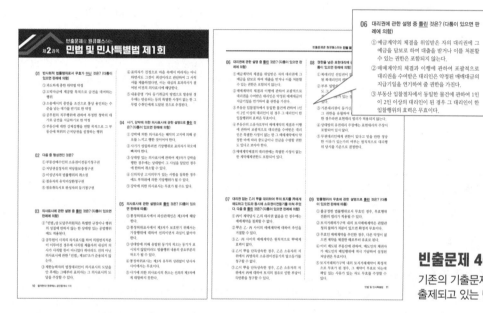

빈출문제 400제!

기존의 기출문제 중에서도 지속적으로
출제되고 있는 빈출문제만을 수록하였다.

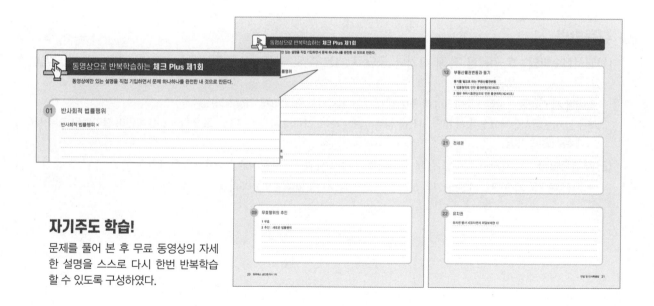

자기주도 학습!

문제를 풀어 본 후 무료 동영상의 자세
한 설명을 스스로 다시 한번 반복학습
할 수 있도록 구성하였다.

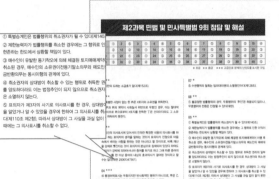

취약 부분 스스로 파악

먼저 문제를 풀어 본 후 정답과 해설에 표시되어
있는 각 빈출문제의 난이도를 (초★, 중★★, 고★
★★) 파악하여 스스로 취약한 부분이 어디인지를
체크하며 정리학습을 할 수 있도록 구성하였다.

 무료 동영상 무한 반복의 힘!

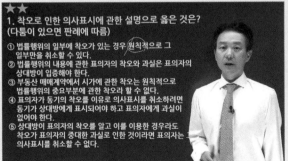

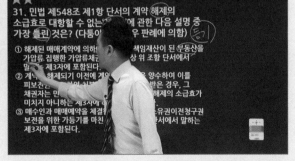

오랜 현장강의 노하우를 가지고 있는 저자직강 무료 동영상의 빈출기출 400문제를 반복학습한다면 합격에 한발 더 다가설 수 있다.

목차

06 대리권에 관한 설명 중 **틀린** 것은? (다툼이 있으면 판례에 의함)

① 예금계약의 체결을 위임받은 자의 대리권에 그 예금을 담보로 하여 대출을 받거나 이를 처분할 수 있는 권한은 포함되지 않는다.

② 매매계약의 체결과 이행에 관하여 포괄적으로 대리권을 수여받은 대리인은 약정된 매매대금의 지급기일을 연기하여 줄 권한을 가진다.

③ 부동산 입찰절차에서 동일한 물건에 관하여 1인이 2인 이상의 대리인이 된 경우 그 대리인이 한 입찰행위의 효력은 무효이다.

④ 부동산의 소유자로부터 매매계약의 체결과 이행에 관하여 포괄적으로 대리권을 수여받은 대리인은 특별한 사정이 없는 한 그 매매계약에서 약정한 바에 따라 중도금이나 잔금을 수령할 권한도 있다고 보아야 한다.

⑤ 매매계약체결의 대리권에는 특별한 사정이 없는 한 계약해제권한도 포함되어 있다.

07 대리권 없는 乙이 甲을 대리하여 甲의 토지를 丙에게 매도하고 인도와 동시에 소유권이전등기를 마쳐 주었다. 다음 중 **틀린** 것은? (다툼이 있으면 판례에 의함)

① 丙이 계약당시 乙의 대리권 없음을 안 경우에는 매매계약을 철회할 수 없다.

② 甲은 乙·丙 사이의 매매계약에 대하여 추인을 거절할 수 있다.

③ 乙·丙 사이의 매매계약은 원칙적으로 甲에게 효력이 없다.

④ 乙이 甲을 단독상속한 경우, 乙은 소유자의 지위에서 丙명의의 소유권이전등기의 말소등기를 청구할 수 없다.

⑤ 乙이 甲을 단독상속한 경우, 乙은 소유자의 지위에서 丙에 대하여 토지의 점유로 인한 부당이득반환을 청구할 수 있다.

08 권한을 넘은 표현대리에 관한 기술 중 **틀린** 것은? (다툼이 있으면 판례에 의함)

① 복대리인 선임권이 없는 대리인에 의하여 선임된 복대리인의 권한도 기본대리권이 될 수 있다.

② 부부 일방의 행위가 일상가사에 속하지 않더라도 그 행위에 특별수권이 주어졌다고 믿을 만한 정당한 이유가 있는 경우, 표현대리가 성립할 수 있다.

③ 기본대리권이 등기신청행위이고 표현대리인이 그 권한을 유월하여 대물변제라는 사법행위를 한 경우라면 표현대리 법리가 적용되지 않는다.

④ 상대방의 유권대리 주장에는 표현대리의 주장이 포함되어 있지 않다.

⑤ 무권대리인에게 권한이 있다고 믿을 만한 정당한 이유가 있는가의 여부는 원칙적으로 대리행위 당시를 기준으로 결정한다.

09 법률행위의 무효에 관한 설명으로 **틀린** 것은? (다툼이 있으면 판례에 따름)

① 불공정한 법률행위로서 무효인 경우, 무효행위 전환의 법리가 적용될 수 있다.

② 토지거래허가구역 내의 토지매매계약은 관할관청의 불허가 처분이 있으면 확정적 무효이다.

③ 무효인 매매계약을 추인한 경우, 다른 약정이 없으면 계약을 체결한 때로부터 유효로 된다.

④ 이미 매도된 부동산에 관하여, 매도인의 채권자가 매도인의 배임행위에 적극 가담하여 설정된 저당권은 무효이다.

⑤ 토지거래허가구역 내의 토지거래계약이 확정적으로 무효가 된 경우, 그 계약이 무효로 되는데 책임 있는 사유가 있는 자도 무효를 주장할 수 있다.

10 정지조건부 법률행위에 관한 설명으로 틀린 것은? (다툼이 있으면 판례에 의함)

① 조건성취가 미정인 권리는 일반규정에 의하여 처분할 수 있다.

② 정지조건이 법률행위의 당시에 이미 성취할 수 없는 것인 경우에는 그 법률행위는 무효로 한다.

③ 조건이 불성취로 확정되면 그 법률행위는 무효이다.

④ 조건성취의 효력은 원칙적으로 법률행위가 성립한 때부터 발생한다.

⑤ 상대방이 동의하면 단독행위에 조건을 붙일 수 있다.

11 甲소유의 토지 위에 乙이 건물을 무단으로 건축하였다. 다음 설명 중 틀린 것은? (다툼이 있으면 판례에 의함)

① 乙이 건물을 점유하는 경우 甲은 乙에게 그 건물로부터 퇴거를 청구할 수 없다.

② 甲으로부터 토지 소유권을 丙이 이전받은 경우라도 甲과 丙의 합의에 의하여 甲은 여전히 乙에게 건물의 철거를 청구할 수 있다.

③ 乙이 戊에게 건물을 매도하고 인도하였으나 건물이 아직 미등기인 경우, 甲은 戊를 상대로 건물의 철거를 청구할 수 있다.

④ 乙이 건물을 丙에게 임대하여 丙이 점유하고 있는 경우, 丙이 대항력 있는 임차인이라도 甲은 丙에게 건물로부터의 퇴출을 청구할 수 있다.

⑤ 甲은 乙에게 건물의 철거와 그 토지의 반환을 청구할 수 있다.

12 부동산물권변동과 부동산등기에 관한 설명 중 틀린 것은?

① 기존 건물 멸실 후 건물이 신축된 경우, 기존 건물에 대한 등기는 신축건물에 대한 등기로서 효력이 없다.

② 1동의 건물 중 구분된 건물부분이 구조상·이용상 독립성을 갖추고 구분행위로 인하여 구분소유권을 취득한 경우에는 등기 없이도 물권을 취득한다.

③ 중복된 소유권보존등기가 무효이더라도 가등기 권리자는 그 말소를 청구할 수 없다.

④ 합유지분 포기에 따른 물권변동의 효력은 등기하여야 발생한다.

⑤ 피담보채권이 소멸하더라도 저당권의 말소등기가 있어야 저당권이 소멸한다.

13 등기의 추정력에 관한 설명으로 옳은 것은? (다툼이 있으면 판례에 의함)

① 건물 소유권보존등기의 명의자가 이를 신축한 것이 아니라도 그 등기의 권리추정력은 인정된다.

② 등기부상 물권변동의 당사자 사이에는 등기추정력이 원용될 수 없다.

③ 등기된 부동산에 관하여도 점유의 추정력이 인정된다.

④ 원인 없이 부적법 말소된 등기는 그 회복등기가 마쳐지기 전에도 말소된 등기의 등기명의인은 적법한 권리자로 추정된다.

⑤ 소유권이전등기청구권의 보전을 위한 가등기에 기하여 본등기가 행해지면 물권변동의 효력은 가등기가 행해진 때부터 발생한다.

14 점유에 관한 설명으로 **틀린** 것은? (다툼이 있으면 판례에 의함)

① 물건을 매수하여 점유하고 있으나 매매가 무효인 것을 모르는 매수인은 자주점유자이다.

② 권원의 성질상 자주점유인지 타주점유인지 불분명한 점유는 자주점유로 추정된다.

③ 점유자는 평온·공연하게 점유한 것으로 추정한다.

④ 전후양시에 점유한 사실이 있는 때에는 그 점유는 계속한 것으로 추정한다.

⑤ 건물소유자가 현실적으로 건물이나 그 부지를 점거하지 않고 있다면 특별한 사정이 없는 한 건물의 부지에 대한 점유가 인정되지 않는다.

15 점유자와 회복자의 관계에 관한 설명으로 **틀린** 것은? (다툼이 있으면 판례에 따름)

① 선의의 점유자가 과실을 취득한 범위에서는 그 이득을 반환할 의무가 없다.

② 점유물이 점유자의 책임 있는 사유로 멸실 또는 훼손된 경우, 악의의 점유자는 자주점유라도 손해 전부를 배상할 책임이 있다.

③ 악의의 점유자는 원칙적으로 필요비 상환을 청구할 수 없다.

④ 선의의 점유자가 얻은 건물의 사용이익은 과실에 준하여 취급된다.

⑤ 점유자가 과실을 취득한 경우에는 통상의 필요비는 청구하지 못한다.

16 부동산 점유취득시효에 관한 설명으로 **옳은** 것은? (다툼이 있으면 판례에 의함)

① 부동산명의수탁자는 신탁부동산을 점유시효취득할 수 있다.

② 취득시효로 인한 소유권취득의 효과는 취득시효 완성 당시부터 발생한다.

③ 점유는 평온·공연하여야 하므로, 간접점유로는 취득시효를 완성할 수 없다.

④ 미등기부동산의 점유자는 취득시효의 완성만으로 즉시 점유부동산의 소유권을 취득한다.

⑤ 시효완성 당시의 소유권보존등기 또는 이전등기가 무효라면 원칙적으로 그 등기명의인은 시효완성을 원인으로 한 소유권이전등기청구의 상대방이 될 수 없다.

17 공유에 관한 설명으로 **옳은** 것은? (다툼이 있으면 판례에 의함)

① 각 공유자는 단독으로 공유물의 분할을 청구할 수 있고, 이때 공유물의 분할은 공유자의 지분의 과반수로써 결정한다.

② 부동산 공유자 중 1인이 포기한 지분은 국가에 귀속한다.

③ 공유자 중 1인이 다른 공유자의 지분권을 대외적으로 주장하는 행위는 공유물의 보존행위로 볼 수 있다.

④ 공유자 전원이 분할절차에 참가하지 않은 공유물분할은 무효이다.

⑤ 공유자 중 1인의 지분 위에 설정된 담보물권은 특별한 사정이 없는 한 공유물분할로 인하여 설정자 앞으로 분할된 부분에 집중된다.

18 지상권에 관한 내용 중 옳은 것은? (다툼이 있으면 판례에 의함)

① 지상권이 있는 건물 양수인은 건물소유권을 취득하기 전에 지상권만을 양수할 수 없다.

② 지상권자가 2년 이상의 지료를 지급하지 아니한 때에는 지상권설정자는 지상권의 소멸을 청구할 수 있다.

③ 지상권의 존속기간을 영구로 약정하는 것은 무효이다.

④ 지상권설정의 목적이 된 건물 기타 공작물이 멸실하면 지상권은 소멸한다.

⑤ 지상권자의 지료연체를 이유로 지상권이 소멸된 경우라도 지상물이 현존하다면 지상물매수청구권이 인정된다.

19 지역권에 관한 내용 중 **틀린** 것은? (다툼이 있으면 판례에 의함)

> ㄱ. 지역권에 저당권을 설정하는 계약은 유효이다.
> ㄴ. 통행지역권은 요역지의 소유자가 승역지 위에 도로를 설치하여 승역지를 사용하는 객관적 상태가 민법 제245조에 규정된 기간 계속된 경우에 한하여 그 시효취득을 인정할 수 있다.
> ㄷ. 통행지역권은 토지소유자에게만 인정되고 지상권자, 전세권자 등에게는 인정되지 않는다.
> ㄹ. 토지의 불법점유자는 통행지역권의 시효취득을 주장할 수 없다.

① ㄴ, ㄹ   ② ㄱ, ㄹ

③ ㄴ, ㄷ   ④ ㄱ, ㄷ

⑤ ㄷ, ㄹ

20 전세권에 관한 설명으로 **틀린** 것은?

① 설정행위로 금지하지 않으면 전세권자는 전세권을 타인에게 양도할 수 있다.

② 전세권자가 그 목적물의 성질에 의하여 정하여진 용도에 따라 목적물을 사용·수익하지 않으면 전세권설정자는 전세권의 소멸을 청구할 수 있다.

③ 건물의 사용·수익을 목적으로 하는 전세권에는 상린관계에 관한 규정이 준용되지 않는다.

④ 전세권설정자가 전세금의 반환을 지체하면 전세권자는 그 목적물의 경매를 청구할 수 있다.

⑤ 전세권자는 그의 점유가 침해당한 때에는 점유보호청구권을 행사할 수 있다.

21 전세권에 관한 설명으로 **틀린** 것은? (다툼이 있으면 판례에 의함)

① 건물전세권의 최단존속기간은 2년이다.

② 구분소유권의 객체가 될 수 없는 건물의 일부에 대한 전세권자는 건물 전체의 경매를 신청할 수 없다.

③ 전세금의 지급은 반드시 현실적으로 수수될 필요는 없고 기존의 채권으로 갈음할 수 있다.

④ 전세권이 성립한 후 전세목적물의 소유권이 이전되면, 전세금반환채무도 신소유자에게 이전된다.

⑤ 전세목적물의 인도는 전세권의 성립요건이 아니다.

22 甲의 X건물을 임차한 乙은 X건물을 보존·개량하기 위해 丙으로부터 건축자재를 외상으로 공급받아 수리를 완료하였다. 그 후 임대차가 종료되었지만 수리비를 상환 받지 못한 乙은 X건물을 점유하고 있다. 다음 설명 중 **틀린** 것은?

① 乙이 丙에게 외상대금을 지급하지 않으면 丙은 X건물에 대해 유치권을 행사할 수 있다.

② 乙은 甲이 수리비를 상환할 때까지 X건물에 대해 유치권을 행사할 수 있다.

③ 乙은 甲의 승낙 없이 X건물을 제3자에게 담보로 제공할 수 없다.

④ 乙은 수리비를 상환받기 위하여 X건물을 경매할 수 있다.

⑤ 만약 X건물을 甲으로부터 양수한 丁이 乙에게 X건물의 반환을 청구한 경우, 乙은 유치권으로 대항할 수 있다.

23 저당권에 대한 설명 중 **틀린** 것은? (다툼이 있으면 판례에 의함)

① 물상대위권 행사를 위한 압류는 반드시 그 권리를 행사하는 저당권자에 의해서 이루어질 필요는 없다.

② 건물의 증축부분이 기존 건물에 부합하여 기존 건물과 분리하여 별개의 독립물로서의 효용을 갖지 못한 경우라면 비록 기존 건물에 대한 경매절차에서 경매목적물로 평가되지 아니하였다고 할지라도 경락인은 부합된 증축부분의 소유권을 취득한다.

③ 민법 제358조는 저당부동산에 종된 권리에도 유추적용되어 건물에 대한 저당권의 효력은 그 건물의 소유를 목적으로 하는 지상권에도 미친다고 보아야 할 것이다.

④ ③의 경우 건물에 대한 저당권이 실행되어 경락인이 그 건물의 소유권을 취득하였다면 경락인은 그 건물 소유를 위한 지상권은 이를 등기하여야 취득한다.

⑤ 저당권자는 목적물 반환청구권을 갖지 않는다.

24 근저당권에 관한 설명으로 **옳은** 것은? (다툼이 있으면 판례에 따름)

① 근저당권의 피담보채무가 확정되기 이전에는 채무자를 변경할 수 없다.

② 근저당권의 확정 전에 발생한 원본채권으로부터 그 확정 후에 발생하는 이자는 채권최고액의 범위 내에서 여전히 담보된다.

③ 후순위근저당권자가 경매를 신청하는 경우, 선순위근저당권의 피담보채권의 확정시기는 경매개시결정시이다.

④ 근저당권의 존속 중에 피담보채권이나 기본계약과 분리하여 근저당권만을 양도할 수도 있다.

⑤ 채권의 총액이 채권최고액을 초과하는 경우, 채무자 겸 근저당권설정자는 근저당권의 확정 전이라도 채권최고액을 변제하고 근저당권의 말소를 청구할 수 있다.

25 다음은 계약에 관한 설명이다. **틀린** 것은? (다툼이 있으면 판례에 의함)

① 격지자 간의 계약은 승낙의 통지를 발송한 때 성립한다.

② 청약자가 그 통지를 발송한 후 도달 전에 사망한 경우, 청약은 원칙적으로 효력을 상실한다.

③ 불특정 다수인에 대한 승낙은 효력이 없다.

④ 청약자가 미리 정한 기간 내에 이의를 하지 아니하면 승낙한 것으로 본다는 뜻을 표시한 경우, 특별한 사정이 없으면 상대방은 이에 구속되지 않는다.

⑤ 계약의 합의해제에 관한 청약에 대하여 상대방이 조건을 붙이거나 변경을 가하여 승낙한 경우에는 그 청약은 효력을 잃는다.

26 계약의 유형에 관한 설명으로 옳은 것은?

① 교환계약은 낙성·쌍무계약이다.

② 임대차계약은 무상·편무계약이다.

③ 증여계약은 유상·요식계약이다.

④ 사용대차계약은 낙성·쌍무계약이다.

⑤ 매매계약은 유상·요물계약이다.

27 甲은 자기소유의 주택을 乙에게 매도하는 계약을 체결하였는데, 그 주택의 점유와 등기가 乙에게 이전되기 전에 멸실되었다. 다음 설명 중 <u>틀린</u> 것은? (다툼이 있으면 판례에 의함)

① 양 당사자의 책임 없는 사유로 주택이 멸실된 경우, 甲은 乙에게 매매대금을 청구할 수 없다.

② 주택이 태풍으로 멸실된 경우, 甲이 乙에게 받은 계약금은 반환할 의무가 있다.

③ 乙의 채권자지체 중에 태풍으로 주택이 멸실된 경우, 甲은 乙에게 매매대금을 청구할 수 있다.

④ ③의 경우 乙의 채권자지체 중에 주택이 멸실되었으므로 甲은 자기의 채무를 면함으로써 얻은 이익을 乙에게 상환할 필요는 없다.

⑤ 乙의 과실로 주택이 멸실된 경우, 甲은 乙에게 매매대금을 청구할 수 있다.

28 동시이행항변권에 관한 설명으로 <u>틀린</u> 것은? (다툼이 있으면 판례에 의함)

① 동시이행관계에 있는 어느 일방의 채권이 양도되더라도 그 동일성이 인정되는 한 동시이행관계는 존속한다.

② 구분소유적 공유관계가 해소되는 경우, 공유지분권자 상호 간의 지분이전등기의무는 동시이행관계에 있다.

③ 임차권등기명령에 의해 등기된 임차권등기말소의무와 보증금반환의무는 동시이행관계에 있다.

④ 계약해제로 인한 당사자 상호 간의 원상회복의무는 동시이행관계에 있다.

⑤ 일방당사자가 선이행의무를 부담하더라도 상대방의 채무이행이 곤란할 현저한 사유가 있는 경우에는 동시이행항변권을 행사할 수 있다.

29 제3자를 위한 계약에 대한 다음 설명 중 <u>틀린</u> 것은? (다툼이 있는 경우에는 판례에 의함)

① 낙약자는 요약자와 수익자 사이의 법률관계에 기한 항변으로 수익자에게 대항하지 못하고, 요약자도 대가관계의 부존재나 효력의 상실을 이유로 자신이 기본관계에 기하여 낙약자에게 부담하는 채무의 이행을 거부할 수 없다.

② 낙약자가 수익자에게 대금을 지급한 후 계약이 무효가 된 경우, 낙약자는 특별한 사정이 없는 한 수익자에게 대금반환을 청구할 수 있다.

③ 제3자를 위한 계약의 당사자가 아닌 수익자는 계약의 해제권이나 해제를 원인으로 하는 원상회복청구권이 있다고 볼 수 없다.

④ 계약의 당사자가 제3자에 대하여 가진 채권에 관하여 그 채무를 면제하는 계약도 제3자를 위한 계약에 준하는 것으로서 유효하다.

⑤ 제3자의 수익의 의사표시 후에도 요약자는 낙약자의 채무불이행을 이유로 제3자의 동의 없이 계약을 해제할 수 있다.

30 계약해제에 관한 내용 중 옳은 것은? (다툼이 있으면 판례에 의함)

① 이행지체를 이유로 하는 계약해제에 있어서 그 전제조건인 이행최고는 반드시 미리 일정한 기간을 명시하여야 한다.

② 계약이 합의해제된 경우에는 당사자 일방이 상대방에게 손해배상을 하기로 하는 등 특별한 사정이 없는 한 채무불이행으로 인한 손해배상을 청구할 수 없다.

③ 부수적 채무의 불이행을 이유로도 계약을 해제할 수 있다.

④ 계약성립 후 매매목적물에 가압류가 되었다는 사유만으로 매수인은 매도인의 계약위반을 이유로 계약을 해제할 수 있다.

⑤ 계약당사자의 일방이 상대방에게 대하여 일정한 기간을 정하여 그 기간 내에 이행이 없을 때에는 계약을 해제하겠다는 의사표시를 한 경우, 위의 기간경과만으로 그 계약이 해제된 것으로 볼 수는 없다.

31 계약에 관한 설명으로 틀린 것은? (다툼이 있으면 판례에 따름)

① 당사자 일방이 수인인 경우, 그 중 1인에 대하여 해지권이 소멸하여도 다른 당사자에 대하여 소멸하는 것은 아니다.

② 매도인의 책임 있는 사유로 이행불능이 되면 매수인은 최고 없이 계약을 해제할 수 있다.

③ 제3자를 위한 계약의 경우, 제3자가 하는 수익의 의사표시의 상대방은 낙약자이다.

④ 후발적 불능이 당사자 쌍방에게 책임 없는 사유로 생긴 때에는 위험부담의 문제가 발생한다.

⑤ 매매의 목적이 된 권리가 타인에게 속한 경우, 그 매매계약은 유효하다.

32 계약금에 관한 설명으로 옳은 것은? (다툼이 있으면 판례에 의함)

① 계약금에 의해 해제권이 유보된 경우, 채무불이행을 이유로 계약을 해제할 수 없다.

② 매도인이 이행에 전혀 착수하지 않았다면 매수인은 중도금을 지급한 후에도 계약금을 포기하고 계약을 해제할 수 있다.

③ 매도인이 계약금의 배액을 상환하고 계약을 해제한 경우, 매수인은 매도인에게 손해배상을 청구할 수 있다.

④ 계약금의 포기나 배액상환에 의한 해제권 행사를 배제하는 당사자의 약정은 무효이다.

⑤ 매도인은 매수인에게 이행을 최고하고 대금지급을 구하는 소송을 제기한 후에도 매수인은 계약금을 포기하고 계약을 해제할 수 있다.

33 담보책임의 내용으로 대금감액청구권이 민법상 명시적으로 인정되는 자는?

① 권리의 일부가 타인에게 속한 경우 악의의 매수인

② 수량부족 또는 일부멸실의 경우 악의의 매수인

③ 특정물에 물건의 하자가 있는 경우 선의의 매수인

④ 매매의 목적물이 지상권의 목적이 된 경우 선의의 매수인

⑤ 종류물에 물건의 하자가 있는 경우 악의의 매수인

34 임차인의 비용상환청구권과 부속물매수청구권에 관한 설명으로 <u>틀린</u> 것은? (다툼이 있으면 판례에 따름)

① 오로지 임차인의 특수목적을 위해 부속된 물건은 부속물매수청구의 대상이 아니다.

② 유익비상환청구권은 임대차 종료 시에 행사할 수 있다.

③ 임대차계약이 임차인의 채무불이행으로 해지된 경우, 부속물매수청구권은 인정되지 않는다.

④ 임차목적물의 구성부분은 부속물매수청구권의 객체가 될 수 없다.

⑤ 임대차 기간 중에 부속물매수청구권을 배제하는 당사자의 약정은 임차인에게 불리하더라도 유효하다.

35 주택임대차보호법에 관한 내용 중 <u>틀린</u> 것은? (다툼이 있으면 판례에 의함)

① 대항력을 갖춘 임차권 있는 주택이 양도되어 양수인에게 임대인의 지위가 승계된 경우, 양도인의 임차보증금반환채무가 소멸된다.

② 이미 저당권이 설정된 주택을 임차하여 대항력을 갖춘 경우, 후순위 저당권이 실행되더라도 매수인이 된 자에게 대항할 수 없다.

③ 주택임대차보호법상 대항력을 갖춘 임차인의 보증금반환채권이 가압류된 상태에서 주택이 양도된 경우, 양수인은 채권가압류의 제3채무자 지위를 승계하지 않는다.

④ 주택 전부를 일시적으로 사용하기 위한 임대차인 것이 명백한 경우에는 주택임대차보호법이 적용되지 않는다.

⑤ 다른 특별한 규정이 없는 한, 미등기주택에 대해서도 이 법이 적용된다.

36 주택임대차보호법에 관한 다음 설명 중 <u>틀린</u> 것은? (다툼이 있으면 판례에 의함)

① 임대차 성립 당시 임대인의 소유였던 대지가 타인에게 양도되어 임차주택과 대지의 소유자가 서로 달라지게 된 경우, 임차인은 대지의 환가대금에 대하여 우선변제권을 행사할 수 있다.

② 점포 및 사무실로 사용되던 건물에 근저당권이 설정된 후 그 건물이 주거용 건물로 용도 변경되어 이를 임차한 소액임차인은 특별한 사정이 없는 한 주택임대차보호법 제8조에 의하여 보증금 중 일정액을 근저당권자보다 우선하여 변제받을 권리가 없다.

③ 임차인의 배우자나 자녀의 주민등록도 대항요건인 주민등록에 해당한다.

④ 임대차기간이 종료된 경우라도 임차인이 보증금을 반환받지 못하였다면 임대차관계는 존속한다.

⑤ 임대차가 묵시적으로 갱신된 경우, 그 존속기간은 2년으로 본다.

37 상가건물임대차보호법의 내용으로 <u>옳은</u> 것은?

① 서울특별시에서 보증금 5억 원, 월차임 500만 원인 상가임대차의 경우, 우선변제권이 인정되지 않는다.

② 사업자등록의 대상이 되지 않는 건물에 대해서도 위 법이 적용된다.

③ 기간을 정하지 아니하거나 기간을 2년 미만으로 정한 임대차는 그 기간을 2년으로 본다.

④ 임대차계약이 묵시적으로 갱신된 경우, 임차인의 계약해지의 통고가 있으면 즉시 해지의 효력이 발생한다.

⑤ 권리금회수의 방해로 인한 임차인의 임대인에 대한 손해배상청구권은 그 방해가 있는 날로부터 3년 이내에 행사하지 않으면 시효의 완성으로 소멸한다.

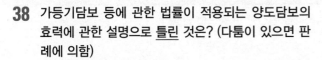

38 가등기담보 등에 관한 법률이 적용되는 양도담보의 효력에 관한 설명으로 **틀린** 것은? (다툼이 있으면 판례에 의함)

① 채권자가 담보권실행을 통지함에 있어서, 청산금이 없다고 인정되더라도 통지의 상대방에게 그 뜻을 통지하여야 한다.

② 양도담보권자에게는 양도담보권에 기한 물상대위가 인정된다.

③ 양도담보권자가 귀속청산의 방법에 의하여 확정적으로 소유권을 취득하려면 적법하게 청산절차를 거쳐야 한다.

④ 양도담보권자가 담보목적 부동산을 임의로 처분한 경우, 그 부동산의 양수인이 선의이더라도 소유권을 취득하지 못한다.

⑤ 양도담보권은 우선변제적 효력이 있다.

39 집합건물과 관련한 다음 설명 중 **틀린** 것은? (다툼이 있으면 판례에 의함)

① 규약으로 정한 경우에는 공용부분의 지분을 전유부분과 분리하여 처분할 수 있다.

② 하나의 단지 내에 여러 동의 건물이 있는 경우에는 각 건물마다 구분소유자들의 재건축결의가 있어야 한다.

③ 집합건축물대장에 등록되지 않더라도 구분소유가 성립할 수 있다.

④ 재건축결의가 있으면 집회를 소집한 자는 지체 없이 그 결의에 찬성하지 아니한 구분소유자에게 그 결의 내용에 따른 재건축에 참가할 것인지 여부를 회답할 것을 서면으로 촉구하여야 하며, 2월 이내에 회답하지 아니한 구분소유자는 재건축에 참가하지 아니하겠다는 뜻을 회답한 것으로 본다.

⑤ 1동의 건물 중 구분된 건물부분이 구조상·이용상 독립성을 가지고 있는 경우에 구분건물로 할 것인지 여부는 특별한 사정이 없는 한 구분건물 소유자의 구분소유의사에 따라 결정된다.

40 X부동산을 취득하려는 甲은 乙과 명의신탁을 약정하였다. 乙은 그 약정에 따라 계약당사자로서 선의의 丙으로부터 X부동산을 매수하여 자신의 명의로 등기한 후 甲에게 인도하였다. 다음 중 옳은 것은? (다툼이 있으면 판례에 의함)

① 甲과 乙의 명의신탁약정은 유효하다.

② 甲은 乙을 상대로 부당이득반환으로 X부동산의 등기이전을 청구할 수 없다.

③ 甲은 乙에게 제공한 부동산 매수자금 회수를 담보하기 위하여 X부동산에 대하여 유치권을 행사할 수 있다.

④ 丙은 특별한 사정이 없는 한 乙명의의 등기말소를 청구할 수 있다.

⑤ 명의수탁자 乙이 제3자에게 부동산을 처분한 경우, 그 제3자는 선의인 경우에 한하여 소유권을 취득한다.

01 반사회적 법률행위

반사회적 법률행위 ×

_____

_____

_____

_____

_____

07 무권대리

추인 : 소급–유효

거절 : 무효–확정

_____

_____

_____

_____

_____

09 무효행위의 추인

1 무효

2 추인 : 새로운 법률행위

_____

_____

_____

_____

_____

12 부동산물권변동과 등기

등기를 필요로 하는 부동산물권변동

1 법률행위로 인한 물권변동(제186조)

2 점유 취득시효완성으로 인한 물권취득(제245조)

21 전세권

22 유치권

유치권 행사 X(유치권의 피담보채권 X)

29 **제3자를 위한 계약**

낙약자는 기본관계에 기한 항변으로 제3자에게 대항할 수 없다. (O, ×)

35 **대항력**

매매 등 → 양수인 등기보다 대항력이 빨라야!

대항력 O → 승계 O

공인중개사 1차
국가자격시험

교시	문제형별	시험과목	회차
2교시	B	② 민법 및 민사특별법	제2회

01 착오로 인한 의사표시에 관한 설명으로 옳은 것은? (다툼이 있으면 판례에 따름)

① 법률행위의 일부에 착오가 있는 경우 원칙적으로 그 일부만을 취소할 수 있다.

② 법률행위의 내용에 관한 표의자의 착오와 과실은 표의자의 상대방이 입증해야 한다.

③ 부동산 매매계약에서 시가에 관한 착오는 원칙적으로 법률행위의 중요부분에 관한 착오라 할 수 없다.

④ 표의자가 동기의 착오를 이유로 의사표시를 취소하려면 동기가 상대방에게 표시되어야 하고 표의자에게 과실이 없어야 한다.

⑤ 상대방이 표의자의 착오를 알고 이를 이용한 경우라도 착오가 표의자의 중대한 과실로 인한 것이라면 표의자는 그 의사표시를 취소할 수 없다.

02 법률행위의 조건에 관한 설명으로 옳은 것은?

① 조건의 성취가 미정한 권리라도 일반규정에 의하여 처분하거나 상속할 수 있다.

② 조건의 성취로 인하여 불이익을 받을 당사자가 신의성실에 반하여 조건의 성취를 방해하였어도 상대방은 그 조건이 성취한 것으로 주장할 수 없다.

③ 모든 법률행위에는 조건을 붙일 수 있다.

④ 조건이 법률행위 당시 이미 성취한 것인 경우에는 그 조건이 정지조건이면 그 법률행위는 무효로 한다.

⑤ 조건이 법률행위 당시 이미 성취할 수 없는 것인 경우에는 그 조건이 정지조건이면 조건 없는 법률행위로 한다.

03 진의 아닌 의사표시에 관한 설명으로 **틀린** 것은? (다툼이 있으면 판례에 의함)

① 재산을 강제로 빼앗긴다는 것이 표의자의 본심에 잠재되어 있었다 하여도 표의자가 강박에 의하여 증여의 의사표시를 한 이상, 그 의사표시는 진의 아닌 의사표시라고 할 수 없다.

② 진의 아닌 의사표시로서 무효가 되는 경우에 그 무효는 선의의 제3자에게 대항하지 못한다.

③ 표의자가 의사표시의 내용을 진정으로 바라지는 않았더라도, 당시 상황에서는 그것을 최선이라고 판단하여 의사표시를 하였다면, 진의 아닌 의사표시라고 할 수 없다.

④ 상대방이 진의 아님을 몰랐다면 비록 과실이 있었더라도 비진의 의사표시는 유효이다.

⑤ 사인의 공법행위에는 진의 아닌 의사표시의 무효에 관한 규정이 적용되지 않는다.

04 甲은 채권자 A의 강제집행을 면하기 위하여 乙과 통모하여 그의 부동산을 매매의 형식을 빌려 乙명의로 소유권이전등기를 마쳤고, 乙은 그 사정을 모르는 丙에게 매도하여 소유권이전등기를 경료하였다. 다음 중 **틀린** 것은? (다툼이 있으면 판례에 의함)

① 甲·乙 사이의 매매계약은 무효이다.

② 甲은 허위표시의 무효를 丙에게 주장할 수 없다.

③ 丙이 과실로 가장매매 사실을 모른 경우에도 丙의 소유권은 보호된다.

④ 丙이 취득한 부동산은 A에 의한 강제집행의 대상이 될 수 없다.

⑤ 甲은 乙에게 부당이득금의 반환을 청구할 수 없다.

05 반사회질서행위에 관한 다음 설명 중 가장 **틀린** 것은? (다툼이 있는 경우 판례에 의함)

① 소송에서 증언하여 줄 것을 조건으로 어떠한 급부를 할 것을 약정한 경우, 그 대가의 내용이 통상적으로 용인될 수 있는 수준을 초과하는 경우에는 민법 제103조 소정의 반사회질서행위에 해당된다.

② 도박채무의 변제를 위하여 채무자로부터 부동산의 처분을 위임받은 채권자가 그 부동산을 제3자에게 매도한 경우, 위와 같은 사정을 알지 못하는 거래 상대방인 제3자가 도박채무자로부터 그 대리인인 도박 채권자를 통하여 그 부동산을 매수한 행위는 무효가 아니다.

③ 양도소득세의 일부를 회피할 목적으로 매매계약서에 실제로 거래한 가액을 매매대금으로 기재하지 아니하고 그보다 낮은 금액을 매매대금으로 기재하였다 하여, 그것만으로 그 매매계약이 사회질서에 반하는 법률행위로서 무효로 된다고 할 수는 없다.

④ 변호사 아닌 자가 승소를 조건으로 하여 그 대가로 소송당사자로부터 소송물 일부를 양도받기로 하는 약정은 사회질서에 위반한 사항을 내용으로 하는 법률행위로 볼 수 있다.

⑤ 형사사건에 관한 성공보수약정은 선량한 풍속 기타 사회질서에 위배되지 않는다.

06 사기·강박에 의한 의사표시에 관한 설명으로 **틀린** 것은? (다툼이 있으면 판례에 의함)

① 상대방 있는 의사표시에 관하여 제3자가 사기를 행한 경우에 표의자는 상대방이 그 사실을 안 경우에 한하여 그 의사표시를 취소할 수 있다.

② 피기망자에게 손해를 가할 의사는 사기에 의한 의사표시의 성립요건이 아니다.

③ 강박에 의한 의사표시가 스스로 의사결정을 할 수 있는 여지가 전혀 없는 상태에서 의사표시의 외형만 있는 것에 불과한 경우에 그 의사표시는 효력이 없다.

④ 상대방이 불법적인 해악의 고지 없이 각서에 서명·날인할 것을 강력히 요구하는 것만으로는 강박이 되지 않는다.

⑤ 교환계약의 일방 당사자가 자기 소유의 목적물의 가액을 시가보다 높게 허위로 고지하였더라도 특별한 사정이 없는 한, 기망행위에 해당하지 않는다.

07 대리권 없는 乙이 甲을 대리하여 丙에게 甲소유의 토지를 매도하였다. 다음 설명 중 옳은 것은? (다툼이 있으면 판례에 의함)

① 丙이 甲에게 상당한 기간을 정하여 매매계약의 추인여부의 확답을 최고하였으나 甲의 확답이 없었던 경우, 甲이 이를 추인한 것으로 본다.

② 乙이 甲을 단독상속한 경우, 乙은 본인 甲의 지위에서 추인을 거절할 수 있다.

③ 甲이 매매계약의 내용을 변경하여 추인한 경우, 丙의 동의가 없더라도 추인의 효력이 있다.

④ 乙이 대리권을 증명하지 못하고 甲의 추인을 얻지 못한 경우 丙의 선택에 따라 丙에게 계약을 이행하거나 손해를 배상할 책임을 져야 하지만, 무권대리행위가 제3자의 기망이나 문서위조 등 위법행위로 야기된 경우에 그 책임은 부정된다.

⑤ 甲이 丙에게 추인한 후에는 丙은 매매계약을 철회할 수 없다.

08 권한을 넘은 표현대리에 관한 설명으로 **틀린** 것은? (다툼이 있으면 판례에 따름)

① 복대리인 선임권이 없는 대리인에 의하여 선임된 복대리인의 권한도 기본대리권이 될 수 있다.

② 정당한 이유의 유무는 대리행위 당시와 그 이후의 사정을 고려하여 판단한다.

③ 기본대리권은 표현대리행위와 동종 또는 유사할 필요가 없다.

④ 권한을 넘은 표현대리는 법정대리에도 적용된다.

⑤ 대리행위가 대리권을 제한하는 강행규정을 위반하여 권한을 넘은 경우에는 표현대리가 인정되지 않는다.

09 불공정한 법률행위에 관한 설명으로 <u>틀린</u> 것은? (다툼이 있으면 판례에 따름)

① 불공정한 법률행위에 대한 증명책임은 이를 주장하는 자가 부담한다.

② 급부 사이의 불균형 여부는 급부의 거래상 객관적 가치에 의하여 판단한다.

③ 법률행위가 대리인에 의하여 행해진 경우, 궁박 상태는 본인을 기준으로 판단하여야 한다.

④ 아무런 대가관계 없이 당사자 일방이 상대방에게 일방적인 급부를 하는 법률행위는 불공정행위가 될 수 없다.

⑤ 어떠한 법률행위가 불공정한 법률행위에 해당하는지는 사실심변론종결시를 기준으로 판단하여야 한다.

10 법률행위의 무효와 취소에 관한 설명으로 옳은 것은?

① 취소권은 취소할 수 있는 날로부터 3년 내에 행사하여야 한다.

② 취소권은 취소사유가 있음을 안 날로부터 10년 내에 행사하여야 한다.

③ 사회질서의 위반으로 무효인 법률행위는 추인의 대상이 된다.

④ 법정대리인의 추인은 취소의 원인이 소멸한 후에 하여야만 효력이 있다.

⑤ 취소할 수 있는 법률행위는 추인할 수 있는 후에 취소권자의 이행청구가 있으면 이의를 보류하지 않는 한 추인한 것으로 본다.

11 물권에 관한 설명으로 옳은 것은? (다툼이 있으면 판례에 따름)

① 소유권에 기한 물권적 청구권은 소멸시효에 걸린다.

② 온천에 관한 권리는 관습법상의 물권이다.

③ 타인의 토지에 대한 관습법상 물권으로서 통행권이 인정된다.

④ 근린공원을 자유롭게 이용한 사정만으로 공원이용권이라는 배타적 권리를 취득하였다고 볼 수는 없다.

⑤ 미등기 무허가건물의 양수인은 소유권이전등기를 경료 받지 않아도 소유권에 준하는 관습법상의 물권을 취득한다.

12 등기가 있어야 물권이 변동되는 경우는? (다툼이 있으면 판례에 따름)

① 공유물분할청구소송에서 현물분할의 협의가 성립하여 조정이 된 때 공유자들의 소유권 취득

② 법정갱신된 경우의 전세권 취득

③ 분묘기지권의 취득

④ 저당권실행에 의한 경매에서의 소유권 취득

⑤ 건물 소유자의 법정지상권 취득

13 등기의 효력에 관한 설명으로 옳은 것은? (다툼이 있으면 판례에 따름)

① 소유권이전청구권 보전을 위한 가등기가 있어도 소유권이전등기를 청구할 어떤 법률관계가 있다고 추정되지 않는다.

② 소유권이전등기 명의자는 그 전(前) 소유자에 대하여 적법한 등기원인에 의해 소유권을 취득한 것으로 추정되지 않는다.

③ 신축된 건물의 소유권보존등기 명의자는 실제로 그 건물을 신축한 자가 아니더라도 적법한 권리자로 추정된다.

④ 등기가 원인 없이 말소된 경우, 그 회복등기가 마쳐지기 전이라면 말소된 등기의 등기명의인은 적법한 권리자로 추정되지 않는다.

⑤ 허무인(虛無人)으로부터 이어받은 소유권이전등기의 경우에도 그 등기명의자의 소유권은 추정된다.

14 중간생략등기에 관한 설명으로 **틀린** 것은? (다툼이 있으면 판례에 따름)

① 매도인 甲, 중간매수인 乙, 최후매수인 丙 사이에 중간생략등기에 대한 전원의 합의가 없는 경우, 丙은 甲에 대하여 직접 자기에게 이전등기를 청구할 수 없다.

② 매도인 甲, 중간매수인 乙, 최후매수인 丙이 甲으로부터 丙으로 이전등기를 해주기로 전원 합의한 경우에도 乙은 甲에 대한 등기청구권을 잃지 않는다.

③ 甲이 신축한 건물을 乙이 매수한 후, 당사자들의 합의에 따라 경료된 乙명의의 보존등기는 유효하다.

④ 매도인 甲, 중간매수인 乙, 최후매수인 丙이 甲으로부터 丙으로 이전등기를 해주기로 전원 합의한 경우, 乙이 대금을 지급하지 않더라도 甲은 丙에게 소유권이전등기를 해주어야 한다.

⑤ 토지거래허가구역 내 토지가 甲에서 乙, 乙에서 丙으로 매도되고 중간생략등기의 합의가 있더라도, 丙이 자신과 甲을 매매 당사자로 하는 토지거래허가를 받아 丙 앞으로 경료된 소유권이전등기는 무효이다.

15 점유에 관한 설명으로 **틀린** 것은? (다툼이 있으면 판례에 의함)

① 선의의 점유자가 얻은 건물 사용이익은 과실(果實)에 준하여 취급한다.

② 건물 소유의 목적으로 타인의 토지를 임차한 자의 토지점유는 타주점유이다.

③ 실제 면적이 등기된 면적을 상당히 초과하는 토지를 매수하여 인도받은 때에는 특별한 사정이 없으면 초과부분의 점유는 자주점유이다.

④ 선의의 점유자라도 본권에 관한 소에 패소하면 소 제기시부터 악의의 점유자로 본다.

⑤ 점유자의 특정승계인은 자기의 점유와 전(前)점유자의 점유를 아울러 주장할 수 있다.

16 점유자와 회복자의 관계에 관한 설명으로 옳은 것은? (다툼이 있으면 판례에 따름)

① 선의의 점유자는 과실을 취득하더라도 통상의 필요비의 상환을 청구할 수 있다.

② 필요비상환청구권에 대하여 회복자는 법원에 상환기간의 허여를 청구할 수 있다.

③ 악의의 점유자가 책임 있는 사유로 점유물을 훼손한 경우, 이익이 현존하는 한도에서 배상해야 한다.

④ 점유자가 유익비를 지출한 경우, 점유자의 선택에 좇아 그 지출금액이나 증가액의 상환을 청구할 수 있다.

⑤ 점유자가 점유목적물에 필요비 등을 지출한 후 그 목적물의 소유권이 제3자에게 양도한 경우, 점유자는 양수인에게 비용상환을 청구할 수 있다.

17 주위토지통행권에 대한 다음 설명 중 <u>틀린</u> 것은? (다툼이 있으면 판례에 의함)

① 주위토지통행권은 현재의 토지의 용법에 따른 이용의 범위에서 인정되는 것이지 장차의 이용상황까지 미리 대비하여 통행로를 정할 것은 아니다.

② 분할로 인하여 공로에 통하지 못하는 토지가 있는 때에는 그 토지소유자는 공로에 출입하기 위하여 다른 분할자의 토지를 무상으로 통행할 수 있는데, 이러한 무상의 통행권은 직접 분할자 당사자뿐만 아니라 포위된 토지 또는 피통행지의 특정승계인에게도 적용된다.

③ 공로에 나가기 위하여 주위토지를 통행할 경우, 통행할 장소나 방법은 인접토지 소유자에게 가장 손해가 적은 것을 택하여야 한다.

④ 주위토지통행권이 발생한 후 당해 토지에 접하는 공로가 개설된 때에는 주위토지통행권은 소멸한다.

⑤ 주위토지통행권은 지상권자와 전세권자의 경우에도 준용된다.

18 취득시효에 관한 다음 설명 중 <u>틀린</u> 것은? (다툼이 있으면 판례에 의함)

① 시효취득자가 원소유자에 의하여 그 토지에 설정된 근저당권의 피담보채무를 변제하였다면 위 변제액 상당에 대하여 원소유자에게 대위변제를 이유로 구상권을 행사하거나 부당이득을 이유로 그 반환청구권을 행사할 수 있다.

② 점유권은 시효취득할 수 없다.

③ 점유취득시효가 완성된 후에 소유자가 점유자로부터 소유권이전등기청구를 받은 후 제3자에게 소유권이전등기를 경료하여 주었다면, 소유자는 시효완성자에게 불법행위책임을 진다.

④ 이중등기로서 무효인 보존등기 또는 그에 터잡은 이전등기를 근거로 한 등기부취득시효는 인정되지 않는다.

⑤ 저당권은 취득시효의 대상이 되지 않는다.

19 공유에 관한 설명으로 <u>틀린</u> 것은? (다툼이 있으면 판례에 의함)

① 공유자는 공유물의 분할을 청구할 수 있다. 그러나 5년 내의 기간으로 분할하지 아니할 것을 약정할 수 있다.

② 공유자는 자신이 소유하고 있는 지분이 과반수에 미달되면 공유물을 불법으로 점유하고 있는 제3자에 대하여 공유물의 보존행위로서 공유물 전부의 인도를 청구할 수 없다.

③ 부동산 공유자 중 1인의 공유지분 포기에 따른 물권변동은 등기를 하여야 효력이 생긴다.

④ 공유자는 특약이 없는 한 지분비율로 공유물의 관리비용을 부담한다.

⑤ 공유물 분할의 효력은 소급하지 않는다.

20 혼동에 의한 물권소멸에 관한 설명으로 <u>옳은</u> 것을 모두 고른 것은? (다툼이 있으면 판례에 의함)

> ㄱ. 甲의 토지 위에 乙이 1번 저당권, 丙이 2번 저당권을 가지고 있다가 乙이 증여를 받아 토지 소유권을 취득하면 1번 저당권은 소멸한다.
> ㄴ. 乙이 甲의 토지 위에 지상권을 설정 받고, 丙이 그 지상권 위에 저당권을 취득한 후 乙이 甲으로부터 그 토지를 매수한 경우, 乙의 지상권은 소멸한다.
> ㄷ. 甲의 토지를 乙이 점유하다가 乙이 이 토지의 소유권을 취득하더라도 乙의 점유권은 소멸하지 않는다.
> ㄹ. 甲의 토지 위에 乙이 지상권, 丙이 저당권을 가지고 있는 경우, 丙이 그 소유권을 취득하면 丙의 저당권은 소멸한다.

① ㄱ, ㄴ   ② ㄴ, ㄷ

③ ㄷ, ㄹ   ④ ㄱ, ㄹ

⑤ ㄱ, ㄷ

21 지상권에 관한 설명으로 **틀린** 것은? (다툼이 있으면 판례에 의함)

① 무상의 지상권도 설정할 수 있다.

② 저당권설정자가 담보가치의 하락을 막기 위해 저당권자에게 지상권을 설정해 준 경우, 피담보 채권이 소멸하면 그 지상권도 소멸한다.

③ 지상권자는 토지소유자의 의사에 반하여 지상권 을 타인에게 양도할 수 없다.

④ 구분지상권은 영구적으로 설정할 수 있다.

⑤ 지상권에 기하여 토지에 부속된 공작물은 토지 에 부합하지 않는다.

22 법정지상권에 관한 설명으로 **옳은** 것은? (다툼이 있 으면 판례에 따름)

① 저당목적물인 토지에 대하여 법정지상권을 배제 하는 저당권설정 당사자 사이의 약정은 효력이 있다.

② 법정지상권자가 지상건물을 제3자에게 양도한 경우, 제3자는 그 건물과 함께 법정지상권을 당 연히 취득한다.

③ 건물을 위한 법정지상권이 성립한 경우, 그 건물 에 대한 저당권이 실행되면 경락인은 등기하여 야 법정지상권을 취득한다.

④ 동일인 소유의 토지와 건물에 관하여 공동저당 권이 설정된 후 그 건물이 철거되고 제3자 소유 의 건물이 새로이 축조된 다음, 토지에 관한 저 당권의 실행으로 토지와 건물의 소유자가 달라 진 경우에는 특별한 사정이 없는 한 민법 제366 조의 법정지상권이 성립하지 않는다.

⑤ 동일인 소유의 건물과 토지가 매매로 인하여 서 로 소유자가 다르게 되었으나, 당사자가 그 건물 을 철거하기로 합의한 때에도 관습법상 법정지 상권이 성립한다.

23 지역권에 관한 설명으로 **틀린** 것은? (다툼이 있으면 판례에 따름)

① 지역권은 요역지와 분리하여 양도하지 못한다.

② 요역지가 공유인 경우 요역지의 공유자 1인이 지역권을 취득하면 다른 공유자도 이를 취득한 다.

③ 1필의 토지 일부를 승역지로 하여 지역권을 설 정할 수 있다.

④ 통행지역권을 주장하는 사람은 통행으로 편익을 얻는 요역지가 있음을 주장·증명하여야 한다.

⑤ 다른 특별한 사정이 없다면 통행지역권을 시효 취득한 자는 승역지 소유자가 입은 손해를 보상 하지 않아도 된다.

24 전세권에 관한 설명으로 **틀린** 것은? (다툼이 있으면 판례에 따름)

① 전세권존속기간을 15년으로 정하더라도 그 기 간은 10년으로 단축된다.

② 전세금은 현실적으로 수수될 필요 없이 기존의 채권으로 전세금에 갈음할 수도 있다.

③ 타인의 토지에 있는 건물에 전세권을 설정한 때 에는 건물전세권의 효력은 그 건물의 소유를 목 적으로 하는 지상권에 미친다.

④ 건물 일부에 대한 전세권자는 건물 전부의 경매 를 청구할 수 없다.

⑤ 협의한 전세권 존속기간이 시작되기 전에 乙 앞 으로 전세권설정등기가 마쳐진 경우, 그 등기는 특별한 사정이 없는 한 무효로 추정된다.

25 임대차에서 유치권을 행사하기 위한 피담보채권이 될 수 있는 것을 모두 고른 것은? (다툼이 있으면 판례에 따름)

> ㄱ. 보증금반환청구권
> ㄴ. 권리금반환청구권
> ㄷ. 필요비상환채무의 불이행으로 인한 손해배상청구권
> ㄹ. 원상회복약정이 있는 경우 유익비상환청구권

① ㄱ   ② ㄷ

③ ㄱ, ㄷ   ④ ㄴ, ㄹ

⑤ ㄱ, ㄴ, ㄹ

26 저당권에 대한 설명 중 <u>틀린</u> 것은? (다툼이 있으면 판례에 따름)

① 저당권의 효력은 저당부동산에 대한 압류가 있은 후에 저당권설정자가 그 부동산으로부터 수취한 과실 또는 수취할 수 있는 과실에 미친다.

② 저당권으로 담보한 채권이 시효의 완성 기타 사유로 소멸한 때에는 저당권도 소멸한다.

③ 민법 제358조는 저당부동산에 종된 권리에도 유추적용되어 건물에 대한 저당권의 효력은 그 건물의 소유를 목적으로 하는 지상권에도 미친다고 보아야 할 것이다.

④ 저당권이 설정된 토지가 「공익사업을 위한 토지 등의 취득 및 보상에 관한 법률」에 따라 협의 취득된 경우, 저당권자는 그 보상금에 대하여 물상대위권을 행사할 수 있다.

⑤ 물상대위권 행사를 위한 압류는 반드시 그 권리를 행사하는 저당권자에 의해서 이루어질 필요는 없다.

27 근저당권에 관한 설명으로 <u>틀린</u> 것은? (다툼이 있으면 판례에 의함)

① 근저당권의 피담보채권이 확정된 경우, 확정 이후에 새로운 거래관계에서 발생하는 채권은 그 근저당권에 의하여 담보되지 않는다.

② 채무자의 채무액이 채권최고액을 초과하는 경우, 물상보증인은 채무자의 채무 전액을 변제하지 않으면 근저당권설정등기의 말소를 청구할 수 없다.

③ 채권최고액은 저당목적물로부터 우선변제를 받을 수 있는 한도액을 의미한다.

④ 1년분이 넘는 지연배상금이라도 채권최고액의 한도 내라면 전액 근저당권에 의해 담보된다.

⑤ 근저당권의 후순위 담보권자가 경매를 신청한 경우, 근저당권의 피담보채권은 매수인이 매각대금을 완납한 때 확정된다.

28 계약의 성립에 관한 설명으로 옳은 것은? (다툼이 있으면 판례에 의함)

① 청약은 상대방 있는 의사표시이므로 청약할 때 상대방이 특정되어야 한다.

② 승낙의 기간을 정하지 아니한 계약의 청약은 청약으로서의 효력이 없다.

③ 토지매매계약 체결 후 그 토지가 강제수용된 경우, 그 토지매매계약은 무효이다.

④ 甲이 X토지를 乙에게 매도의사로 청약하였는데 乙이 승낙한 후 사망하였다면 乙의 의사표시는 효력을 상실한다.

⑤ 청약자의 의사표시나 관습에 의하여 승낙의 통지가 필요하지 아니한 경우에는 계약은 승낙의 의사표시로 인정되는 사실이 있는 때에 성립한다.

29 동시이행의 항변권에 관한 설명 중 <u>틀린</u> 것은? (다툼이 있으면 판례에 의함)

① 임대차 종료 후 임차보증금반환의무와 목적물반환의무는 서로 동시이행의 관계에 있다.

② 동시이행관계에 있는 어느 일방의 채권이 양도되더라도 그 동일성이 인정되는 한 동시이행관계는 존속한다.

③ 쌍무계약에서 甲과 乙의 채무가 동시이행관계에 있는 경우, 甲은 乙의 이행제공이 없더라도 이행기에 채무를 이행하여야 이행지체책임이 없다.

④ 선이행의무자가 이행을 지체하는 동안에 상대방의 채무의 변제기가 도래한 경우, 특별한 사정이 없는 한 쌍방의 의무는 동시이행관계가 된다.

⑤ 동시이행의 항변권은 당사자가 원용하여야 법원이 그 인정 여부에 대하여 심리할 수 있다.

30 甲은 자기소유의 주택을 乙에게 매도하는 계약을 체결하면서 대금은 乙이 丙에게 지급하기로 하는 계약을 체결하였다. 다음 내용 중 **틀린** 것은? (다툼이 있으면 판례에 의함)

> ㄱ. 乙이 丙에게 상당한 기간을 정하여 대금수령 여부의 확답을 최고하였음에도 그 기간 내에 확답을 받지 못한 경우, 丙이 대금수령을 거절한 것으로 본다.
> ㄴ. 甲은 乙의 채무불이행을 이유로 丙의 동의 없이 계약을 해제할 수 없다.
> ㄷ. 丙이 乙에게 매매대금의 지급을 청구하였는데 乙이 이를 지급하지 않으면 丙은 매매계약을 해제할 수 있다.
> ㄹ. 甲이 매매계약을 해제한 경우 丙은 乙에게 자기가 입은 손해의 배상을 청구할 수 있다.

① ㄱ, ㄷ   ② ㄴ, ㄹ
③ ㄷ, ㄹ   ④ ㄱ, ㄹ
⑤ ㄴ, ㄷ

31 甲소유의 토지를 乙이 매수하면서 계약금을 甲에게 지급하였다. 다음 설명 중 옳은 것을 모두 고르면? (다툼이 있으면 판례에 의함)

> ㄱ. 당사자 사이에 계약금을 위약금으로 하는 특약이 없는 이상 계약금을 손해배상액의 예정으로 볼 수 없다.
> ㄴ. 甲이 매매계약의 이행에 전혀 착수한 바가 없다면 乙이 중도금을 지급하여 이행에 착수한 후라도 乙은 제565조에 의하여 계약금을 포기하고 매매계약을 해제할 수 있다.
> ㄷ. 甲이 제565조에 의하여 계약을 해제하기 위해서는 乙에게 계약금의 배액을 이행제공하여야 하고, 乙이 이를 수령하지 않으면 공탁하여야 한다.
> ㄹ. 甲과 乙이 제565조의 해약권을 배제하는 약정을 한 경우에는 당사자는 더 이상 제565조의 해제권을 행사할 수 없다.
> ㅁ. 만약 乙의 중도금지급이 지체되어 甲이 계약을 해제하는 경우, 특별한 사정이 없는 한 계약금은 손해배상금으로 간주되어 甲에게 귀속된다.

① ㄱ, ㄹ   ② ㄴ, ㅁ
③ ㄹ, ㅁ   ④ ㄱ, ㄷ
⑤ ㄱ, ㄹ, ㅁ

32 매도인의 담보책임에 관한 내용 중 **틀린** 것은? (다툼이 있으면 판례에 의함)

① 저당권이 설정된 부동산의 매수인이 저당권의 행사로 그 소유권을 취득할 수 없는 경우, 악의의 매수인은 특별한 사정이 없는 한 계약을 해제하고 손해배상을 청구할 수 있다.
② 매매의 목적이 된 부동산에 등기된 임대차계약이 있고 이로 인하여 계약의 목적을 달성할 수 없는 경우라고 하더라도, 악의의 매수인은 계약을 해제할 수 없음은 물론 손해배상도 청구할 수 없다.
③ 매매의 목적이 된 부동산에 설정된 저당권의 행사로 인하여 매수인의 출재로 그 소유권을 보존한 때에는, 악의의 매수인도 매도인에 대하여 그 상환을 청구할 수 있다.
④ 강제경매의 기초가 된 채무자 명의의 소유권이전등기가 무효라서 경매가 무효인 경우에 매수인은 경매의 채무자나 채권자에게 담보책임을 물을 수 있다.
⑤ 매도인의 담보책임을 면하는 특약을 한 경우에도 매도인이 알고 고지하지 아니한 사실에 대하여는 책임을 면하지 못한다.

33 해제 또는 해지에 관한 다음 설명 중 가장 **틀린** 것은? (다툼이 있으면 판례에 의함)

① 계약의 상대방이 여럿인 경우, 해제권자는 그 전원에 대하여 해제권을 행사하여야 한다.
② 계약의 해제는 손해배상의 청구에 영향을 미치지 않는다.
③ 계약상대방이 수인인 경우, 특별한 사정이 없는 한 그 중 1인에 대하여 한 계약의 해제는 효력이 없다.
④ 매매대금채권이 양도된 후 매매계약이 해제된 경우, 그 양수인은 해제로 권리를 침해당하지 않는 제3자에 해당하지 않는다.
⑤ 매도인이 미리 이행하지 아니할 의사를 명백히 표시한 경우라도 매수인은 소유권이전등기의무 이행기일에 잔대금의 이행제공을 하여야 매매계약을 해제할 수 있다.

34 민법상 임대차에 관한 다음 설명 중 가장 **틀린** 것은? (다툼이 있으면 판례에 의함)

① 임차인의 비용상환청구권, 지상물매수청구권에 관한 민법의 규정은 강행규정이다.

② 건물소유를 목적으로 한 토지임대차를 등기하지 않았더라도, 임차인이 그 지상건물의 보존등기를 하면, 토지임대차는 제3자에 대하여 효력이 생긴다.

③ 건물의 소유를 목적으로 하는 토지임차인이 그 지상건물을 등기하기 전에 제3자가 그 토지에 관하여 물권취득의 등기를 한 때에는 임차인이 그 지상건물을 등기하더라도 그 제3자에 대하여 임대차의 효력이 생기지 아니한다.

④ 건물의 소유를 목적으로 한 토지임대차계약의 기간이 만료됨에 따라 지상건물 소유자가 임대인에 대하여 행사하는 매수청구권은 매수청구의 대상이 되는 건물에 근저당권이 설정되어 있는 경우에도 인정된다.

⑤ 건물에 대한 저당권이 실행되어 경락인이 건물의 소유권을 취득한 때에는 특별한 다른 사정이 없는 한 그에 수반하여 그 건물의 소유를 목적으로 한 토지의 임차권도 그 건물의 소유권과 함께 경락인에게 이전된다.

35 甲은 乙의 저당권이 설정되어 있는 丙소유의 X주택을 丙으로부터 보증금 2억 원에 임차하여 즉시 대항요건을 갖추고 확정일자를 받아 거주하고 있다. 그 후 丁이 X주택에 저당권을 취득한 다음 저당권 실행을 위한 경매에서 戊가 X주택의 소유권을 취득하였다. 다음 설명 중 옳은 것은? (다툼이 있으면 판례에 따름)

① 乙의 저당권은 소멸한다.

② 戊가 임대인 丙의 지위를 승계한다.

③ 甲이 적법한 배당요구를 하면 乙보다 보증금 2억 원에 대해 우선변제를 받는다.

④ 甲은 戊로부터 보증금을 전부 받을 때까지 임대차관계의 존속을 주장할 수 있다.

⑤ 丁이 甲보다 매각대금으로부터 우선변제를 받는다.

36 주택임대차보호법의 적용대상이 되는 경우를 모두 고른 것은? (다툼이 있으면 판례에 따름)

> ㄱ. 임차주택이 미등기인 경우
> ㄴ. 임차주택이 일시사용을 위한 것임이 명백하게 밝혀진 경우
> ㄷ. 사무실로 사용되던 건물이 주거용 건물로 용도 변경된 경우
> ㄹ. 적법한 임대권한을 가진 자로부터 임차하였으나 임대인이 주택소유자가 아닌 경우

① ㄱ, ㄷ

② ㄴ, ㄹ

③ ㄱ, ㄷ, ㄹ

④ ㄴ, ㄷ, ㄹ

⑤ ㄱ, ㄴ, ㄷ

37 甲이 2020. 9. 10. 乙소유의 X상가건물을 乙로부터 보증금 5억 원, 월차임 500만 원에 임차하여 상가건물임대차보호법상의 대항요건을 갖추고 영업하고 있다. 다음 설명 중 **틀린** 것은?

① 甲의 계약갱신요구권은 최초의 임대차기간을 포함한 전체 임대차기간이 10년을 초과하지 아니하는 범위에서만 행사할 수 있다.

② 甲과 乙사이에 임대차기간을 6개월로 정한 경우, 乙은 그 기간이 유효함을 주장할 수 있다.

③ 甲의 계약갱신요구권에 따라 갱신되는 임대차는 전 임대차와 동일한 조건으로 다시 계약된 것으로 본다.

④ 임대차종료 후 보증금이 반환되지 않은 경우, 甲은 X건물의 소재지 관할법원에 임차권등기명령을 신청할 수 없다.

⑤ X건물이 경매로 매각된 경우, 甲은 특별한 사정이 없는 한 보증금에 대해 일반채권자보다 우선하여 변제받을 수 있다.

38 집합건물의 소유 및 관리에 관한 법률에 대한 설명으로 틀린 것은? (다툼이 있으면 판례에 의함)

① 구분소유자는 규약으로 달리 정한 때에 대지사용권을 전유부분과 분리하여 처분할 수 있다.

② 주거용 집합건물을 철거하고 상가용 집합건물을 신축하기로 하는 재건축결의는 원칙적으로 허용된다.

③ 전유부분에 관하여 설정된 저당권의 효력은 특별한 사정이 없는 한 그 전유부분의 소유자가 사후에 취득한 대지사용권에는 미치지 않는다.

④ 공용부분 관리비에 대한 연체료는 전 구분소유자의 특별승계인에게 승계되는 공용부분 관리비에 포함되지 않는다.

⑤ 관리단은 구분소유관계가 성립하는 건물이 있는 경우, 특별한 조직행위가 없어도 당연히 구분소유자 전원을 구성원으로 하여 성립하는 단체이다.

39 가등기담보 등에 관한 법률에 관한 설명으로 **틀린** 것은? (다툼이 있으면 판례에 의함)

① 목적부동산의 평가액이 채권액에 미달하여 청산금이 없다고 인정되는 때에는 채권자는 그 뜻을 채무자 등에게 통지하여야 한다.

② 3억 원을 차용하면서 이미 2억 원의 채무에 대한 저당권이 설정된 4억 원 상당의 부동산에 가등기한 경우에는 가등기담보 등에 관한 법률이 적용되지 않는다.

③ 채권자는 사적실행의 방법으로 처분청산형의 담보권 실행을 할 수 없다.

④ 후순위권리자는 청산기간 내에 한하여 그 피담보채권의 변제기가 되기 전이라도 목적부동산의 경매를 청구할 수 있다.

⑤ 채권자가 나름대로 평가한 청산금의 액수가 객관적인 청산금의 평가액에 미치지 못한다면 담보권 실행의 통지로서의 효력이 없다.

40 부동산 실권리자 명의 등기에 관한 법률에 관한 설명 중 **틀린** 것은? (다툼이 있으면 판례에 의함)

① 명의수탁자가 제3자에게 부동산을 처분한 경우에는 그 제3자는 선의·악의를 불문하고 소유권을 취득하는 것이 원칙이다.

② 명의신탁약정이 무효인 경우에는 신탁자는 수탁자에게 명의신탁해지를 원인으로 소유권이전등기를 청구할 수 없다.

③ 양자 간 등기명의신탁에서 명의수탁자가 신탁부동산을 처분하여 제3취득자가 유효하게 소유권을 취득하고 이로써 명의신탁자가 신탁부동산에 대한 소유권을 상실하였더라도, 그 후 명의수탁자가 신탁부동산의 소유권을 다시 취득하였다면 명의신탁자는 수탁자에 대하여 그 등기의 말소를 청구할 수 있다.

④ 甲 종중이 자신의 토지를 적법하게 종원 乙에게 명의신탁을 한 경우, 제3자가 그 토지를 불법점유하는 경우라도 甲은 소유권에 기하여 직접 방해배제를 청구할 수 없다.

⑤ 이 법에서 허용되는 상호명의신탁의 경우, 공유물분할청구의 소를 제기하여 구분소유적 공유관계를 해소할 수 없다.

---

02 **기성조건과 불능조건**

기성조건

불능조건

---

03 **강박**

1 반사회적 법률행위 ×

2 비진의표시 ×

3 완전히 박탈 : 무효

---

04 **무효행위의 추인**

제103조 위반이 아닌 것

A(채권자) 강제집행

10 **취소권의 소멸**

제146조(취소권의 소멸) 취소권은 추인할 수 있는 날로부터 3년 내에 법률행위를 한 날로부터 10년 내에 행사하여야 한다.

16 **점유자와 회복자의 관계(제201조~제203조)**

회복자(현재 소유자)

20 **혼동**

말소등기 없이 소멸

25 유치권

유치권 행사 × (유치권의 피담보채권 ×)

---

31 계약금

1 해약금해제(제565조)

2 채무불이행

---

32 매도인의 담보책임

권리의 하자(5종) 행사기간 선의 : 안 날 → 1년

악의 : 계약일 → 1년

악의의 매수인

공인중개사 1차
국가자격시험

교시	문제형별	시험과목	회차
2교시	A	② 민법 및 민사특별법	제3회

01 사회질서에 반하는 법률행위에 관한 설명으로 **틀린** 것은? (다툼이 있으면 판례에 따름)

① 형사사건에 관한 변호사 성공보수 약정은 재판의 결과를 금전적 대가와 결부시키는 것으로서 사회질서에 위배되는 것으로 평가할 수 있다.

② 비자금을 소극적으로 은닉하기 위하여 임치한 것은 사회질서에 반하는 법률행위로 볼 수 없다.

③ 도박자금에 제공할 목적으로 금전을 대여하는 행위는 반사회적 법률행위에 해당하여 무효이다.

④ 법률행위의 표시된 동기가 사회질서에 반하는 경우, 그 법률행위는 반사회적 법률행위라고 할 수 없다.

⑤ 오로지 보험사고를 가장하여 보험금을 취득할 목적으로 체결한 생명보험계약은 무효이다.

02 사기·강박에 의한 의사표시에 관한 설명으로 옳은 것은? (다툼이 있으면 판례에 의함)

① 제3자의 기망행위로 신원보증서면에 서명한다는 착각에 빠져 연대보증서면에 서명한 경우, 사기를 이유로 의사표시를 취소할 수 없다.

② 상대방이 불법적인 해악의 고지 없이 각서에 서명·날인할 것을 강력히 요구하는 것만으로도 강박이 된다.

③ 상대방 있는 의사표시에 관하여 제3자가 사기를 행한 경우에 표의자는 상대방이 그 사실을 안 경우에 한하여 그 의사표시를 취소할 수 있다.

④ 피기망자에게 손해를 가할 의사는 사기에 의한 의사표시의 성립요건이다.

⑤ 교환계약의 일방 당사자가 자기 소유의 목적물의 가액을 시가보다 높게 허위로 고지하였다면 특별한 사정이 없는 한 기망행위에 해당한다.

03 다음 의사표시에 관한 설명 중 **틀린** 것은? (다툼이 있으면 판례에 의함)

① 피성년후견인이 한 법률행위는 아직 그 효력이 확정적이지 않다.

② 甲이 乙에게 부동산을 증여하면서 증여세를 우려하여 매매로 가장하여 乙에게 소유권이전등기를 해준 경우, 甲·乙 간의 매매는 무효이다.

③ ②의 경우, 乙로부터 그 부동산을 매수하여 소유권이전등기를 경료한 丙은 악의이더라도 유효하게 소유권을 취득한다.

④ 甲이 채권자의 강제집행을 면하기 위하여 乙과 짜고 그의 부동산을 매매의 형식을 빌려 乙에게 소유권이전등기를 마친 경우, 甲은 乙에게 그 이전등기의 말소를 청구할 수 없다.

⑤ 가장매매의 매도인은 매수인의 상속인이 선의인 경우라도 그에게 허위표시의 무효로 대항할 수 있다.

04 착오에 관한 설명으로 옳은 것을 모두 고른 것은? (다툼이 있으면 판례에 따름)

ㄱ. 상대방이 표의자의 착오를 알고 이용한 경우, 표의자는 착오가 중대한 과실로 인한 것이더라도 의사표시를 취소할 수 있다.

ㄴ. 경과실로 인해 착오에 빠진 표의자가 착오를 이유로 의사표시를 취소한 경우, 상대방에 대하여 불법행위로 인한 손해배상책임을 진다.

ㄷ. 매도인의 하자담보책임이 성립하더라도 착오를 이유로 한 매수인의 취소권은 배제되지 않는다.

ㄹ. 매도인이 매수인의 채무불이행을 이유로 계약을 적법하게 해제한 후에는 매수인은 착오를 이유로 취소권을 행사할 수 없다.

① ㄱ, ㄴ   ② ㄱ, ㄷ
③ ㄱ, ㄹ   ④ ㄴ, ㄷ
⑤ ㄴ, ㄹ

05 불공정한 법률행위에 관한 설명으로 **틀린** 것은? (다툼이 있으면 판례에 의함)

① 무경험이란 거래 일반의 경험부족을 말하는 것이 아니라 해당 특정영역에서의 경험부족을 말한다.

② 불공정한 법률행위가 되기 위해서는 피해자에게 궁박, 경솔과 무경험 가운데 어느 하나가 필요하다.

③ 법률행위가 현저하게 공정을 잃었다고 하여 곧 그것이 궁박, 경솔 또는 무경험으로 이루어진 것으로 추정되지 않는다.

④ 무상계약에는 적용되지 않는다.

⑤ 불공정한 법률행위는 약자적 지위에 있는 자의 궁박, 경솔 또는 무경험을 이용한 폭리행위를 규제하려는 데에 그 목적이 있다.

06 대리인에 관한 설명으로 **틀린** 것은? (다툼이 있으면 판례에 의함)

① 복대리인은 그 권한 내에서 대리인의 이름으로 법률행위를 한다.

② 대리인이 수인인 때에는 법률이나 수권행위로 다른 정함이 없으면 각자 본인을 대리한다.

③ 대리인은 그 권한 내에서 사자를 사용할 수 있으며, 이때에는 복대리에 관한 규정이 적용되지 않는다.

④ 대리인에 대하여 성년후견이 개시되면 대리권은 소멸한다.

⑤ 수권행위로 권한을 정하지 않은 경우, 대리인은 대리의 목적인 물건이나 권리의 성질이 변하지 않는 범위에서 그 이용행위를 할 수 있다.

07 조건과 기한에 관한 다음 설명 중 **틀린** 것은? (다툼이 있으면 판례에 의함)

① 조건의 성취가 미정인 권리는 일반규정에 의하여 처분할 수 있을 뿐 아니라 담보로 할 수도 있다.

② 조건이 법률행위의 당시에 이미 성취할 수 없는 것인 경우에는 그 조건이 해제조건이면 조건 없는 법률행위로 하고 정지조건이면 그 법률행위는 무효로 한다.

③ 정지조건 있는 법률행위는 조건이 성취한 때로부터 그 효력이 생긴다.

④ 정지조건부 법률행위에 있어서 조건이 성취되었다는 사실은 법률효과의 발생을 다투려는 자에게 입증책임이 있다.

⑤ 조건 있는 법률행위의 당사자는 조건의 성부가 미정인 동안에 조건의 성취로 인하여 생길 상대방의 이익을 해하지 못한다.

08 표현대리에 관한 설명으로 **옳은** 것은? (다툼이 있으면 판례에 의함)

① 복임권이 없는 대리인이 선임한 복대리인의 권한도 권한을 넘은 표현대리의 기본대리권이 될 수 있다.

② 표현대리가 성립하는 경우, 상대방에게 과실이 있으면 과실상계의 법리를 유추적용하여 본인의 책임을 경감할 수 있다.

③ 대리권수여의 표시에 의한 표현대리가 해당하여 대리행위의 효과가 본인에게 귀속하기 위해서는 대리행위의 상대방의 선의 이외에 무과실까지 요하는 것은 아니다.

④ 권한을 넘은 표현대리 규정은 법정대리에는 그 적용이 없다.

⑤ 등기신청의 대리권을 수여받은 자가 그 권한을 유월하여 대물변제라는 사법행위를 한 경우에는 권한을 넘은 표현대리가 성립하지 않는다.

09 甲은 토지거래허가구역 내 자신의 토지를 乙에게 매도하였고 곧 토지거래허가를 받기로 하였다. 다음 설명 중 옳은 것은? (다툼이 있으면 판례에 따름)

> ㄱ. 甲과 乙은 토지거래허가신청절차에 협력할 의무가 있다.
> ㄴ. 甲은 계약상 채무불이행을 이유로 계약을 해제할 수 있다.
> ㄷ. 계약이 현재 유동적 무효 상태라는 이유로 乙은 이미 지급한 계약금 등을 부당이득으로 반환 청구할 수 있다.
> ㄹ. 乙은 토지거래허가가 있을 것을 조건으로 하여 甲을 상대로 소유권이전등기절차의 이행을 청구할 수 없다.

① ㄷ, ㄹ   ② ㄱ, ㄷ
③ ㄱ, ㄹ   ④ ㄴ, ㄷ
⑤ ㄴ, ㄹ

10 대리권 없는 乙이 甲의 임의대리인으로 행세하여 甲소유의 부동산을 丙에게 매매하는 계약을 체결하였다. 이에 관한 설명으로 틀린 것은? (표현대리는 고려하지 않으며, 다툼이 있으면 판례에 따름)

① 甲의 유효한 추인이 있으면 특별한 사정이 없는 한 乙의 행위는 계약 시에 소급하여 甲에게 효력이 있다.
② 乙이 위 계약 당시 제한능력자인 경우, 丙은 乙에게 계약의 이행 또는 손해배상책임을 물을 수 없다.
③ 甲이 乙의 무권대리행위를 알면서도 丙으로부터 매매대금 전부를 수령하였다면, 특별한 사정이 없는 한 위 계약을 추인한 것으로 볼 수 있다.
④ 丙이 계약 당시에 乙에게 대리권이 없음을 알았던 경우, 丙은 甲에게 그 추인 여부의 확답을 최고할 수 없다.
⑤ 乙이 위 계약에 따라 丙에게 소유권이전등기를 해준 경우, 甲은 원칙적으로 丙명의 소유권이전등기의 말소를 청구할 수 있다.

11 물권적 청구권에 관한 설명으로 옳은 것은? (다툼이 있으면 판례에 따름)

① 소유자는 물권적 청구권에 의하여 방해제거비용 또는 방해예방비용을 청구할 수 없다.
② 불법원인으로 물건을 급여한 사람은 원칙적으로 소유권에 기하여 반환청구를 할 수 있다.
③ 물권적 청구권은 물권과 분리하여 양도할 수 있다.
④ 소유권에 기한 방해제거청구권은 방해결과의 제거를 내용으로 한다.
⑤ 소유권에 기한 물권적 청구권이 발생한 후에는 소유자가 소유권을 상실하더라도 그 청구권을 행사할 수 있다.

12 점유에 관한 설명으로 틀린 것은? (다툼이 있으면 판례에 의함)

① 전후 양 시점의 점유자가 다른 경우에도 점유의 승계가 입증되면 점유가 계속된 것으로 추정된다.
② 가사상, 영업상 기타 유사한 관계에 의하여 타인의 지시를 받아 물건에 대한 사실상의 지배를 하는 때에는 그 타인만을 점유자로 한다.
③ 선의의 점유자가 본권에 관한 소에서 패소한 경우, 소제기 후 판결확정 전에 취득한 과실은 회복자에게 반환할 의무가 없다.
④ 점유물이 점유자의 책임 있는 사유로 인하여 멸실 또는 훼손된 경우, 임차권이 있다고 오신한 선의의 점유자는 손해의 전부를 배상하여야 한다.
⑤ 점유권은 피상속인의 사망으로 상속인에게 이전되는데, 이는 상속인이 피상속인의 사망 사실을 모른 경우에도 마찬가지이다.

13 등기에 관한 설명으로 **틀린** 것은? (다툼이 있으면 판례에 의함)

① 등기명의인이 등기원인행위의 태양이나 과정을 다소 다르게 주장한다고 하여 추정력이 깨어지는 것은 아니다.

② 소유권이전등기가 된 경우, 등기명의인은 전 소유자에 대하여 적법한 등기원인에 기한 소유권을 취득한 것으로 추정된다.

③ X토지에 대한 甲명의의 저당권등기가 불법으로 말소된 후 乙의 경매신청으로 당해 X토지가 제3자에게 매각되더라도 甲의 저당권등기는 회복될 수 없다.

④ 소유권이전등기가 된 경우, 특별한 사정이 없는 한 이전등기에 필요한 적법한 절차를 거친 것으로 추정된다.

⑤ 요역지 소유권이 이전되면 지역권의 이전을 위해서 지역권의 이전등기가 필요하다.

14 부동산 소유권이전등기청구권에 관한 설명으로 **틀린** 것은? (다툼이 있으면 판례에 의함)

① 점유취득시효의 완성으로 인한 소유권이전등기청구는 시효완성 당시의 소유자를 상대로 하여야 한다.

② 매매로 인한 등기청구권을 매수인으로부터 양도받은 양수인은 매도인이 그 양도에 대하여 동의나 승낙이 없으면 특별한 사정이 없는 한 매도인에 대하여 채권양도를 원인으로 이전등기를 청구할 수 없다.

③ 매매목적 부동산을 인도받아 사용하고 있는 매수인의 등기청구권은 소멸시효에 걸리지 않는다.

④ 매수인이 매매목적 부동산을 인도받아 사용하다가 제3자에게 이를 처분하고 그 점유를 승계하여 준 경우, 매수인의 등기청구권의 소멸시효가 진행한다.

⑤ 매매로 인한 매수인의 등기청구권은 채권적 청구권으로서 10년의 소멸시효에 걸린다.

15 등기에 관한 설명으로 **옳은** 것은? (다툼이 있으면 판례에 따름)

① 이행판결에 따른 소유권의 취득에는 등기를 요하지 않는다.

② 상속인은 피상속인의 사망과 더불어 상속재산인 부동산에 대한 등기를 한 때 소유권을 취득한다.

③ 피담보채권이 소멸하더라도 저당권의 말소등기가 있어야 저당권이 소멸한다.

④ 민사집행법상 경매의 매수인은 등기를 하여야 소유권을 취득할 수 있다.

⑤ 건물을 신축한 자는 등기 없이도 소유권을 취득한다.

16 민법상 공유에 관한 설명으로 **틀린** 것은? (다툼이 있으면 판례에 따름)

① 공유자는 다른 공유자의 동의 없이 공유물을 처분하지 못한다.

② 공유자는 특약이 없는 한 지분비율로 공유물의 관리비용을 부담한다.

③ 공유물의 소수지분권자가 다른 공유자와의 협의 없이 자신의 지분 범위를 초과하여 공유물의 일부를 배타적으로 점유하고 있는 경우, 다른 소수지분권자가 공유물의 인도를 청구할 수 있다.

④ 과반수 지분권자로부터 공유물의 특정 부분에 대한 배타적인 사용·수익을 허락받은 제3자의 점유는 다른 소수지분권자 사이에서도 적법하다.

⑤ 공유자 전원이 임대인으로 되어 공유물을 임대한 경우, 그 임대차계약을 해지하는 것은 특별한 사정이 없는 한 공유물의 관리행위이다.

17 지상권에 관한 설명으로 옳은 것을 모두 고른 것은? (다툼이 있으면 판례에 따름)

> ㄱ. 지료의 지급은 지상권의 성립요소가 아니다.
>
> ㄴ. 기간만료로 지상권이 소멸하면 지상권자는 갱신청구권을 행사할 수 없다.
>
> ㄷ. 지료체납 중 토지소유권이 양도된 경우, 양도 전·후를 통산하여 2년에 이르면 지상권 소멸청구를 할 수 없다.
>
> ㄹ. 채권담보를 위하여 토지에 저당권과 함께 무상의 담보지상권을 취득한 채권자는 특별한 사정이 없는 한 제3자가 토지를 불법점유하더라도 임료상당의 손해배상청구를 할 수 있다.

① ㄴ   ② ㄱ, ㄷ
③ ㄴ, ㄹ   ④ ㄷ, ㄹ
⑤ ㄱ, ㄷ, ㄹ

18 지역권에 관한 설명으로 틀린 것은? (다툼이 있으면 판례에 따름)

① 토지의 불법점유자는 통행지역권을 시효취득할 수 없다.

② 공유자의 1인이 지역권을 취득한 때에는 다른 공유자도 이를 취득한다.

③ 점유로 인한 지역권취득기간의 중단은 지역권을 행사하는 모든 공유자에 대한 사유가 아니면 그 효력이 없다.

④ 어느 토지에 대하여 통행지역권을 주장하려면 그 토지의 통행으로 편익을 얻는 요역지가 있음을 주장·증명해야 한다.

⑤ 승역지에 관하여 통행지역권을 시효취득한 경우, 특별한 사정이 없는 한 요역지 소유자는 승역지 소유자에게 승역지의 사용으로 입은 손해를 보상할 필요가 없다.

19 주위토지통행권에 관한 설명으로 옳은 것은? (다툼이 있으면 판례에 의함)

① 주위토지통행권자는 담장과 같은 축조물이 통행에 방해가 되더라도 그 철거를 청구할 수 없다.

② 주위토지통행권이 인정되는 경우 통로개설 비용은 원칙적으로 주위토지통행권자가 부담하여야 한다.

③ 소유 토지의 용도에 필요한 통로가 이미 있더라도 그 통로를 사용하는 것보다 더 편리하다면 다른 장소로 통행할 권리가 인정된다.

④ 기존의 통로가 있으면, 그것이 당해 토지의 이용에 부적합하여 실제로 통로로서의 충분한 기능을 하지 못할 때에도 주위토지통행권은 인정되지 않는다.

⑤ 주위토지통행권은 일단 발생하면 나중에 그 토지에 접하는 공로가 개설되어 그 통행권을 인정할 필요가 없어지더라도 소멸하지 않는다.

20 전세권에 관한 설명으로 틀린 것은? (다툼이 있으면 판례에 의함)

① 전세기간 중 건물의 소유권이 이전된 경우, 신소유자가 전세금반환채무를 부담한다.

② 전세권이 침해된 경우, 전세권자는 점유보호청구권을 행사할 수 있다.

③ 존속기간의 만료로 전세권이 소멸하면, 전세권의 용익물권적 권능은 소멸한다.

④ 전세권을 목적으로 한 저당권은 전세권 존속기간이 만료되더라도 그 전세권 자체에 대하여 저당권을 실행할 수 있다.

⑤ 타인의 토지 위에 건물을 신축한 자가 그 건물에 전세권을 설정한 경우, 전세권은 건물의 소유를 목적으로 하는 토지임차권에도 그 효력이 미친다.

21 전세권에 관한 설명으로 **틀린** 것은?

① 전세권에는 상린관계에 관한 규정이 준용된다.

② 전세권자가 그 목적물의 성질에 의하여 정하여진 용도에 따라 목적물을 사용·수익하지 않으면 전세권설정자는 전세권의 소멸을 청구할 수 있다.

③ 설정행위로 금지하지 않으면 전세권자는 전세권을 타인에게 양도할 수 있다.

④ 전세권설정자가 전세금의 반환을 지체하면 전세권자는 그 목적물의 경매를 청구할 수 있다.

⑤ 전세권존속기간을 영구로 설정하면 유효하다.

22 甲은 丙에 대한 채무를 담보하기 위하여 자신 소유의 X토지에 丙명의로 근저당권을 설정해 주었다. 그 후 甲은 X토지를 乙에게 매도하여 소유권이전등기를 해 주었다. 다음 중 **틀린** 것은? (다툼이 있으면 판례에 의함)

① 丙은 저당권을 피담보채권과 분리하여 제3자에게 양도할 수 없다.

② 甲은 원본뿐만 아니라 이자, 위약금, 채무불이행으로 인한 손해배상도 모두 변제하여야 근저당권설정등기의 말소를 청구할 수 있다.

③ 丙의 피담보채권이 변제된 경우, 甲은 丙명의의 근저당권 설정등기의 말소를 청구할 수 없다.

④ 乙은 甲의 의사에 반하더라도 피담보채무를 변제하여 근저당권을 소멸시킬 수 있다.

⑤ 만약 丙의 근저당권 설정 전에 X토지에 대하여 지상권을 취득한 자가 있다면 그 지상권자는 저당권의 실행으로 영향을 받지 않는다.

23 제365조의 일괄경매청구권에 관한 설명 중 **틀린** 것으로 묶인 것은? (다툼이 있으면 판례에 의함)

> ㄱ. 토지저당권이 설정된 후 저당권설정자 외의 제3자가 건물을 축조한 경우에는 일괄경매청구권이 인정되지 않는다.
>
> ㄴ. 토지저당권이 설정된 후 저당권설정자가 건물을 축조하였으나 경매 당시 제3자가 소유하고 있는 경우에는 일괄경매청구권이 인정된다.
>
> ㄷ. 저당권설정 당시에 저당목적물인 토지상에 건물의 축조가 진행되어 있던 경우에는 일괄경매청구권정이 인정되지 않는다.
>
> ㄹ. 저당권자에게 일괄경매청구권이 인정되는 경우에는 저당권자는 토지만 경매를 청구하는 것은 허용되지 않는다.

① ㄱ, ㄹ   ② ㄱ, ㄷ

③ ㄱ, ㄴ   ④ ㄴ, ㄹ

⑤ ㄴ, ㄷ

24 유치권에 관한 설명으로 **틀린** 것은? (다툼이 있는 경우에는 판례에 의함)

① 유치권자에게 우선변제권이 인정된다.

② 유치권은 법정담보물권이지만 이를 미리 포기하는 특약은 유효이다.

③ 유치권자가 그가 점유한 건물에 거주·사용하는 경우, 그것이 보존에 필요한 행위이더라도 차임에 상당한 이득을 소유자에게 반환하여야 한다.

④ 건물점유자가 그 건물에 대하여 유치권을 행사하는 경우, 그 건물의 존재와 점유가 토지소유자에게 불법행위가 되는 때에는 유치권으로 토지소유자에게 대항할 수 없다.

⑤ 임대인과 임차인 사이에 임차목적물을 반환하는 시기에 권리금을 반환하기로 약정하였더라도 임차인은 권리금반환청구권으로써 건물에 대하여 유치권을 행사할 수 없다.

25 다음 계약에 관한 설명 중 **틀린** 것은? (다툼이 있는 경우 판례에 의함)

① 당사자 사이에 동일한 내용의 청약이 서로 교차된 경우, 양 청약이 상대방에게 도달한 때에 계약은 성립한다.

② 민법상 유상계약은 모두 쌍무계약이다.

③ 계약의 합의해제에 관한 청약에 대하여 상대방이 조건을 붙여 승낙한 때에는 그 청약은 효력을 잃는다.

④ 청약자의 의사표시나 관습에 의하여 승낙의 통지가 필요하지 않은 경우, 계약은 승낙의 의사표시로 인정되는 사실이 있는 때에 성립한다.

⑤ 청약의 상대방은 청약에 대하여 회답할 의무가 없다.

26 계약의 효력에 관한 설명 중 가장 **틀린** 것은? (다툼이 있는 경우 판례에 의함)

① 토지에 대한 매매계약체결 전에 이미 그 토지 전부가 공용수용된 경우, 계약체결상의 과실책임이 인정될 수 있다.

② 쌍무계약에서 당사자 쌍방의 귀책사유 없이 채무가 이행불능이 된 경우 이미 이행한 급부는 법률상 원인 없는 급부가 되어 부당이득을 원인으로 반환청구할 수 있다.

③ 쌍무계약의 당사자 일방의 채무가 쌍방의 책임 없는 사유로 이행할 수 없게 된 때에는 채무자는 상대방에게 이행을 청구하지 못하고, 이는 채권자의 수령지체 중이라도 마찬가지이다.

④ 계약체결상의 과실책임이 인정되기 위해서는 원시적 불능을 알지 못한데 대한 상대방의 선의뿐만 아니라 무과실까지 요한다.

⑤ 쌍무계약의 당사자 일방의 채무가 채권자의 책임 있는 사유로 이행할 수 없게 된 때에는 채무자는 상대방의 이행을 청구할 수 있다.

27 동시이행의 항변권에 관한 설명 중 가장 **틀린** 것은? (다툼이 있으면 판례에 의함)

① 상대방이 채무내용에 좇은 이행을 제공한 때에는 동시이행의 항변권을 행사할 수 없다.

② 동시이행의 관계에 있는 쌍방의 채무 중 어느 한 채무가 이행불능이 됨으로 인하여 발생한 손해배상채무도 여전히 다른 채무와 동시이행의 관계에 있다.

③ 쌍무계약에서 선이행의무자가 선이행하여야 할 채무를 이행하지 않은 상태에서 상대방의 채무가 이행기에 도달한 경우, 선이행의무자는 동시이행의 항변을 행사할 수 없다.

④ 쌍무계약의 당사자 일방이 먼저 한번 현실의 제공을 하고, 상대방을 수령지체에 빠지게 하였다 하더라도 그 이행의 제공이 계속되지 않는 경우에는 과거에 이행의 제공이 있었다는 사실만으로 상대방이 가지는 동시이행의 항변권이 소멸하는 것은 아니다.

⑤ 가등기담보에 있어 채권자의 청산금지급의무와 채무자의 목적부동산에 대한 본등기 및 인도의무는 동시이행관계이다.

28 甲은 자신이 소유하는 건물을 乙에게 매각하면서 乙과 매매대금 중 잔금의 지급청구권을 甲의 대여금 채권자인 丙에게 귀속시키기로 약정하였다. 이에 관한 설명으로 옳은 것은? (다툼이 있으면 판례에 의함)

① 乙이 丙에게 상당한 기간을 정하여 잔금에 대한 수익 여부를 최고하였으나 그 기간 내에 확답을 받지 못하였다면, 丙이 계약의 이익을 받기를 거절한 것으로 본다.

② 甲·乙 사이의 매매계약이 해제되면, 특별한 사정이 없는 한, 乙은 계약해제 등에 기한 원상회복을 원인으로 丙에게 이미 지급한 잔금의 반환을 청구할 수 있다.

③ 丙에게 잔금을 지급하기로 한 약정이 체결된 이후, 甲·丙 사이의 금전소비대차계약이 취소되었다면 乙은 丙에 대하여 잔금의 지급을 거절할 수 있다.

④ 甲이 乙에게 매매계약에 따른 이행을 하지 않더라도, 乙은 특별한 사정이 없는 한 丙에게 대금 지급을 거절할 수 없다.

⑤ 丙의 권리가 확정된 후에는 甲이 착오를 이유로 매매계약을 취소할 수 없다.

29 해제 또는 해지에 관한 다음 설명 중 가장 **틀린** 것은? (다툼이 있으면 판례에 의함)

① 계약을 해제하면 계약은 처음부터 없었던 것으로 된다.

② 계약의 상대방이 여럿인 경우, 해제권자는 그 전원에 대하여 해제권을 행사하여야 한다.

③ 당사자 일방이 정기행위를 일정한 시기에 이행하지 않으면 상대방은 이행의 최고 없이 계약을 해제할 수 있다.

④ 계약해제 전, 해제대상인 계약상의 채권 자체를 압류 또는 전부(轉付)한 채권자는 계약의 해제의 소급효로부터 보호될 수 있는 제3자에 해당한다.

⑤ 매매계약의 해제로 인하여 양당사자가 부담하는 원상회복의무는 동시이행의 관계에 있다.

30 매매에 관한 설명으로 **틀린** 것은? (다툼이 있으면 판례에 의함)

① 매매계약에 관한 비용은 특별한 사정이 없으면 당사자 쌍방이 균분하여 분담한다.

② 매매목적물의 인도와 동시에 대금을 지급할 때에는 특별한 사정이 없으면 그 인도장소에서 대금을 지급하여야 한다.

③ 매매의 목적이 된 권리가 타인에게 속한 경우에는 그 매매계약은 무효이다.

④ 당사자 사이에 다른 약정이 없으면 계약금은 해약금으로 추정한다.

⑤ 계약금계약은 매매계약에 종된 계약이고 요물계약이다.

31 甲은 자기 소유 주택을 乙에게 매도하고 계약금을 받았다. 그리고 3개월 후 매매대금을 지급받고, 매매대금 지급과 동시에 이전등기를 해 주기로 하였다. 이에 관한 설명으로 **틀린** 것은? (다툼이 있으면 판례에 의함)

① 계약금에 의해 해제권이 유보된 경우라도 채무불이행을 이유로 계약을 해제할 수 있다.

② 甲이 해제권을 행사하는 경우, 甲이 계약금의 배액을 乙에게 제공하기 전이라도 해제의 의사표시가 乙에게 도달한 때에 해제의 효과가 발생한다.

③ 해약금에 의한 해제를 배제하기로 하는 당사자 간의 합의가 있는 경우, 당사자가 이행착수 전이라도 甲은 계약금의 배액을 상환하고 해제할 수 없다.

④ 계약금은 이를 위약금으로 하기로 하는 특약이 없는 이상 손해배상액의 예정액으로서의 성질을 갖는 것이 아니다.

⑤ 乙의 채무불이행을 이유로 계약이 해제되는 경우, 특약이 없는 이상 甲은 채무불이행으로 입은 실제 손해만을 배상받을 수 있을 뿐, 계약금이 위약금으로 甲에게 귀속되는 것은 아니다.

32 매도인의 담보책임에 관한 설명으로 **틀린** 것은? (다툼이 있으면 판례에 따름)

① 건축의 목적으로 매수한 토지에 대해 법적 제한으로 건축허가를 받을 수 없어 건축이 불가능한 경우, 이는 매매목적물의 하자에 해당한다.

② 저당권이 설정된 부동산의 매수인이 저당권의 행사로 그 소유권을 취득할 수 없는 경우, 악의의 매수인은 특별한 사정이 없는 한 계약을 해제하고 손해배상을 청구할 수 있다.

③ 타인의 권리를 매도한 자가 그 전부를 취득하여 매수인에게 이전할 수 없는 경우, 악의의 매수인은 계약을 해제할 수 없다.

④ 매도인이 매매목적물에 하자가 있다는 사실을 알면서 이를 매수인에게 고지하지 않고 담보책임 면제의 특약을 맺은 경우 그 책임을 면할 수 없다.

⑤ 매매계약 당시에 그 목적물의 일부가 멸실된 경우, 선의의 매수인은 대금의 감액을 청구할 수 있다.

33 민법상 임대차에 관한 다음 설명 중 가장 <u>틀린</u> 것은? (다툼이 있으면 판례에 의함)

① 임차인의 필요비상환청구권에 관하여 당사자가 민법의 규정보다 임차인에게 불리하게 약정한 경우에도 그 약정은 유효하다.

② 임차인이 지상물의 소유권을 타인에게 이전한 경우, 임차인은 지상물매수청구권을 행사할 수 없다.

③ 건물의 소유를 목적으로 하는 토지임차인이 그 지상건물을 등기하기 전에 제3자가 그 토지에 관하여 물권취득의 등기를 한 때에는 임차인이 그 지상건물을 등기하더라도 그 제3자에 대하여 임대차의 효력이 생기지 아니한다.

④ 임대차 종료 시 임차인의 부속물매수청구권에 관한 규정은 강행규정이므로, 임차인의 채무불이행으로 임대차계약이 해지된 경우에도 임차인의 부속물매수청구권은 인정된다.

⑤ 보증금 지급은 임대차의 성립요건이 아니다.

34 乙은 건물을 소유할 목적으로 甲 소유의 X토지를 임차한 후 甲의 동의를 받지 않고 X토지를 丙에게 전대하였다. 다음 중 <u>틀린</u> 것은? (다툼이 있으면 판례에 의함)

① 乙과 丙사이의 전대계약은 유효하다.

② 甲은 乙과의 임대차계약이 존속하는 동안에는 丙에게 불법점유를 이유로 손해배상을 청구할 수 없다.

③ 甲은 乙과의 임대차계약이 존속하는 동안에는 丙에게 불법점유를 이유로 부당이득반환을 청구할 수 없다.

④ 만약 乙이 甲의 동의를 얻어 丙에게 전대한 경우, 전대차 종료 시에 丙은 건물 사용의 편익을 위해 乙의 동의를 얻어 부속한 물건의 매수를 甲에게 청구할 수 있다.

⑤ 만약 乙이 甲의 동의를 얻지 않고 부득이한 사정으로 배우자 丁에게 X토지를 전대한 경우, 乙의 행위가 甲에 대한 배신적 행위라고 볼 수 없다면 甲은 임대차계약을 해지할 수 없다.

35 주택임대차보호법에 관한 내용 중 <u>틀린</u> 것은? (다툼이 있으면 판례에 의함)

① 임대차계약이 묵시적으로 갱신되면 그 임대차의 존속기간은 2년으로 본다.

② 임대차 성립 시에 임차주택과 그 대지가 임대인의 소유인 경우, 대항력과 확정일자를 갖춘 임차인은 대지만 경매되더라도 그 매각대금으로부터 우선변제를 받을 수 있다.

③ 임차권보다 선순위의 저당권이 존재하는 주택이 경매로 매각된 경우, 경매의 매수인은 임대인의 지위를 승계한다.

④ 소액임차인은 최우선변제권을 행사하기 위하여 임대차계약서에 확정일자를 받을 필요가 없다.

⑤ 주택임차인의 우선변제권은 대지의 환가대금에도 미친다.

36 주택임대차보호법에 관한 내용 중 <u>틀린</u> 것은? (다툼이 있으면 판례에 의함)

① 주택 전부를 일시적으로 사용하기 위한 임대차인 것이 명백한 경우에는 주택임대차보호법이 적용되지 않는다.

② 다른 특별한 규정이 없는 한 미등기주택에 대해서도 이 법이 적용된다.

③ 주택임대차보호법상 대항력을 갖춘 임차인의 보증금반환채권이 가압류된 상태에서 주택이 양도된 경우, 양수인은 채권가압류의 제3채무자 지위를 승계하지 않는다.

④ 기간을 정하지 않은 주택임대차는 임대차기간을 2년으로 본다.

⑤ 기간을 1년으로 정한 주택임대차의 경우, 임차인은 1년이 유효함을 주장할 수 있다.

37 상가건물임대차보호법에 관한 설명 중 <u>틀린</u> 것은? (다툼이 있으면 판례에 의함)

① 임차인이 3기의 차임 상당액을 연체한 경우, 임대인은 임차인의 계약갱신요구를 거절할 수 있다.

② 임대기간에 대하여 별도의 약정이 없는 경우, 그 기간은 1년으로 본다.

③ 권리금계약이란 신규임차인이 되려는 자가 임차인에게 권리금을 지급하기로 하는 계약을 말한다.

④ 임차인이 상가건물의 환가대금에서 보증금을 우선변제받기 위해서는 대항요건이 배당요구 종기까지 존속하여야 한다.

⑤ 임차인이 임차한 건물을 중대한 과실로 전부 파손한 경우에도 임대인은 임차인의 권리금회수의 기회를 보장하여야 한다.

38 甲은 乙에게 3억 원을 빌려주고 이를 담보하기 위해 乙소유의 부동산(시가 5억 원)에 가등기를 하였다. 乙이 변제기에 채무를 이행하지 않자 甲은 즉시 담보권을 실행하여 부동산의 소유권을 취득하고자 한다. 다음 설명 중 <u>틀린</u> 것은? (다툼이 있으면 판례에 의함)

① 乙은 甲이 통지한 청산금액에 묵시적으로 동의함으로써 청산금을 확정시킬 수 있다.

② 甲이 乙에게 청산금의 평가액을 통지한 후에도 甲은 이에 관하여 다툴 수 있다.

③ 甲은 청산금의 평가액을 乙에게 통지하여야 한다.

④ 甲이 乙에게 담보권 실행통지를 하지 않으면 청산금을 지급하더라도 가등기에 기한 본등기를 청구할 수 없다.

⑤ 乙은 甲이 통지한 청산금액을 다투고 정당하게 평가된 청산금을 지급받을 때까지 부동산의 소유권이전등기 및 인도채무의 이행을 거절할 수 있다.

39 2016년 X부동산을 취득하려는 甲은 친구 乙과 명의신탁을 약정하였고, 乙은 그 약정에 따라 계약당사자로서 선의의 丙으로부터 X부동산을 매수하여 자신의 명의로 등기하였다. 다음 설명 중 옳은 것은? (다툼이 있으면 판례에 의함)

① 甲과 乙의 명의신탁약정은 유효하다.

② 乙명의의 등기는 무효이다.

③ 甲은 乙을 상대로 부당이득반환으로 X부동산의 등기이전을 청구할 수 있다.

④ 乙이 丁에게 처분하여 소유권이전등기를 마친 경우, 악의의 丁도 유효하게 소유권을 취득한다.

⑤ 丙은 특별한 사정이 없는 한 乙명의의 등기말소를 청구할 수 있다.

40 집합건물의 구분소유에 관한 설명으로 <u>틀린</u> 것은? (다툼이 있으면 판례에 의함)

① 각 구분소유자의 공용부분에 대한 지분은 규약으로 달리 정함이 없는 한, 그가 가지는 전유부분의 가액 비율에 따른다.

② 구조상·이용상의 독립성을 갖춘 건물부분은 구분소유권의 목적이 될 수 있다.

③ 구분소유자의 대지사용권은 규약으로 달리 정함이 없는 한, 그가 가지는 전유부분의 처분에 따른다.

④ 아파트의 지하실은 특별한 사정이 없는 한, 구분소유권의 목적이 될 수 없다.

⑤ 구분소유자는 전유부분의 보존·개량을 위하여 다른 구분소유자의 전유부분의 사용을 청구할 수 있다.

동영상에만 있는 설명을 직접 기입하면서 문제 하나하나를 완전한 내 것으로 만든다.

11 **물권적 청구권**

물권적 청구권 : 현재

23 **일괄경매청구권**

甲건물(○) → 丙건물(×)

丙건물(×) → 甲건물(○)

24 **유치권**

유치권

유치권에 인정 ×

28 제3자를 위한 계약

35 대항력

대항력 → 신소유자(매수인, 경락인) 등
　　　　제3자에게 주장하는 권리

40 계약 명의신탁

공인중개사 1차
국가자격시험

교시	문제형별	시험과목	회차
2교시	B	② 민법 및 민사특별법	제4회

01 甲의 부동산을 매수한 乙이 이를 선의의 丙에게 양도하여 등기를 마쳤다. 甲이 부동산을 되돌려 받을 수 있는 경우는? (다툼이 있는 경우에는 판례에 의함)

① 甲의 매도의사가 진의가 아님을 乙이 알고 매수한 경우

② 甲이 시가를 착오하여 판 경우

③ 甲이 乙과 짜고 강제집행을 면할 목적으로 판 경우

④ 대리권 없는 丁이 甲의 대리인으로서 이를 알고 있는 乙에게 甲의 부동산을 매도한 경우

⑤ 甲이 乙의 강박으로 판 경우

02 무권대리행위의 추인에 관한 설명으로 **틀린** 것은? (다툼이 있으면 판례에 의함)

① 추인은 무권대리행위의 효과를 인수하는 행위이므로 묵시적으로 할 수 없다.

② 무권대리인에 대한 본인의 추인사실을 상대방이 이미 안 때에는 본인은 상대방에 대하여 별도의 의사표시 없이 추인으로 대항할 수 있다.

③ 본인이 추인을 거절하면 무권대리행위는 본인에 대하여 확정적으로 무효가 된다.

④ 본인과 상대방은 합의로써 추인의 소급효를 제한할 수 있다.

⑤ 본인은 무권대리인에 대하여도 추인을 할 수 있다.

03 사기·강박에 의한 의사표시에 관한 설명으로 **틀린** 것은? (다툼이 있으면 판례에 의함)

① 강박에 의한 의사표시를 한 자는 강박상태에서 추인한 경우에도 그 의사표시를 취소할 수 없다.

② 제3자에 의한 기망행위로 계약을 체결한 자는 그 계약을 취소하지 않고도 제3자에 대하여 불법행위로 인한 손해배상을 청구할 수 있다.

③ 어떤 해악의 고지가 아니라 단지 각서에 서명·날인할 것을 강력히 요구한 행위는 강박행위가 아니다.

④ 사기나 강박에 의한 소송행위는 원칙적으로 취소할 수 없다.

⑤ 교환계약의 당사자가 목적물의 시가를 묵비한 경우, 특별한 사정이 없는 한 기망행위가 아니다.

04 甲은 자신의 부동산에 관하여 乙과 통정한 허위의 매매계약에 따라 소유권이전등기를 乙에게 해주었으며, 이후 乙은 丙에게 위 부동산에 대한 매매계약을 원인으로 소유권이전등기를 해주었다. 다음 설명 중 **틀린** 것은? (다툼이 있으면 판례에 따름)

① 甲과 乙의 매매계약은 무효이다.

② 丙이 선의라면 부동산의 소유권을 취득한다.

③ 甲은 선의로 매수한 丙을 상대로 이전등기의 말소를 청구할 수 없다.

④ 甲이 자신의 소유권을 주장하려면 丙의 악의를 증명해야 한다.

⑤ 丙이 선의이더라도 과실이 있으면 소유권을 취득하지 못한다.

05 다음 중 불공정한 법률행위에 관한 설명으로 옳은 것은? (다툼이 있으면 판례에 의함)

① 불공정한 법률행위도 피해자가 무효임을 알고 추인하면 유효로 될 수 있다.

② 증여계약과 같이 아무런 대가관계 없는 무상행위는 불공정한 법률행위에 해당될 수 없다.

③ '무경험'이라 함은 거래일반에 관한 것이 아니고 특정거래에 관한 경험 및 지식의 결여를 말한다.

④ 현저하게 대가적 균형을 잃었다는 사실이 입증되면 당사자의 궁박·경솔·무경험 등이 추정된다.

⑤ 피해당사자가 궁박·경솔 또는 무경험의 상태에 있는 때에는 그 상대방 당사자에게 폭리행위의 악의가 없다고 하더라도 불공정한 법률행위는 성립한다.

06 법률행위의 종류에 관한 설명 중 틀린 것은?

① 대리권 수여행위는 불요식행위이다.

② 계약금계약은 요물계약이다.

③ 교환계약은 쌍무·유상·낙성·불요식 계약이다.

④ 처분권한이 없는 자의 채권행위는 유효이다.

⑤ 증여는 상대방 있는 단독행위이다.

07 대리에 관한 설명이다. 옳은 것은? (다툼이 있으면 판례에 의함)

① 복대리인은 대리인이 자신의 이름으로 선임한 대리인의 대리인이다.

② 임의대리인은 그 책임으로 복대리인을 언제든지 선임할 수 있다.

③ 무권대리행위의 일부에 대한 추인은 상대방의 동의를 얻지 못하는 한 효력이 없다.

④ 법정대리인은 복대리인을 선임 시 원칙적으로 무과실책임을 지며, 부득이한 사유로 인한 때에는 책임을 지지 않는다.

⑤ 무권대리행위를 추인한 경우 원칙적으로 추인한 때로부터 그 효력이 생긴다.

08 법률행위의 목적에 관한 설명으로 틀린 것은? (다툼이 있으면 판례에 의함)

① 관계 법령에서 정한 한도를 초과하는 부동산 중개 수수료 약정은 그 한도를 초과하는 범위에서 무효이다.

② 강제집행을 면할 목적으로 부동산에 허위의 근저당권설정등기를 경료하는 행위는 반사회적 법률행위로서 무효이다.

③ 보험계약자가 다수의 보험계약을 통하여 보험금을 부정 취득할 목적으로 보험계약을 체결한 경우, 이러한 보험계약은 반사회적 법률행위로서 무효이다.

④ 소송에서 사실대로 증언하여 줄 것을 조건으로 어떠한 급부를 할 것을 약정한 경우, 그 급부가 통상적으로 용인될 수 있는 수준을 초과한다면 무효이다.

⑤ 법률행위의 성립과정에서 강박이라는 불법적 방법이 사용된 데 불과한 때에는 반사회적 법률행위로서 무효라고 할 수 없다.

09 무효와 취소에 관한 설명으로 틀린 것은? (다툼이 있으면 판례에 의함)

① 제한능력을 이유로 한 취소의 경우, 제한능력자는 상대방에게 현존이익만 반환하면 된다.

② 폭리행위로 무효가 된 법률행위는 다른 법률행위로 전환될 수 없다.

③ 토지거래허가구역 내의 토지거래계약이 확정적으로 무효가 된 경우, 그 계약이 무효로 되는데 책임 있는 사유가 있는 자도 무효를 주장할 수 있다.

④ 취소의 원인이 종료되지 않았다 하더라도 법정대리인은 추인할 수 있다.

⑤ 취소권은 추인할 수 있는 날로부터 3년, 법률행위를 한 날로부터 10년 내에 행사하여야 한다.

10 조건부 증여계약에 관한 설명으로 **틀린** 것은? (다툼이 있으면 판례에 의함)

① 정지조건부 증여계약은 그 조건이 성취한 때로부터 그 효력이 생긴다.

② 해제조건부 증여계약에서 그 조건이 불능인 것을 내용으로 하는 경우, 그 증여계약은 무효이다.

③ 정지조건부 증여계약에서 그 조건이 선량한 풍속 기타 사회질서에 위반하는 경우, 그 증여계약은 무효이다.

④ 정지조건부 증여계약에서 그 조건이 계약 당시이미 성취된 경우, 그 증여계약은 조건 없는 증여계약이다.

⑤ 정지조건부 증여계약에서 그 조건이 성취되었다는 사실은 이에 의하여 권리를 취득하고자 하는 자에게 그 증명책임이 있다.

11 다음은 등기에 관한 기술이다. **틀린** 것은? (다툼이 있으면 판례에 따름)

① 대리에 의한 매매계약을 원인으로 소유권이전등기가 이루어진 경우, 대리권의 존재는 추정된다.

② 진정한 등기명의를 회복하기 위한 방법으로 현재의 등기명의인을 상대로 그 등기의 말소를 구하는 것 외에 소유권이전등기절차의 이행을 구하는 것도 허용된다.

③ 가등기상의 권리의 이전도 가등기에 대한 부기등기에 의한다면 가능하다.

④ 등기는 물권변동의 효력발생요건일 뿐 효력존속요건은 아니므로, 등기가 불법 말소된 경우에 말소회복등기를 하면 종전의 순위를 보유한다.

⑤ 건물 소유권보존등기 명의자가 전(前)소유자로부터 그 건물을 양수하였다고 주장하는 경우, 전(前)소유자가 양도사실을 부인하더라도 그 보존등기의 추정력은 깨어지지 않는다.

12 乙이 甲의 토지를 매수하여 점유하다가 이전등기를 경료하지 않은 채 丙에게 전매하여 현재 丙이 토지를 점유하고 있다. 이에 관한 설명 중 **틀린** 것은? (다툼이 있으면 판례에 따름)

① 乙의 甲에 대한 소유권이전등기청구권은 소멸시효에 걸리지 않는다.

② 甲이 丙에게 소유권에 기하여 토지반환을 청구하는 경우, 丙은 이를 거부할 수 있다.

③ 丙에게는 소유권에 준하는 관습상의 물권이 인정되지 않는다.

④ 3자 간의 중간생략등기의 합의 후에 甲과 乙이 매매계약을 합의 해제한 경우, 甲은 丙의 이전등기청구를 거부할 수 있다.

⑤ 3자 간의 중간생략등기의 합의가 없는 한, 丙은 甲에 대하여 乙에게 이전등기를 할 것을 청구할 수 없다.

13 부동산 물권변동에 관한 설명으로 **틀린** 것은? (다툼이 있으면 판례에 따름)

① 부동산 물권변동 후 그 등기가 원인 없이 말소되었더라도 그 물권변동의 효력에는 영향이 없다.

② 등기를 요하지 않은 물권취득의 원인인 판결이란 형성판결을 의미한다.

③ 소유권이전등기가 된 경우, 특별한 사정이 없는 한 이전등기에 필요한 적법한 절차를 거친 것으로 추정된다.

④ 매수한 토지를 인도받아 점유하고 있는 미등기매수인으로부터 그 토지를 다시 매수한 자는 특별한 사정이 없는 한 최초 매도인에 대하여 직접 자신에게로의 소유권이전등기를 청구할 수 없다.

⑤ 경매로 인해 성립한 관습상 법정지상권을 법률행위에 의해 양도하기 위해서는 등기가 필요로 하지 않는다.

14 점유에 관한 설명으로 **틀린** 것은? (다툼이 있으면 판례에 따름)

① 점유자는 소유의 의사로 과실 없이 점유한 것으로 추정한다.

② 점유취득시효의 기초인 점유에는 간접점유도 포함된다.

③ 점유자가 점유물반환청구권을 행사하는 경우, 그 침탈된 날로부터 1년 내에 행사하여야 한다.

④ 간접점유자에게는 점유보호청구권이 인정된다.

⑤ 점유매개관계를 발생시키는 법률행위가 무효라 하더라도 간접점유는 인정될 수 있다.

15 다음 중 판례에 의할 때 점유의 추정에 관한 설명으로 타당하지 <u>않은</u> 것은?

① 특별한 사정이 없는 이상 매수인의 점유는 소유의 의사로써 하는 것이라고 해석함이 상당하다.

② 점유개시 당시부터 소유권취득의 원인이 없다는 사실을 알면서 무단점유한 것임이 입증된 경우에는, 자주점유의 추정은 깨어진다.

③ 점유자가 진정한 소유자라면 당연히 취할 행동을 취하지 않은 사정이 증명된 경우, 자주점유의 추정은 깨어진다.

④ 토지의 점유자가 토지 소유자를 상대로 그 토지에 관하여 매매를 원인으로 소유권이전등기청구소송을 제기하였다가 패소하였다면 자주점유의 추정이 번복되어 타주점유로 전환된다.

⑤ 점유자가 본권에 관한 소에서 패소판결을 받은 경우, 소제기시부터 악의의 점유자로 전환되며 패소판결확정시부터 타주점유자로 전환된다.

16 부동산의 시효취득에 관한 설명 중 **틀린** 것은? (다툼이 있으면 판례에 따름)

① 자기소유의 부동산에 대하여도 시효취득이 가능하다.

② 일반재산에 대한 취득시효가 완성된 후 그 일반재산이 행정재산으로 된 경우, 취득시효 완성을 원인으로 소유권이전등기를 청구할 수 없다.

③ 성명불상자의 소유물에 대하여 시효취득을 인정할 수 있다.

④ 중복등기로 인해 무효인 소유권보존등기에 기한 등기부 취득시효도 인정된다.

⑤ 1필의 토지 일부에 대한 시효취득도 인정된다.

17 공유에 관한 설명으로 **틀린** 것은? (다툼이 있으면 판례에 따름)

① 공유자 1인은 단독으로 자신의 지분에 관한 제3자의 취득시효를 중단시킬 수 있다.

② 과반수지분의 공유자가 공유토지에 건물을 신축하기로 한 것은 공유물 관리방법으로 부적법하다.

③ 공유자 1인이 공유지분을 포기한 경우, 등기를 하여야 포기에 따른 물권변동의 효력이 발생한다.

④ 제3자가 권원 없이 자기명의로 공유토지의 소유권이전등기를 한 경우, 소수지분권자는 공유물의 보존행위로 원인무효의 등기 전부의 말소를 청구할 수 없다.

⑤ 소수지분권자가 공유토지를 다른 공유자와 협의 없이 배타적으로 점유하는 경우, 또 다른 소수지분권자가 공유물의 보존행위로서 공유토지의 인도를 청구할 수 없다.

18 지상권에 관한 설명으로 틀린 것은? (다툼이 있으면 판례에 따름)

① 지상의 공간은 상하의 범위를 정하여 공작물을 소유하기 위한 지상권의 목적으로 할 수 있다.

② 지상권자는 토지소유자의 의사에 반하여도 자유롭게 타인에게 지상권을 양도할 수 있다.

③ 지상권자가 2년 이상의 지료를 지급하지 아니한 때에는 지상권설정자는 지상권의 소멸을 청구할 수 있다.

④ 지상권이 저당권의 목적인 경우 지료연체를 이유로 한 지상권소멸청구는 저당권자에게 통지하면 즉시 그 효력이 생긴다.

⑤ 지상권설정계약 당시 건물 기타 공작물이 없더라도 지상권은 유효하게 성립할 수 있다.

19 법정지상권에 관한 설명으로 틀린 것을 모두 고른 것은? (다툼이 있으면 판례에 따름)

> ㄱ. X토지에 Y건물의 소유를 위한 법정지상권을 가진 甲의 Y건물을 경매에서 매수한 乙은, 건물철거의 매각조건 등 특별한 사정이 없으면 당연히 법정지상권을 취득한다.
>
> ㄴ. X토지를 소유하는 甲이 乙과 함께 그 지상에 Y건물을 신축·공유하던 중 X토지에 저당권을 설정하였고 그의 실행에 의한 경매에서 丙이 X토지의 소유권을 취득한 경우, Y건물을 위한 법정지상권이 성립하지 않는다.
>
> ㄷ. 甲소유의 X토지와 그 지상건물에 공동저당권이 설정된 후 지상건물을 철거하고 Y건물을 신축하였고 저당권의 실행으로 X토지와 Y건물이 다른 소유자에게 매각된 경우, 특별한 사정이 없으면 Y건물을 위한 법정지상권이 성립한다.
>
> ㄹ. X토지에 저당권을 설정한 甲이 저당권자 乙의 동의를 얻어 Y건물을 신축하였으나 저당권의 실행에 의한 경매에서 丙이 X토지의 소유권을 취득한 경우, Y건물을 위한 법정지상권이 성립한다.

① ㄱ, ㄷ   ② ㄱ, ㄹ

③ ㄱ, ㄴ, ㄹ   ④ ㄴ, ㄷ, ㄹ

⑤ ㄱ, ㄴ, ㄷ, ㄹ

20 지역권에 관한 설명 중 옳은 것은? (다툼이 있으면 판례에 따름)

① 지역권은 요역지와 분리하여 처분할 수 없으나, 요역지와 분리하여 저당권은 설정할 수 있다.

② 공유자 중 1인에 대한 취득시효 중단 사유가 있으면 다른 공유자의 지역권의 취득시효도 중단된다.

③ 요역지 위에 지상권·전세권·임차권 등을 취득한 자는 당연히 지역권을 행사할 수 있다.

④ 지상권자는 지역권을 취득시효 할 수 없다.

⑤ 지역권에 대한 침해가 있는 경우, 지역권에 기한 반환청구권을 행사할 수 있다.

21 전세권에 관한 설명으로 틀린 것은? (다툼이 있으면 판례에 따름)

① 기존 채권으로 전세금의 지급에 갈음할 수 있다.

② 부동산의 인도는 전세권의 성립요건이다.

③ 전세금반환채권과 분리하여 전세권만의 양도는 허용되지 않는다.

④ 건물 일부의 전세권자도 건물 전부의 경락대금에 대해서 우선변제를 받을 수 있다.

⑤ 반대 특약이 없는 한 전세권자는 전세권설정자의 의사에 반해서도 전세권을 양도할 수 있다.

22 甲은 시계수리인 乙에게 자기가 소유하고 있는 시계의 수리를 부탁하고 수리가 끝나는 대로 수리대금으로 5,000원을 지급하기로 약속하였다. 그러나 甲은 이를 지급하지 않았으므로 乙은 유치권을 행사하여 시계를 반환하지 않았다. 이 경우의 법률관계상 옳은 것은? (다툼이 있으면 판례에 따름)

① 제3자 丙이 甲으로부터 시계를 양수하고 乙에 대하여 시계를 인도할 것을 청구한 경우에 乙은 丙에 대하여 시계를 인도하지 않으면 안 된다.

② 甲이 3,000원을 지급한 경우, 乙은 시계를 반환하지 않으면 안 된다.

③ 乙은 자기의 물건에 있어서와 같은 주의를 가지고 시계를 점유하지 않으면 안 된다.

④ 乙이 시계를 유치하고 있는 동안은 수리대금채권의 소멸시효는 진행되지 않는다.

⑤ 乙은 甲의 동의를 얻어 그 시계를 타인에게 임대하고 그로 인하여 얻은 임대료로부터 자기채권의 변제에 충당할 수 있다.

23 저당권에 대한 설명 중 틀린 것은? (다툼이 있으면 판례에 따름)

① 저당권 양도에 필요한 물권적 합의는 당사자뿐만 아니라 채무자나 물상보증인 사이에까지 있어야 하는 것은 아니다.

② 저당권이 설정된 건물의 증축부분이 기존건물에 부합된 경우 기존건물에 대한 경매절차에서 경매목적물로 평가되지 아니하였다고 할지라도 경락인은 그 부합된 증축부분의 소유권을 취득한다.

③ 민법 제358조는 저당부동산에 종된 권리에도 유추적용되어 건물에 대한 저당권의 효력은 그 건물의 소유를 목적으로 하는 지상권에도 미친다.

④ ③의 경우 건물에 대한 저당권이 실행되어 경락인이 그 건물의 소유권을 취득하였다면 경락인은 그 건물 소유를 위한 지상권은 이를 등기하여야 취득한다.

⑤ 물상대위권 행사를 위한 압류는 반드시 그 권리를 행사하는 저당권자에 의해서 이루어질 필요는 없다.

24 근저당권에 관한 설명으로 틀린 것은? (다툼이 있으면 판례에 따름)

① 피담보채권이 확정되기 전에 채권의 일부가 양도되어도 근저당권은 양수인에게 이전하지 않는다.

② 피담보채무가 확정되기 이전이라면 채무자를 변경할 수 없다.

③ 이자는 채권최고액에 포함되므로 따로 우선변제를 받지 못한다.

④ 채권최고액은 책임의 한도액이 아니다.

⑤ 채권최고액 범위 내라면 지연배상은 1년분에 한하지 않고 모두 담보된다.

25 청약과 승낙에 관한 설명으로 틀린 것은?

① 불특정 다수인에 대한 청약은 효력이 있다.

② 불특정 다수인에 대한 승낙은 효력이 없다.

③ 격지자 간의 승낙은 그 도달 시에 효력이 생긴다.

④ 승낙기간을 정하지 않은 청약은 상당한 기간 내에 승낙의 통지를 받지 못한 때 그 효력을 잃는다.

⑤ 승낙기간을 정하지 않은 청약에 대하여 연착된 승낙은 청약자가 이를 새로운 청약으로 볼 수 있다.

26 다음 중 동시이행의 항변권이 인정되지 않는 계약은?

① 매매 ② 사용대차

③ 임대차 ④ 교환

⑤ 환매

27 위험부담에 관한 다음 기술 중 틀린 것은? (다툼이 있으면 판례에 따름)

① 위험부담은 쌍무계약에서 문제가 된다.

② 위험부담은 채무자에게 책임 없는 사유로 이행불능이 된 경우에 문제가 생긴다.

③ 수령지체 중 불가항력의 사유로 이행불능이 된 경우에도 위험부담의 문제가 생긴다.

④ 위험부담에 관하여 우리 민법이 취하고 있는 태도는 원칙적으로 채무자주의이다.

⑤ 위험부담은 원시적 또는 후발적 불능인 경우에 문제가 된다.

28 제3자를 위한 계약에 관한 설명 중 틀린 것은? (다툼이 있으면 판례에 따름)

① 수익자는 낙약자의 채무불이행을 이유로 요약자와 낙약자의 계약을 해제할 수 없다.

② 요약자와 낙약자의 계약이 적법하게 취소된 경우, 수익자의 급부청구권은 소멸한다.

③ 요약자가 낙약자에게 계약에 따른 이행을 하지 않더라도, 낙약자는 특별한 사정이 없는 한 수익자에게 대금지급을 거절할 수 없다.

④ 수익자가 수익의 의사표시를 한 후에는 특별한 사정이 없는 한 요약자와 낙약자의 합의에 의해 수익자의 권리를 소멸시킬 수 없다.

⑤ 수익자가 계약에 의한 대금을 수령하였으나 매매계약이 무효인 것으로 판명된 경우, 특별한 사정이 없는 한 낙약자는 수익자에게 대금반환을 청구할 수 없다.

29 계약해제 시 보호되는 제3자에 해당하지 <u>않는</u> 자를 모두 고른 것은? (다툼이 있으면 판례에 따름)

> ㄱ. 계약해제 전 그 계약상의 채권을 압류한 자
> ㄴ. 매매계약에 의하여 매수인 명의로 이전등기된 부동산을 계약해제 전에 가압류 집행한 자
> ㄷ. 계약해제 전 그 계약상의 채권을 양수하고 이를 피보전권리로 하여 처분금지가처분결정을 받은 채권자

① ㄱ

② ㄱ, ㄴ

③ ㄱ, ㄷ

④ ㄴ, ㄷ

⑤ ㄱ, ㄴ, ㄷ

30 계약에 관한 설명으로 틀린 것은? (다툼이 있으면 판례에 따름)

① 합의해제의 경우에도 법정해제의 경우와 마찬가지로 제3자의 권리를 해하지 못한다.

② 계약이 합의해제된 경우, 다른 사정이 없는 한 채무불이행으로 인한 손해배상을 청구할 수 없다.

③ 합의해지로 인하여 반환할 금전에 대해서는 특약이 없더라도 그 받은 날로부터 이자를 가산해야 한다.

④ 청약자가 그 통지를 발송한 후 사망하거나 제한능력자가 되어도 청약의 효력에 영향을 미치지 아니한다.

⑤ 구분소유적 공유관계가 해소되는 경우, 공유지분권자 상호 간의 지분이전등기의무는 동시이행관계에 있다.

31 매매에 관한 다음 설명 중 **틀린** 것은? (다툼이 있으면 판례에 따름)

① 매매계약에 관한 비용은 당사자 쌍방이 균분하여 부담한다.

② 매매계약이 있은 후에도 인도하지 아니한 목적물로부터 생긴 과실은 매도인에게 속한다.

③ 매매해약금에 관한 민법 규정은 임대차에도 적용된다.

④ 매매계약은 쌍무·요물계약이다.

⑤ 매매의 목적물의 인도와 동시에 대금을 지급할 경우에는 그 인도장소에서 이를 지급하여야 한다.

32 계약금에 관한 다음 설명 중 **틀린** 것은? (다툼이 있으면 판례에 따름)

① 주된 계약이 무효·취소가 되면 계약금 계약도 실효된다.

② 계약금에 의한 해제의 경우, 원상회복의무가 발생할 여지가 없다.

③ 매매계약의 성립 후에 교부된 계약금도 계약금으로서의 효력이 있다.

④ 특별한 사정이 없는 한 계약금은 해약금과 손해배상액의 예정의 성질을 겸한다.

⑤ 해약금 해제에 관한 민법 규정은 임의규정이다.

33 다음은 매도인의 담보책임에 관한 기술이다. **틀린** 것은? (다툼이 있으면 판례에 따름)

① 권리의 전부가 타인에게 속하는 경우, 매수인이 담보책임을 물어서 손해배상을 청구하기 위해서는 선의이어야 한다.

② 위 ①의 경우, 매도인에게 과실이 있다면 악의의 매수인도 채무불이행책임을 물어서 손해배상을 청구할 수는 있다.

③ 권리의 일부가 타인에게 속한 경우, 매수인은 선의·악의 불문하고 대금감액청구권을 행사할 수 있다.

④ 위 ③의 경우, 잔존한 부분만이면 매수인이 이를 매수하지 아니하였을 때에는 선의의 매수인은 계약 전부를 해제할 수 있다.

⑤ 강제경매에 있어서 채무자 명의의 소유권등기가 무효이어서 매수인이 소유권을 취득하지 못한 경우, 채무자에게 담보책임을 물어서 해제권을 행사할 수 있다.

34 乙은 甲소유의 건물 전체를 임차하고 있던 중 甲의 동의를 얻어 이를 다시 丙에게 전대(轉貸)하였다. 다음 중 **틀린** 것은?

① 임대차와 전대차가 모두 종료한 경우, 丙이 甲에게 직접 건물을 반환하면 乙에 대한 건물반환의무를 면한다.

② 丙이 건물의 부속물을 甲으로부터 매수했다면, 丙은 전대차 종료 시 甲에게 그 매수를 청구할 수 있다.

③ 丙이 건물사용의 편익을 위하여 甲의 동의를 얻어 건물에 물건을 부속했다면, 丙은 전대차 종료 시 甲에게 그 매수를 청구할 수 있다.

④ 임대차와 전대차가 모두 종료한 후에 丙이 건물을 반환하지 않고 사용하는 경우, 甲은 丙에게 차임상당의 부당이득반환을 청구할 수 있다.

⑤ 甲이 乙과 임대차계약을 합의해지하면 丙의 전차권도 따라서 소멸한다.

35 임차인의 부속물매수청구권에 관한 다음의 설명 중 틀린 것은? (다툼이 있으면 판례에 따름)

① 임차인의 부속물매수청구권을 배제하는 특약은 원칙적으로 효력이 없다.

② 부속된 물건이 임차인 자신의 특수목적에 사용하기 위하여 부속한 물건인 때에는 부속물매수청구권이 인정되지 않는다.

③ 토지임차인에게는 인정되지 않는다.

④ 일시사용을 위한 임대차임이 명백한 경우에도 임차인에게 부속물매수청구권이 인정된다.

⑤ 특별한 사정이 없는 한 건물의 증축부분에 대해서는 부속물매수청구권이 인정되지 않는다.

36 주택임대차보호법에 관한 다음의 설명 중 타당하지 않은 것은? (다툼이 있으면 판례에 따름)

① 경매절차에서 주택을 매각(경락)받았으나 아직 매각대금을 납부하지 않은 최고가매수신고인으로부터 해당 주택을 임차하여 인도받아 주민등록전입신고를 마치고 임대차계약서에 확정일자를 받은 자에게는 우선변제권이 인정된다.

② 기존의 채권을 임대차보증금으로 전환하여 임대차계약을 체결한 경우에도 주택임대차보호법의 보호를 받을 수 있다.

③ 주택임대차가 묵시의 갱신이 된 경우에는 임차인만 언제든지 해지의 통고를 할 수 있고, 임대인이 그 통지를 받은 날부터 3월이 경과하면 해지의 효력이 생긴다.

④ 임차권등기명령의 집행에 의한 임차권등기가 경료된 주택을 그 이후에 임차한 임차인은 소액보증금임차인이라 하더라도 최우선변제권이 인정되지 않는다.

⑤ 기간을 정하지 않거나 2년 미만으로 정한 임대차는 그 기간을 2년으로 본다.

37 상가건물 임대차보호법상 임차인이 그가 주선한 신규임차인이 되려는 자로부터 권리금을 지급받는 것을 방해한 임대인에게 손해배상을 청구할 권리는 "임대차가 종료한 날부터 ( ) 이내에 행사하지 않으면 시효의 완성으로 소멸한다." 빈 칸에 들어갈 기간은?

① 6개월 　　② 1년

③ 2년 　　　④ 3년

⑤ 5년

38 집합건물의 소유 및 관리에 관한 법령상 집합건물에 관한 설명으로 틀린 것은? (다툼이 있으면 판례에 따름)

① 집합건물의 공용부분은 시효취득의 대상이 될 수 없다.

② 구분소유자는 공용부분을 그 용도에 따라 사용한다.

③ 집합건축물대장에 등록되지 않으면 구분소유가 성립할 수 없다.

④ 관리인 선임 여부와 관계없이 공유자는 단독으로 공용부분에 대한 보존행위를 할 수 있다.

⑤ 구분소유자는 규약 또는 공정증서로써 달리 정하지 않는 한 그가 가지는 전유부분과 분리하여 대지사용권을 처분할 수 없다.

39 가등기담보 등에 관한 법률에 관한 설명으로 **틀린** 것은? (다툼이 있으면 판례에 따름)

① 공사대금채무를 담보하기 위한 가등기에는 「가등기담보 등에 관한 법률」이 적용되지 않는다.

② 청산금을 지급할 필요 없이 청산절차가 종료한 경우, 그 때부터 담보목적물의 과실수취권은 채권자에게 귀속한다.

③ 가등기담보의 채권자는 귀속정산과 처분정산 중 하나를 선택할 수 있다.

④ 가등기담보의 채무자의 채무변제와 가등기 말소는 동시이행관계에 있다.

⑤ 담보가등기 후의 저당권자는 청산기간 내라면 저당권의 피담보채권의 도래 전에도 담보목적 부동산의 경매를 청구할 수 있다.

40 부동산 실권리자명의 등기에 관한 법률상의 명의신탁에 관한 설명으로 **틀린** 것을 모두 고른 것은? (다툼이 있으면 판례에 의함)

> ㄱ. 탈법적인 목적이 없다면 사실혼배우자 간의 명의신탁은 허용된다.
>
> ㄴ. 이 법에서 허용되는 상호명의신탁의 경우, 공유물분할청구의 소를 제기하여 구분소유적 공유관계를 해소할 수 있다.
>
> ㄷ. 무효인 명의신탁약정에 기하여 타인명의의 등기가 마쳐졌다면 그것은 당연히 불법원인급여에 해당한다고 보아야 한다.
>
> ㄹ. 명의수탁자가 제3자에게 부동산을 처분한 경우, 그 제3자는 선의인 경우에 한하여 소유권을 취득하는 것이 원칙이다.

① ㄱ, ㄴ   ② ㄱ, ㄹ

③ ㄴ, ㄷ   ④ ㄴ, ㄷ, ㄹ

⑤ ㄱ, ㄴ, ㄷ, ㄹ

04 통정허위표시

甲	가장매매	乙	매매	丙
×	(무효)	(등기O)		(등기O)

12 미등기매수인

19 법정지상권

29 해제의 제3자 보호

해제의 제3자 보호 : 등기○ – 해제 전 : 선·악 ○

　　　　　　　　　　　 – 해제 후 : 선의만 ○

33 매도인의 담보책임

권리의 하자 (5종) 행사기간　선의 : 안 날 → 1년

　　　　　　　　　　　　　 악의 : 계약일 → 1년

공인중개사 1차
국가자격시험

교시	문제형별	시험과목	회차
2교시	A	② 민법 및 민사특별법	제5회

01 법률행위의 효력에 관한 설명으로 <u>틀린</u> 것은? (다툼이 있으면 판례에 따름)

① 소송에서 증언할 것을 조건으로 통상 용인되는 수준을 넘는 대가를 지급하기로 하는 약정은 무효이다.

② 경매에는 불공정한 법률행위에 관한 규정이 적용되지 않는다.

③ 강제집행을 면한 목적으로 허위의 근저당권을 설정하는 행위는 반사회질서의 법률행위로 무효이다.

④ 상대방에게 표시되거나 알려진 법률행위의 동기가 반사회적인 경우, 그 법률행위는 무효이다.

⑤ 무효행위 전환에 관한 규정은 불공정한 법률행위에 적용될 수 있다.

02 의사표시의 효력발생에 관한 설명으로 <u>틀린</u> 것은? (다툼이 있으면 판례에 따름)

① 표의자가 의사표시의 통지를 발송한 후에 사망한 경우, 그 의사표시의 효력에 영향을 미치지 않는다.

② 의사표시의 상대방이 의사표시를 받은 때에 제한능력자인 경우에는 그 상대방의 법정대리인이 의사표시가 도달한 사실을 안 후라도 표의자는 그 의사표시로써 대항할 수 없다.

③ 상대방 있는 의사표시는 상대방에게 도달한 때에 효력이 발생하는 것이 원칙이다.

④ 내용증명우편이나 등기로 발송된 우편물은 반송 등의 특별한 사정이 없는 한 그 무렵 수취인에게 송달된 것으로 본다.

⑤ 표의자가 과실 없이 상대방을 알지 못하거나 상대방의 소재를 알지 못하는 경우, 의사표시는 민사소송법의 공시송달의 규정에 의하여 송달할 수 있다.

03 법률행위에 관한 다음 설명 중 가장 <u>틀린</u> 것은? (다툼이 있으면 판례에 의함)

① 법률행위의 성립과정에서 강박이라는 불법적 방법이 사용된데 불과한 때에는 강박에 의한 의사표시의 하자나 의사의 흠결을 이유로 효력을 논의할 수는 있을지언정 반사회질서의 법률행위로서 무효라고 할 수는 없다.

② 대리행위의 경우 불공정한 법률행위가 성립하는지 여부를 판단함에 있어서 경솔과 무경험은 대리인을 기준으로 판단하지만 궁박은 본인을 기준으로 판단한다.

③ 합의해제는 단독행위가 아니다.

④ 도박채무를 변제하기 위해 채무자로부터 부동산의 처분을 위임받은 채권자가 그 부동산을 제3자에게 매도한 경우, 도박 채권자를 통하여 위 부동산을 매수한 행위는 무효이다.

⑤ 아무런 대가관계 없이 당사자 일방이 상대방에게 일방적인 급부를 하는 법률행위는 불공정한 법률행위에 해당될 수 없다.

04 착오에 관한 설명으로 옳은 것을 고르면? (다툼이 있으면 판례에 따름)

> ㄱ. 상대방이 표의자의 착오를 알고 이용한 경우, 표의자는 착오가 중대한 과실로 인한 것이더라도 의사표시를 취소할 수 없다.
>
> ㄴ. 경과실로 인해 착오에 빠진 표의자가 착오를 이유로 의사표시를 취소한 경우, 상대방에 대하여 불법행위로 인한 손해배상책임을 지지 않는다.
>
> ㄷ. 매도인의 하자담보책임이 성립한 경우, 착오를 이유로 한 매수인의 취소권은 배제된다.
>
> ㄹ. 매도인이 매수인의 채무불이행을 이유로 계약을 적법하게 해제한 후에도 매수인은 착오를 이유로 취소권을 행사할 수 있다.

① ㄱ, ㄴ 　　　　② ㄱ, ㄷ

③ ㄱ, ㄹ 　　　　④ ㄴ, ㄷ

⑤ ㄴ, ㄹ

05 甲은 자기소유 아파트에 대해 채권자 A의 강제집행을 면탈할 목적으로 乙과 통정하여 乙명의로 이전등기를 하였다. 다음 설명 중 틀린 것을 모두 고른다면? (다툼이 있으면 판례에 의함)

> ㄱ. 甲의 이러한 행위는 무효이지만 반사회적인 행위이므로 甲의 乙에 대한 반환청구는 허용되지 않는다.
>
> ㄴ. 乙의 등기는 무효이지만 후일 乙이 甲으로부터 진정으로 그 부동산을 매수하면 특별한 사정이 없는 한 이전등기를 경료한 때로 소급하여 유효한 등기로 되는 것은 아니다.
>
> ㄷ. 乙로부터 당해 아파트를 전득한 선의의 丙에 대하여 乙은 원인행위의 무효를 이유로 말소등기를 청구할 수 없다.
>
> ㄹ. 乙로부터 당해 아파트를 전득한 丙이 甲과 乙사이의 통정사실에 대해 알지 못한 데에 과실이 있다면 甲은 丙에게 허위표시의 무효를 주장할 수 있다.

① ㄱ, ㄴ   ② ㄴ, ㄹ

③ ㄴ, ㄷ   ④ ㄱ, ㄹ

⑤ ㄷ, ㄹ

06 사기·강박에 의한 의사표시에 관한 다음 기술 중 틀린 것은? (다툼이 있으면 판례에 의함)

① 제3자의 사기로 의사표시를 한 경우, 표의자는 상대방이 그 사실을 과실로 알지 못한 경우에도 취소할 수 있다.

② 교환계약의 당사자가 목적물의 시가를 묵비하여 상대방에게 고지하지 아니하거나 허위로 시가보다 높은 가액을 시가라고 고지한 경우라도 사기에 해당하지 않는다.

③ 소송행위는 사기를 이유로 취소할 수 없는 것이 원칙이다.

④ 의사표시를 취소한 경우에 그 취소의 효과로 생기는 부당이득반환청구권과 불법행위로 인한 손해배상청구권은 선택적으로 행사할 수 있다.

⑤ 상가를 분양하면서 그곳에 첨단오락타운을 조성하고 전문경영인에 의한 위탁경영을 통하여 일정 수익을 보장한다는 취지의 광고를 하고 분양계약체결시 이러한 광고내용을 계약상대방에게 설명하였는데 분양회사가 이를 이행하지 않은 경우 계약상대방은 기망을 이유로 분양계약을 취소할 수 있다.

07 법률행위에 관한 설명으로 옳은 것은? (다툼이 있으면 판례에 의함)

① 사회질서의 위반을 이유로 하는 법률행위의 무효는 선의의 제3자에게 대항할 수 없다.

② 대리행위에서 대리권의 존재는 대리행위의 효력 발생요건이다.

③ 계약이 체결된 후 매매목적인 건물이 전소된 경우, 그 매매계약은 무효이다.

④ 계약의 해제는 상대방 없는 단독행위이다.

⑤ 타인소유의 부동산은 매매의 목적물이 될 수 없다.

08 제3자 보호에 관한 설명 중 틀린 것은? (다툼이 있으면 판례에 의함)

① 부첩관계를 맺은 대가로 부동산을 증여받은 첩으로부터 그 부동산을 전득한 제3자는 그 사실을 알았더라도 유효하게 소유권을 취득한다.

② 乙이 甲의 인감증명서를 위조하여 자기명의로 소유권이전등기를 한 후 이를 丙에게 양도한 경우, 선의이면서 과실 없는 丙은 그 부동산의 소유권을 유효하게 취득할 수 없다.

③ 저당권의 피담보채권 소멸 후 그 말소등기 전에 피담보채권의 전부명령을 받아 저당권이전등기를 경료한 제3자는 그 저당권을 유효하게 취득한다.

④ 甲이 乙에게 주택을 매도하고 그 소유권이전등기를 경료하였다. 그 후 丙이 乙로부터 이 주택을 임차하여 인도와 주민등록을 마쳤는데, 1개월 후 甲이 乙로부터 잔금을 받지 못하여 매매계약을 해제하였다면, 丙은 甲의 해제에도 불구하고 보호된다.

⑤ 甲이 乙로부터 1억 원을 빌리면서 자신 소유의 시가 4억 원 상당의 토지를 乙에게 양도담보로 제공하고 소유권이전등기를 경료한 경우, 乙이 청산절차 없이 위 토지를 선의의 제3자 丙에게 매각한 경우라면 丙은 유효하게 소유권을 취득한다.

09 법률행위의 대리에 대한 설명으로 옳은 것은? (다툼이 있으면 판례에 의함)

① 대리인이 대리관계를 표시함이 없이 마치 자신이 본인인 양 행세하였다고 하더라도 유효한 대리행위가 될 수 있다.

② 대리인의 성년후견 개시 또는 파산, 수권행위의 철회는 임의대리권과 법정대리권의 공통된 소멸원인이다.

③ 강제경매절차에서의 경매입찰대리권에는 특별한 사정이 없는 한 채권자의 강제경매신청 취하에 동의할 권한도 포함된다.

④ 대리인이 현명하지 않은 경우라도 대리인으로서 한 것임을 상대방이 알 수 있었을 때에도 그 행위의 효과는 대리인 자신에게 귀속된다.

⑤ 피성년후견인은 의사능력이 있더라도 대리인이 될 수 없다.

10 다음 무효와 취소에 관한 설명 중 옳은 것은? (다툼이 있으면 판례에 의함)

① 법정대리인은 취소원인이 소멸하여야 취소할 수 있는 법률행위를 추인할 수 있다.

② 무효등기의 유용에 관한 합의 내지 추인은 묵시적으로 이루어질 수 있으므로, 무효등기 사실을 알면서도 장기간 이의를 제기하지 않고 방치한 경우라면 묵시적 추인으로서 효력이 있다.

③ 무효인 가등기를 유효한 등기로 전용하기로 한 약정은 처음부터 유효한 등기로 전환된다.

④ 폭리행위로 무효가 된 법률행위는 다른 법률행위로 전환될 수 없다.

⑤ 무효인 법률행위에 따른 법률효과를 침해하는 것처럼 보이는 위법행위가 있더라도 그 손해배상을 청구할 수 없다.

11 법률행위에 의하지 않은 부동산물권의 변동에 관한 설명으로 <u>틀린</u> 것은? (다툼이 있으면 판례에 따름)

① 건물의 신축에 의한 소유권취득은 소유권보존등기를 필요로 하지 않는다.

② 이행판결에 기한 부동산물권의 변동시기는 확정판결 시이다.

③ 상속인은 등기 없이 상속받은 부동산의 소유권을 취득한다.

④ 경매로 인한 부동산소유권의 취득시기는 매각대금을 완납한 때이다.

⑤ 관습상 법정지상권은 설정등기 없이 취득한다.

12 점유(권)에 관한 다음 설명 중 가장 <u>틀린</u> 것은? (다툼이 있는 경우 판례에 의함)

① 진정 소유자가 자신의 소유권을 주장하여 점유자를 상대로 소유권이전등기의 말소등기청구소송을 제기하여 점유자의 패소로 확정된 경우, 그 소송의 제기시부터는 점유자의 점유가 타주점유로 전환된다.

② 피상속인의 점유가 소유의 의사가 없는 경우, 그 상속으로 인한 점유도 타주점유이다.

③ 점유자의 권리추정의 규정은 특별한 사정이 없는 한 부동산 물권에 대하여는 적용되지 아니하고 다만 그 등기에 대하여서만 추정력이 부여된다.

④ 토지에 대한 취득시효완성으로 인한 소유권이전등기청구권은 그 토지에 대한 점유가 계속되는 한 시효로 소멸하지 아니하고, 여기서 말하는 점유에는 직접점유뿐만 아니라 간접점유도 포함한다.

⑤ 공동상속인의 1인이 상속재산인 부동산을 전부 점유한다고 하더라도 달리 특별한 사정이 없는 한 다른 공유자의 지분비율의 범위에서는 타주점유로 보아야 한다.

13 甲이 그 소유 토지를 乙에게 매도하여 인도하고 乙이 다시 그 토지를 丙에게 매도하여 인도하였다 乙과 丙이 모두 매매대금을 전부 지급하였으나, 각 소유권이전등기를 마치지 않았다. 이 매매계약 사례에 관한 설명 중 옳은 것은? (다툼이 있으면 판례에 따름)

① 乙은 甲에 대해 소유권이전등기청구권을 갖지 않는다.

② 甲, 乙, 丙 전원의 합의가 없더라도 丙은 직접 甲을 상대로 이전등기를 청구할 수 있다.

③ 甲, 乙, 丙 전원의 합의가 있다면 甲은 乙의 매매대금 미지급을 이유로 丙명의로의 소유권이전등기의무 이행을 거절할 수 없다.

④ 甲, 乙, 丙 전원이 중간생략등기에 합의했더라도, 丙은 乙을 대위하여 甲을 상대로 乙 앞으로의 소유권이전등기를 청구할 수 있다.

⑤ 乙이 甲에 대한 등기청구권을 丙에게 양도하고 이를 甲에게 통지하였다면, 그 양도에 관해 甲의 동의나 승낙이 없더라도 丙은 甲을 상대로 직접 소유권이전등기를 청구할 수 있다.

14 등기에 관한 설명으로 **틀린** 것은? (다툼이 있으면 판례에 따름)

① 가등기상의 권리의 이전등기를 가등기에 대한 부기등기의 형식으로 할 수 있다.

② 저당권설정등기청구권을 보전하기 위한 가등기는 인정되지 않는다.

③ 가등기에 기한 본등기가 경료되더라도 본등기에 의한 물권변동의 효력이 가등기한 때로 소급하여 발생하는 것은 아니다.

④ 소유권이전청구권 보전을 위한 가등기가 있다고 하여 소유권이전등기를 청구할 어떠한 법률관계가 있다고 추정되는 것은 아니다.

⑤ 종전건물의 등기를 신축건물의 등기로 유용할 수 없다.

15 등기와 점유의 추정력에 관한 설명으로 **틀린** 것은? (다툼이 있으면 판례에 따름)

① 등기부상 권리변동의 당사자 사이에서는 등기의 추정력을 원용할 수 없다.

② 전·후 양시에 점유한 사실이 있는 때에는 그 점유는 계속한 것으로 추정한다.

③ 원인 없이 부적법하게 등기가 말소된 경우, 권리소멸의 추정력은 인정되지 않는다.

④ 점유자의 권리추정 규정은 특별한 사정이 없는 한 부동산물권에는 적용되지 않는다.

⑤ 소유권이전등기의 원인으로 주장된 계약서가 진정하지 않은 것으로 증명되면 등기의 적법추정은 깨진다.

16 甲소유 X토지에 대하여 乙이 점유취득시효를 완성하였으나 등기를 경료하지 못하고 있는 경우에 관한 설명으로 **틀린** 것은? (다툼이 있으면 판례에 따름)

① 甲이 丙에게 X토지를 매도하여 이전등기를 마치면, 乙은 甲에 대한 시효취득의 효력을 丙에게 주장할 수 없다.

② 위의 ①에서 丙이 甲의 배임행위에 적극 가담한 경우에는 甲과 丙의 매매는 반사회질서 법률행위로서 무효가 된다.

③ 乙이 점유를 상실하면 시효이익의 포기로 간주되어 취득한 소유권이전등기청구권은 소멸한다.

④ 乙의 X토지에 대한 취득시효의 주장에도 불구하고 甲이 악의로 丙에게 이를 매도한 경우, 乙은 甲에 대하여 손해배상을 청구할 수 있다.

⑤ 乙이 자주점유를 증명할 책임이 없다.

17 공유에 관한 설명으로 틀린 것은? (다툼이 있으면 판례에 따름)

① 공유자 사이에 다른 특약이 없는 한 그 지분의 비율로 공유물의 관리비용 기타 의무를 부담한다.

② 공유자의 1인이 상속인 없이 사망한 경우, 그 지분은 다른 공유자에게 각 지분의 비율로 귀속된다.

③ 공유물을 손괴한 자에 대하여 공유자 중 1인은 특별한 사유가 없는 한 공유물에 발생한 손해의 전부를 청구할 수 있다.

④ 공유토지 위에 건물을 신축하기 위해서는 공유자 전원의 동의가 있어야 한다.

⑤ 공유자가 다른 공유자의 지분권을 대외적으로 주장하는 것은 보존행위가 아니다.

18 지상권에 관한 다음 설명 중 가장 옳은 것은?(다툼이 있는 경우 판례에 의함)

① 지상권의 존속기간을 정하지 않은 경우, 지상권설정자는 언제든지 지상권 소멸을 청구할 수 있다.

② 지상권은 양도할 수 있으나, 지상권자가 당해 토지를 임대할 수는 없다.

③ 지상권을 저당권의 목적으로 할 수 없다.

④ 민법에 지상권의 최장존속기간에 관한 규정은 없으나, 존속기간을 영구로 정하는 것은 토지 소유권을 사실상 형해화하는 것이 되므로 인정되지 아니한다.

⑤ 지상권자가 2년 이상의 지료를 지급하지 아니한 때에는 지상권설정자는 지상권의 소멸을 청구할 수 있다.

19 전세권에 관한 설명으로 틀린 것은? (다툼이 있으면 판례에 따름)

① 목적물의 인도는 전세권의 성립요건이 아니다.

② 전세권자는 목적물의 현상을 유지하고 그 통상의 관리에 속한 수선을 하여야 한다.

③ 전세권의 존속기간 중 전세목적물의 소유권이 이전된 경우 구(舊) 소유자의 전세권자에 대한 전세금반환의무는 소멸하지 않는다.

④ 건물전세권이 법정갱신된 경우 전세권자는 갱신의 등기 없이도 전세목적물을 취득한 제3자에 대하여 자신의 권리를 주장할 수 있다.

⑤ 전세권소멸 후 전세권자가 그 목적물을 반환하였더라도 전세권설정등기의 말소에 필요한 서류를 교부하거나 그 이행의 제공을 하지 아니하는 이상 전세권설정자는 전세금의 반환을 거절할 수 있다.

20 甲은 자신의 건물에 乙명의의 전세권(전세금 1억 원)을 설정해 주었다. 그 후 乙이 그 전세권에 丙명의의 저당권(피담보채권액 7천만 원)을 설정해 주었다. 이에 관한 설명으로 옳은 것을 모두 고른 것은? (다툼이 있으면 판례에 따름)

> ㄱ. 乙의 전세권이 존속기간 만료로 종료된 경우, 그 전세권의 용익물권적 권능은 말소등기 없이도 당연히 소멸한다.
> ㄴ. 乙의 전세권이 법정 갱신되는 경우, 전세기간에 대한 변경등기 없이도 갱신된다.
> ㄷ. 丙의 전세권저당권은 피담보채권을 수반하더라도 양도할 수 없다.
> ㄹ. 乙의 전세권이 존속기간 만료로 종료된 경우, 丙은 전세권 자체에 대하여 저당권을 실행할 수 없게 된다.

① ㄱ   ② ㄴ, ㄷ

③ ㄴ, ㄹ   ④ ㄱ, ㄴ, ㄹ

⑤ ㄱ, ㄷ, ㄹ

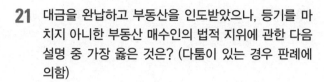

21 대금을 완납하고 부동산을 인도받았으나, 등기를 마치지 아니한 부동산 매수인의 법적 지위에 관한 다음 설명 중 가장 옳은 것은? (다툼이 있는 경우 판례에 의함)

① 소유자는 여전히 매도인이므로 매도인은 당해 부동산을 점유하고 있는 매수인을 상대로 소유권에 기한 반환청구를 할 수 있다.

② 매도인은 매수인으로부터 다시 위 토지를 매수한 자에 대하여 토지 소유권에 기한 물권적 청구권을 행사할 수 있다.

③ 부동산의 매수인이 목적물을 인도받아 계속 점유하는 경우, 매수인의 매도인에 대한 소유권이전등기청구권은 채권적 청구권으로서 소멸시효가 진행된다.

④ 부동산 매수인이 부동산을 인도받아 사용·수익하다가 제3자에게 그 부동산을 처분하고 점유를 승계하여 준 경우, 점유를 상실한 이상 매수인의 소유권이전등기청구권은 소멸시효가 진행한다.

⑤ 매도인은 매수인을 상대로 당해 부동산에 대한 차임 상당의 부당이득반환청구를 할 수 없다.

22 유치권에 관한 다음 설명 중 가장 **틀린** 것은? (다툼이 있는 경우 판례에 의함)

① 점유가 불법행위로 인한 경우에는 당해 물건에 대한 유치권을 취득할 수 없다.

② 유치권자는 채권의 변제를 받기 위하여 유치물을 경매할 수 있다.

③ 유치권자가 유치물에 관하여 유익비를 지출한 때에는 그 가액의 증가가 현존한 경우에 한하여 소유자의 선택에 좇아 그 지출한 금액이나 증가액의 상환을 청구할 수 있다.

④ 유치권은 점유의 상실로 인하여 소멸하고, 유치권 행사로서의 점유가 계속되는 동안은 피담보채권의 소멸시효가 진행하지 아니한다.

⑤ 채무자 소유의 건물 등 부동산에 경매개시결정의 기입등기가 경료되어 압류의 효력이 발생한 후에 채무자가 위 부동산에 관한 공사대금 채권자에게 그 점유를 이전함으로써 그로 하여금 유치권을 취득하게 한 경우 점유자로서는 위 유치권을 내세워 그 부동산에 관한 경매절차의 매수인에게 대항할 수 없다.

23 토지와 그 지상 건물 관련 법률관계에 관한 다음 설명 중 가장 옳은 것은? (다툼이 있는 경우 판례에 의함)

① 건물의 소유자라고 하더라도 당해 건물을 현실적으로 점유하고 있지 아니하다면 그 부지인 토지를 점유하고 있다고 볼 수 없다.

② 관습상의 법정지상권에서 건물은 등기가 되어 있지 않아도 무방하나, 무허가건물이어서는 안 된다.

③ 토지와 함께 공동근저당권이 설정된 건물이 그대로 존속함에도 등기가 멸실되고 등기부가 폐쇄되면, 그 후 경매로 토지와 건물의 소유자가 달라지더라도 법정지상권이 성립할 수 없다.

④ 구분소유적 공유관계에 있는 자가 자신의 특정 소유가 아닌 부분에 신축한 건물을 제3자에게 양도한 경우에 관습상 법정지상권이 성립한다.

⑤ 가압류 후 본압류 및 강제경매가 이루어진 경우 관습상 법정지상권의 요건으로 '토지와 그 지상 건물이 동일인 소유'인지 여부는 가압류 효력 발생 시를 기준으로 한다.

24 저당권의 효력에 관한 설명으로 <u>틀린</u> 것은? (다툼이 있으면 판례에 따름)

① 저당권설정자에게 대위할 물건이 인도된 후에는 저당권자가 그 물건을 압류한 경우 물상대위권을 행사할 수 없다.

② 저당권 설정 뒤에 부속된 종물에 대해서도 특별한 사정이 없는 한 저당권의 효력이 미친다.

③ 건물 저당권자는 건물의 매매대금에 대해 물상대위를 할 수 있다.

④ 저당권이 설정된 건물의 화재로 건물 소유자가 받을 보험금청구권은 물상대위의 객체가 될 수 있다.

⑤ 저당권은 그 담보하는 채권과 분리하여 다른 채권의 담보로 하지 못한다.

25 저당권에 관한 설명으로 <u>틀린</u> 것은? (다툼이 있으면 판례에 의함)

① 근저당권의 채권최고액은 저당목적물로부터 우선변제를 받을 수 있는 한도액을 의미한다.

② 채무자의 채무액이 채권최고액을 초과하는 경우, 물상보증인은 채무자의 채무 전액을 변제하지 않으면 근저당권설정등기의 말소를 청구할 수 없다.

③ 저당부동산에 대한 압류 이전에 저당부동산으로부터 발생한 저당권설정자의 차임채권은 저당권의 효력이 미치지 않는다.

④ 근저당권자가 경매를 신청한 경우, 그 근저당권의 피담보채권은 경매를 신청한 때 확정된다.

⑤ 구분건물의 전유부분에 관하여 저당권이 설정된 후, 전유부분의 소유자가 취득하여 전유부분과 일체가 된 대지사용권은 저당권의 효력이 미친다.

26 계약에 관한 설명으로 <u>틀린</u> 것은? (다툼이 있는 경우 통설·판례에 의함)

① 민법상 유상계약은 모두 쌍무계약이다.

② 계약의 청약은 도달 후에는 철회하지 못한다.

③ 연착된 승낙은 청약자가 이를 새 청약으로 볼 수 있다.

④ 계약금계약은 요물계약이다.

⑤ 청약은 불특정다수인에 대하여도 할 수 있다.

27 계약의 효력에 관한 설명 중 가장 <u>틀린</u> 것은? (다툼이 있는 경우 통설·판례에 의함)

① 민법 제537조가 정한 채무자위험부담주의는 강행규정이 아니므로 이와 다른 약정이 있으면 그에 따른다.

② 쌍무계약에서 당사자 쌍방의 귀책사유 없이 채무가 이행불능된 경우 이미 이행한 급부는 법률상 원인 없는 급부가 되어 부당이득의 법리에 따라 반환청구할 수 있다.

③ 쌍무계약의 당사자 일방의 채무가 채권자의 책임 있는 사유로 이행할 수 없게 된 때에는 채무자는 상대방의 이행을 청구할 수 있다.

④ ③의 경우, 채무자는 자신의 채무를 면함으로써 얻은 이익은 채권자에게 상환하여야 한다.

⑤ 쌍무계약의 당사자 일방의 채무가 쌍방의 책임 없는 사유로 이행할 수 없게 된 때에는 채무자는 이행을 청구하지 못하고, 이는 채권자의 수령지체 중이라도 마찬가지이다.

28 동시이행항변권에 관한 다음 설명 중 가장 **틀린** 것은? (다툼이 있는 경우 판례에 의함)

① 근저당권의 실행을 위한 경매가 무효가 되어 근저당권자가 채무자를 대위하여 매각받은 자를 상대로 소유권이전등기 말소등기청구권을 행사하는 경우, 매각받은 자의 소유권이전등기 말소등기절차 이행의무와 근저당권자의 배당금 반환의무는 서로 이행의 상대방을 달리하므로 동시이행관계에 있지 아니하다.

② 쌍무계약에서 쌍방의 채무가 동시이행의 관계에 있는 경우 일방의 채무의 이행기가 도래하더라도 상대방 채무의 이행제공이 있을 때까지는 그 채무를 이행하지 않아도 이행지체의 책임을 지지 않는 것이지만, 이와 같은 효과는 이행지체의 책임이 없다고 주장하는 자가 동시이행의 항변권을 행사하여야 발생한다.

③ 동시이행의 항변권을 배제하는 당사자 사이의 특약은 유효하다.

④ 쌍무계약에서 쌍방의 채무가 동시이행관계에 있는 경우 일방의 채무의 이행기가 도래하더라도 상대방 채무의 이행제공이 있을 때까지는 그 채무를 이행하지 않아도 이행지체의 책임을 지지 않는다.

⑤ 동시이행의 항변권은 당사자의 원용이 없으면 법원은 그 인정여부를 심리할 필요가 없다.

29 제3자를 위한 계약에 관한 다음 설명 중 옳은 것은? (각 지문은 독립적이며, 다툼이 있는 경우 판례에 의함)

> ㄱ. 요약자나 낙약자는 제3자를 위한 계약이 통정허위표시로서 무효라는 이유로 선의의 수익자에게 대항할 수 있다.
> ㄴ. 제3자를 위한 계약의 수익자라 하더라도 계약당사자가 아니므로 계약해제권은 행사할 수 없으나, 일단 계약이 해제된 이상 계약이행에 밀접한 이해관계인으로서 해제를 원인으로 한 원상회복청구권은 행사할 수 있다고 보아야 한다.
> ㄷ. 계약의 당사자가 제3자에 대하여 가지는 채권에 관하여 그 채무를 면제하기로 하는 약정은 제3자를 위한 계약에 준하는 것으로서 유효하다.
> ㄹ. 낙약자는 요약자와 수익자 사이의 법률관계에 기한 항변으로 수익자에게 대항할 수 없으나, 요약자는 자신과 수익자와의 관계인 대가관계의 부존재나 효력의 상실을 이유로 자신의 기본관계에 기하여 낙약자에게 부담하는 채무의 이행을 거부할 수 있다고 보아야 한다.

① ㄱ, ㄴ   ② ㄱ, ㄹ

③ ㄱ, ㄷ   ④ ㄴ, ㄷ

⑤ ㄷ, ㄹ

30 다음 설명 중 **틀린** 것은? (다툼이 있는 경우 판례에 의함)

① 토지 매매계약 체결 후 매수인에게 인도하기 전에 당해 토지 전부가 공용수용된 경우, 매수인은 매도인에게 채무불이행을 이유로 손해배상을 청구할 수 있다.

② 타인소유의 부동산도 매매의 목적물이 될 수 있다.

③ 계약이 합의해제된 경우에도 민법상 해제의 효과에 따른 제3자 보호규정이 적용된다.

④ 계약이 적법하게 해제된 후에도 착오를 원인으로 그 계약을 취소할 수 있다.

⑤ 매도인의 소유권이전등기의무의 이행불능을 이유로 계약을 해제하기 위해서 매수인이 그와 동시이행관계에 있는 잔대금을 제공하여야 하는 것은 아니다.

31 민법 제548조 제1항 단서의 계약 해제의 소급효로 대항할 수 없는 '제3자'에 관한 다음 설명 중 가장 **틀린** 것은? (다툼이 있는 경우 판례에 의함)

① 해제된 매매계약에 의하여 채무자의 책임재산이 된 부동산을 가압류 집행한 가압류채권자도 원칙상 위 조항 단서에서 말하는 제3자에 포함된다.

② 계약이 해제되기 이전에 계약상의 채권을 양수하여 이를 피보전권리로 하여 처분금지가처분결정을 받은 경우, 그 채권자는 민법 제548조 제1항 단서 소정의 해제의 소급효가 미치지 아니하는 제3자에 해당하지 아니한다.

③ 매수인과 매매예약을 체결한 후 그에 기한 소유권이전청구권 보전을 위한 가등기를 마친 사람도 위 조항 단서에서 말하는 제3자에 포함된다.

④ 미등기 무허가건물에 관한 매매계약이 해제되기 전에 매수인으로부터 무허가건물을 다시 매수하고 무허가건물관리대장에 소유자로 등재된 자는 민법 제548조 제1항 단서에서 말하는 제3자에 해당한다.

⑤ 계약해제 후 그로 인한 원상회복등기 등이 이루어지기 이전에 해약당사자와 양립되지 아니하는 법률관계를 가지게 되었고 계약해제 사실을 몰랐던 제3자에 대하여도 계약해제를 주장할 수 없다.

32 甲과 乙은 甲소유의 X토지를 乙에게 매도하는 계약을 체결하였고, 甲은 乙로부터 계약금을 수령하였다. 이에 관한 설명으로 **틀린** 것은? (다툼이 있으면 판례에 따름)

① 甲과 乙이 계약금을 위약금으로 하기로 하는 약정을 한 경우, 손해배상액의 예정으로 추정한다.

② 계약금을 포기하고 행사할 수 있는 해제권은 당사자의 합의로 배제할 수 있다.

③ 乙이 중도금 지급기일 전 중도금을 지급한 경우라도 甲은 계약금 배액을 상환하고 해제할 수 없다.

④ 만약 乙이 甲에게 약정한 계약금의 일부만 지급한 경우, 甲은 수령한 금액의 배액을 상환하고 계약을 해제할 수 없다.

⑤ 만약 X토지가 토지거래허가구역 내에 있고 매매계약에 대하여 허가를 받은 경우, 甲은 계약금 배액을 상환하고 해제할 수 없다.

33 계약에 관한 설명으로 **틀린** 것은? (다툼이 있으면 판례에 따름)

① 매매의 목적이 된 권리가 매도인에게 속하지 않은 경우라도 원칙적으로 매매계약은 유효하다.

② 매매의 목적물에 전세권이 설정되어 있었으나 이를 알지 못한 매수인은 계약의 목적을 달성할 수 없는 경우에 한하여 계약을 해제할 수 있다.

③ 부동산 매매계약이 합의해제된 경우, 매도인으로부터 매수인에게 이전되었던 소유권은 매도인에게 당연히 복귀한다.

④ 법원 경매의 경우에는 권리의 하자로 인한 담보책임이 적용되지 않는다.

⑤ 합의해제의 소급효는 법정해제의 경우와 같이 제3자를 해하지 못한다.

34 임대차에 관한 다음 설명 중 가장 **틀린** 것은? (다툼이 있는 경우 판례에 의함)

① 차임은 반드시 금전이어야 하는 것은 아니며 물건이어도 된다.

② 토지임차인의 지상물매수청구가 적법한 경우, 임대인의 매매대금지급이 있기까지는 임차인은 건물부지의 임료 상당액을 반환하여야 한다.

③ 임차인의 차임연체액이 2기의 차임액에 달한다는 이유로 임대인이 임대차계약을 해지하는 경우, 그 사유를 전차인에게 통지하여야만 해지로써 전차인에게 대항할 수 있다.

④ 건물의 소유를 목적으로 한 토지임대차계약의 기간이 만료함에 따라 지상건물 소유자가 임대인에 대하여 행사하는 민법 제643조 소정의 매수청구권은 매수청구의 대상이 되는 건물에 근저당권이 설정되어 있는 경우에도 인정된다.

⑤ 토지임차인의 지상물매수청구권이 유효하기 위하여 임대인의 승낙이 있어야 하는 것은 아니다.

35 임차인의 부속물매수청구권에 관한 설명으로 틀린 것은? (다툼이 있으면 판례에 따름)

① 토지의 임차인에게는 인정되는 권리가 아니다.

② 임대인으로부터 매수한 물건을 부속한 경우에도 인정된다.

③ 적법한 전차인에게도 인정된다.

④ 이를 인정하지 않는 약정으로 임차인에게 불리한 것은 그 효력이 없다.

⑤ 건물에 부속된 이상 오로지 임차인의 특수목적을 위해 부속된 물건도 매수청구의 대상이 된다.

36 부동산 실권리자명의 등기에 관한 법률이 시행된 후 부동산명의신탁이 이루어진 경우 그 법률관계에 관한 다음 설명 중 가장 틀린 것은? (다툼이 있는 경우 판례에 의함)

① 명의신탁자가 명의수탁자를 상대로 명의신탁 약정의 해지를 원인으로 하여 소유권이전등기청구를 할 수는 없다.

② 명의수탁자가 신탁부동산을 처분하여 제3취득자가 유효하게 소유권을 취득한 경우, 명의신탁자가 제3취득자를 상대로 소유권에 기한 물권적 청구를 할 수는 없으나, 그 후 명의수탁자가 신탁부동산의 소유권을 다시 취득하였다면 명의신탁자는 명의수탁자를 상대로 소유권에 기한 물권적 청구를 할 수 있다.

③ 명의신탁자와 명의수탁자가 이른바 계약명의신탁약정을 맺고 명의수탁자가 당사자가 되어 명의신탁약정이 있다는 사실을 알지 못하는 소유자와 부동산에 관한 매매계약을 체결한 뒤 수탁자 명의로 소유권이전등기를 마친 경우, 명의신탁자는 명의수탁자에게 제공한 부동산 매수자금 상당의 부당이득반환청구권을 가진다.

④ 명의수탁자가 제3자에게 부동산을 처분한 경우, 그 제3자는 악의이더라도 소유권을 취득하는 것이 원칙이다.

⑤ 이 법에서 허용되는 상호명의신탁의 경우, 공유물분할청구의 소를 제기하여 구분소유적 공유관계를 해소할 수 없다.

37 건물의 구분소유 및 집합건물 등에 관한 설명으로 틀린 것은? (다툼이 있으면 판례에 따름)

① 공용부분을 전유부분으로 변경하기 위하여는 구조상으로나 이용상으로 다른 전유부분과 독립되어 있어야 한다.

② 구분소유자 중 일부가 정당한 권원 없이 집합건물의 복도, 계단 등과 같은 공용부분을 배타적으로 점유·사용한 경우, 해당 공용부분이 구조상 이를 별개 용도로 사용하거나 다른 목적으로 임대할 수 있는 대상이 아닌 경우에는 해당 공용부분을 점유·사용함으로써 얻은 이익을 부당이득으로 반환할 의무가 없다.

③ 대지에 대한 지상권도 대지사용권이 될 수 있다.

④ 집합건물의 관리단은 구분소유자 전원을 구성원으로 하며, 별도의 설립행위가 필요하지 않다.

⑤ 구분건물이 물리적으로 완성되기 전이라도 건축허가신청 등을 통하여 구분의사가 객관적으로 표시되면 구분행위의 존재를 인정할 수 있다.

38 가등기담보 등에 관한 법률의 설명으로 옳은 것은? (다툼이 있으면 판례에 따름)

① 채권자가 채무자에게 담보권실행을 통지하고 난 후부터는 담보목적물에 대한 과실수취권은 채권자에게 귀속한다.

② 채권자가 담보권실행을 통지함에 있어서, 청산금이 없다고 인정되면 통지의 상대방에게 그 뜻을 통지하지 않아도 된다.

③ 청산금은 담보권실행의 통지 당시 담보목적부동산의 가액에서 피담보채권액을 뺀 금액이며, 그 부동산에 선순위담보권이 있으면 위 피담보채권액에 선순위담보로 담보한 채권액을 포함시킨다.

④ 통지한 청산금액이 객관적으로 정확하게 계산된 액수와 맞지 않으면, 채권자는 정확하게 계산된 금액을 다시 통지해야 한다.

⑤ 가등기가 담보가등기인지, 청구권보전을 위한 가등기인지의 여부는 등기부상 표시를 보고 결정한다.

39 상가건물 임대차보호법에 관한 설명으로 옳은 것은?

① 일시사용을 위한 것임이 명백한 임대차에도 이 법이 적용된다.

② 임차인이 임차한 건물을 중대한 과실로 전부 파손한 경우, 임대인은 권리금회수의 기회를 보장할 필요가 없다.

③ 임차인은 임대인에게 계약갱신을 요구할 수 있으나 전체 임대차기간이 7년을 초과해서는 안 된다.

④ 임대차가 종료한 후 보증금이 반환되지 않은 때에는 임차인은 관할 세무서에 임차권등기명령을 신청할 수 있다.

⑤ 임대차계약이 묵시적으로 갱신된 경우, 임차인의 계약해지의 통고가 있으면 즉시 해지의 효력이 발생한다.

40 「주택임대차보호법」상의 주택임대차에 관한 설명으로 틀린 것은? (다툼이 있으면 판례에 의함)

① 임차인이 2기의 차임액에 달하도록 차임을 연체한 경우, 묵시적 갱신이 인정되지 아니한다.

② 저당권이 설정된 주택을 임차하여 대항력을 갖춘 이상, 후순위저당권이 실행되더라도 매수인이 된 자에게 대항할 수 있다.

③ 임대차기간이 끝난 경우, 임차인이 보증금을 반환받지 못하였다면 임대차관계는 종료되지 않는다.

④ 임차인의 배우자나 자녀의 주민등록도 이 법상 대항요건인 주민등록에 해당한다.

⑤ 다른 특별한 규정이 없는 한, 미등기주택에 대해서도 이 법이 적용된다.

동영상으로 반복학습하는 체크 Plus 제5회

동영상에만 있는 설명을 직접 기입하면서 문제 하나하나를 완전한 내 것으로 만든다.

13 중간생략등기

16 부동산 점유취득시효

1 20년간

2 소유의 의사(자주)

23 강제경매

강제경매와 관·법·지

공인중개사 1차
국가자격시험

교시	문제형별	시험과목	회차
2교시	B	② 민법 및 민사특별법	제6회

01 법률행위 등에 관한 설명으로 옳은 것은? (다툼이 있으면 판례에 따름)

① 기성조건을 정지조건으로 한 법률행위는 조건 없는 법률행위이다.

② 의사표시가 발송된 후라면 도달하기 전이라도 표의자는 그 의사표시를 철회할 수 없다.

③ 어떤 해악의 고지 없이 단순히 각서에 서명·날인할 것만을 강력히 요구한 행위는 강박에 의한 의사표시의 강박행위에 해당한다.

④ 표의자가 과실로 인하여 상대방의 소재를 알지 못한 경우에는 민사소송법의 공시송달규정에 의하여 의사표시를 송달할 수 있다.

⑤ 농지취득자격증명은 농지취득의 원인이 되는 매매계약의 효력발생요건이다.

02 무효와 취소에 관한 설명으로 옳은 것은? (다툼이 있으면 판례에 따름)

① 무효인 가등기를 유효한 등기로 전용하기로 약정하면 그 가등기는 소급하여 유효한 등기로 되는 것은 아니다.

② 취소권은 추인할 수 있는 날로부터 10년 내에, 법률행위를 한 날로부터 3년 내에 행사하여야 한다.

③ 무효인 법률행위를 사후에 적법하게 추인한 때에는 다른 정함이 없으면 법률행위 시부터 새로운 법률행위를 한 것으로 보아야 한다.

④ 무권리자가 甲의 권리를 자기의 이름으로 처분한 경우, 甲이 그 처분을 추인하여도 처분행위의 효력이 甲에게 미치지 않는다.

⑤ 무효행위의 추인은 그 무효원인이 소멸하기 전에 하여도 그 효력이 있다.

03 대리에 관한 설명으로 옳은 것은? (다툼이 있으면 판례에 따름)

① 대리행위가 강행법규에 위반하여 무효가 된 경우에도 표현대리 법리가 적용될 수 있다.

② 본인의 허락이 없는 자기계약은 본인이 추인하여도 유효한 대리행위로 될 수 없다.

③ 상대방 없는 단독행위의 무권대리는 본인의 추인 여부와 관계없이 확정적으로 유효이다.

④ 대리인이 자기의 이익을 위한 배임적 의사표시를 하였고 상대방도 이를 안 경우, 본인은 그 대리인의 행위에 대하여 책임이 없다.

⑤ 권한을 정하지 아니한 임의대리인은 본인의 미등기부동산에 관한 보존등기를 할 수 없다.

04 대리권 없는 乙이 甲을 대리하여 丙에게 甲소유의 토지를 매도하였다. 다음 설명 중 옳은 것은? (다툼이 있으면 판례에 따름)

① 乙이 甲을 단독상속한 경우, 乙은 본인의 지위에서 추인거절권을 행사할 수 있다.

② 乙과 계약을 체결한 丙은 甲의 추인의 상대방이 될 수 있다.

③ 甲의 추인은 그 무권대리행위가 있음을 모르고 이를 추인하여도 그 행위의 효과가 甲에게 귀속된다.

④ 甲이 乙에게 추인한 경우에 丙이 추인이 있었던 사실을 알지 못한 때에도 甲은 丙에게 추인의 효과를 주장할 수 있다.

⑤ 만약 乙이 미성년자라면, 甲이 乙의 대리행위에 대해 추인을 거절하면 丙은 乙에 대해 계약의 이행이나 손해배상을 청구할 수 있다.

05 다음 중 무효가 아닌 것을 모두 고르면? (다툼이 있으면 판례에 따름)

> ㄱ. 상대방과 통정하여 허위로 체결한 매매계약
> ㄴ. 주택법의 전매행위제한을 위반하여 한 전매약정
> ㄷ. 도박채무를 변제하기 위하여 그 채권자와 체결한 토지양도계약
> ㄹ. 공무원의 직무에 관하여 청탁하고 그 대가로 돈을 지급할 것을 내용으로 한 약정

① ㄱ
② ㄴ
③ ㄴ, ㄷ
④ ㄱ, ㄹ
⑤ ㄴ, ㄹ

06 조건부 법률행위에 관한 설명으로 옳은 것은? (다툼이 있으면 판례에 따름)

① 채무면제에 원칙적으로 조건을 붙일 수 있다.

② 정지조건부 법률행위는 조건이 불성취로 확정되면 유효로 된다.

③ 조건을 붙이는 것이 허용되지 않는 법률행위에 조건을 붙인 경우, 다른 정함이 없으면 그 조건만 분리하여 무효로 할 수 없다.

④ 당사자가 조건성취의 효력을 그 성취 전에 소급하게 할 의사를 표시한 때에도 그 효력은 조건이 성취한 때부터 발생한다.

⑤ 정지조건의 경우에는 법률행위의 효력을 다투는 자가 조건성취에 대한 증명책임을 부담한다.

07 불공정한 법률행위(민법 제104조)에 관한 설명으로 옳은 것은? (다툼이 있으면 판례에 따름)

① 경매에도 적용된다.

② 무상계약에도 적용된다.

③ 불공정한 법률행위에 무효행위 전환의 법리가 적용될 수 없다.

④ 법률행위가 대리인에 의하여 행해진 경우, 궁박상태는 본인을 기준으로 판단하여야 한다.

⑤ 매매계약이 불공정한 법률행위에 해당하는지는 법률행위의 효력이 발생하는 시기를 기준으로 판단하여야 한다.

08 다음 중 서로 옳게 짝지어진 것은?

① 저당권의 설정 – 이전적 승계

② 소유권의 포기 – 상대방 없는 단독행위

③ 유언 – 불요식행위

④ 무주물의 선점 – 승계취득

⑤ 타인권리매매 – 무효

09 甲은 자신의 X부동산을 乙에게 매도하고 계약금과 중도금을 지급받았다. 그 후 丙이 甲의 배임행위에 적극 가담하여 甲과 X부동산에 대한 매매계약을 체결하고 자신의 명의로 소유권이전등기를 마쳤다. 다음 설명으로 옳은 것은? (다툼이 있으면 판례에 따름)

① 乙은 丙에게 소유권이전등기를 직접 청구할 수 있다.

② 乙은 丙에 대하여 불법행위를 이유로 손해배상을 청구할 수 없다.

③ 甲은 계약금 배액을 상환하고 乙과 체결한 매매계약을 해제할 수 있다.

④ 丙명의의 등기는 甲이 추인하면 그때부터 유효가 될 수 있다.

⑤ 만약 선의의 丁이 X부동산을 丙으로부터 매수하여 이전등기를 받은 경우, 丁은 甲과 丙의 매매계약의 유효를 주장할 수 없다.

10 착오에 관한 설명으로 옳은 것은? (다툼이 있으면 판례에 따름)

① 당사자가 착오를 이유로 의사표시를 취소하지 않기로 약정한 경우에도 중대한 과실이 없는 표의자는 의사표시를 취소할 수 있다.

② 건물과 그 부지를 현상대로 매수한 경우라면 부지의 지분이 미미하게 부족하더라도, 그 매매계약의 중요부분의 착오가 될 수 있다.

③ 제3자의 기망에 의하여 부동산거래계약서에 서명·날인한다는 착각에 빠진 상태로 연대보증의 서면에 서명·날인한 경우에는 사기에 의한 취소 여부가 문제된다.

④ 표의자에게 중대한 과실이 있다 하더라도 상대방이 표의자의 착오를 알면서 이용한 경우에는 표의자의 취소권이 인정된다.

⑤ 상대방에 의해 유발된 동기의 착오라도 동기가 표시되지 않았다면 중요부분의 착오가 될 수 없다.

11 전세권에 관한 설명으로 옳은 것은? (다툼이 있으면 판례에 따름)

① 전세금은 반드시 현실적으로 수수되어야만 하는 것은 아니어도 기존의 채권으로 전세금의 지급에 갈음할 수 있다.

② 건물전세권이 법정갱신된 경우, 전세권자는 이를 등기하지 않아도 그 목적물을 취득한 제3자에게 대항할 수 있다.

③ 토지전세권의 존속기간을 약정하지 않은 경우, 각 당사자는 6개월이 경과해야 상대방에게 전세권의 소멸통고를 할 수 있다.

④ 건물전세권자와 인지(隣地)소유자 사이에는 상린관계에 관한 규정이 준용된다.

⑤ 존속기간의 만료로 전세권이 소멸하면, 전세권의 용익물권적 권능은 소멸한다.

12 점유자와 회복자의 관계 등에 관한 설명으로 옳은 것은?

① 악의의 점유자는 점유물의 과실을 취득한다.

② 점유자가 점유물반환청구권을 행사하는 경우, 그 침탈된 날로부터 3년 내에 행사하여야 한다.

③ 점유자가 필요비를 지출한 경우, 그 가액의 증가가 현존한 경우에 한하여 상환을 청구할 수 있다.

④ 점유자가 점유의 방해를 받을 염려가 있는 때에는 그 방해의 예방 또는 손해배상의 담보를 청구할 수 있다.

⑤ 점유물이 점유자의 책임 있는 사유로 멸실된 경우, 소유의 의사가 없는 점유자가 선의인 경우에는 이익이 현존하는 한도에서 배상해야 한다.

13 지역권에 관한 설명으로 옳은 것은? (다툼이 있으면 판례에 따름)

① 지상권자는 인접한 토지에 통행지역권을 시효취득할 수 있다.

② 요역지와 승역지는 반드시 1필의 토지일 필요는 없다.

③ 지역권은 독립한 물권으로서 요역지와 분리하여 양도하거나 다른 권리의 목적으로 할 수 있다.

④ 요역지가 수인의 공유인 경우에 그 1인에 의한 지역권소멸시효의 정지는 다른 공유자를 위하여 효력이 없다.

⑤ 토지공유자의 1인은 지분에 관하여 그 토지를 위한 지역권을 소멸하게 할 수 있다.

14 점유권에 관한 설명으로 옳은 것은?

① 점유권에 기인한 소는 본권에 관한 이유로 재판할 수 있다.

② 점유자는 소유의 의사로 선의, 평온 및 과실 없이 점유한 것으로 추정한다.

③ 전후양시에 점유한 사실이 있다는 사유만으로는 그 점유는 계속한 것으로 추정할 수 없다.

④ 부동산 점유자가 점유물에 대하여 행사하는 권리는 적법하게 보유한 것으로 추정한다.

⑤ 전세권, 임대차, 기타의 관계로 타인으로 하여금 물건을 점유하게 한 자는 간접으로 점유권이 있다.

15 물권변동에 관한 설명으로 옳은 것은? (다툼이 있으면 판례에 따름)

① 상속인이 상속의 개시를 알지 못하는 경우라면 상속에 의하여 피상속인의 점유권은 상속인에게 이전되지 않는다.

② 물권에 관한 등기가 원인 없이 말소된 경우에 그 물권의 효력에는 아무런 영향을 미치지 않는다.

③ 신축건물의 보존등기를 건물 완성 전에 하였다면 그 후 그 건물이 곧 완성된 경우라도 그 등기를 유효라고 볼 수 없다.

④ 부동산 공유자 중 1인은 공유물에 관한 보존행위로서 그 공유물에 마쳐진 제3자 명의의 원인무효등기 전부의 말소를 구할 수 없다.

⑤ 부동산에 관하여 적법·유효한 등기를 하여 소유권을 취득한 사람이 부동산을 점유하는 경우, 사실상태를 권리관계로 높여 보호할 필요가 없어도 그 점유는 취득시효의 기초가 되는 점유라고 할 수 있다.

16 지상권에 관한 설명으로 옳은 것은? (다툼이 있으면 판례에 따름)

① 지상권설정계약 당시 건물 기타 공작물이 없다면 지상권은 유효하게 성립할 수 없다.

② 지상권자는 토지소유자의 의사에 반하여 자유롭게 타인에게 지상권을 양도할 수 없다.

③ 지상의 공간은 상하의 범위를 정하여 공작물을 소유하기 위한 지상권의 목적으로 할 수 없다.

④ 지상권이 저당권의 목적인 경우 지료연체를 이유로 한 지상권소멸청구는 저당권자에게 통지한 후 상당한 기간이 경과함으로써 그 효력이 생긴다.

⑤ 지상권의 소멸 시 지상권설정자가 상당한 가액을 제공하여 공작물 등의 매수를 청구한 때에는 지상권자는 이를 거절할 수 있다.

17 甲은 3/5, 乙은 2/5의 지분으로 X토지를 공유하고 있다. 다음 설명 중 옳은 것은? (다툼이 있으면 판례에 따름)

① 甲이 乙과 협의 없이 X토지를 丙에게 임대한 경우, 乙은 丙에게 X토지의 인도를 청구할 수 있다.

② 甲이 乙과 협의 없이 X토지를 丙에게 임대한 경우, 丙은 乙의 지분에 상응하는 차임 상당액을 乙에게 부당이득으로 반환할 의무가 있다.

③ 乙이 甲과 협의 없이 X토지를 丙에게 임대한 경우, 甲은 丙에게 X토지의 인도를 청구할 수 없다.

④ 乙은 甲과 협의 없이 X토지 면적의 2/5에 해당하는 특정 부분을 배타적으로 사용·수익할 수 없다.

⑤ 甲이 X토지 전부를 乙의 동의 없이 매도하여 매수인 명의로 소유권이전등기를 마친 경우, 매매계약과 그 등기는 甲의 지분 범위 내에서 유효하다.

18 甲은 자신의 토지와 그 지상건물 중 건물만을 乙에게 매도하고 건물 철거 등의 약정 없이 건물의 소유권이 전등기를 해 주었다. 乙은 이 건물을 다시 丙에게 매도하고 소유권이전등기를 마쳐주었다. 다음 설명 중 옳은 것은? (다툼이 있으면 판례에 따름)

① 乙은 관습상의 법정지상권을 등기 없이는 취득하지 못한다.

② 甲은 丙에게 토지의 사용에 대한 부당이득반환청구를 할 수 없다.

③ 甲이 丁에게 토지를 양도한 경우, 乙은 丁에게 관습상의 법정지상권을 주장할 수 있다.

④ 甲의 丙에 대한 건물철거 및 토지인도청구는 특별한 사정이 없는 한 허용된다.

⑤ 만약 丙이 경매에 의하여 건물의 소유권을 취득한 경우라면, 특별한 사정이 없는 한 丙은 등기하여야 관습상의 법정지상권을 취득한다.

19 부합에 관한 설명으로 **틀린** 것을 모두 고른 것은? (다툼이 있으면 판례에 따름)

> ㄱ. 지상권자가 지상권에 기하여 토지에 부속시킨 물건은 토지소유자의 소유로 된다.
> ㄴ. 적법한 권원 없이 타인의 토지에 경작한 성숙한 배추의 소유권은 토지소유자에게 속한다.
> ㄷ. 적법한 권원 없이 타인의 토지에 식재한 수목의 소유권은 토지소유자에게 속하지 않는다.
> ㄹ. 건물임차인이 권원에 기하여 증축한 부분은 구조상·이용상 독립성이 없더라도 임차인의 소유에 속한다.

① ㄱ

② ㄴ, ㄹ

③ ㄱ, ㄴ, ㄷ

④ ㄴ, ㄷ, ㄹ

⑤ ㄱ, ㄴ, ㄷ, ㄹ

20 저당권에 관한 설명으로 옳은 것은?

① 지상권은 저당권의 객체가 될 수 없다.

② 저당권은 그 담보한 채권과 분리하여 타인에게 양도할 수 없다.

③ 저당권으로 담보한 채권이 시효완성으로 소멸하여도 저당권은 소멸하지 않는다.

④ 저당권의 효력은 특별한 사정이 없는 한 저당부동산의 종물에 미치지 않는다.

⑤ 저당물의 제3취득자가 그 부동산에 유익비를 지출한 경우, 저당물의 경매대가에서 우선상환을 받을 수 없다.

21 상린관계에 관한 설명으로 옳은 것은? (다툼이 있으면 판례에 따름)

① 인접지의 수목뿌리가 경계를 넘은 때에는 임의로 제거할 수 없다.

② 주위토지통행권자가 통행에 필요한 통로를 개설한 경우 통행지 소유자는 그 통로개설이나 유지비용을 부담해야 한다.

③ 통행지 소유자가 주위토지통행권에 기한 통행에 방해가 되는 담장을 설치한 경우, 통행지 소유자가 그 철거의무를 부담한다.

④ 경계에 설치된 담이 상린자의 공유인 경우, 상린자는 공유를 이유로 공유물분할을 청구할 수 있다.

⑤ 경계선 부근의 건축 시 경계로부터 반 미터 이상의 거리를 두어야 하는데 이를 위반한 경우, 건물이 완성된 후에도 건물의 철거를 청구할 수 있다.

22 후순위 근저당권자의 신청으로 담보권실행을 위한 경매가 이루어진 경우, 확정되지 않은 선순위 근저당권의 피담보채권이 확정되는 시기는? (다툼이 있으면 판례에 따름)

① 경매개시결정이 있는 때

② 매수인이 매각대금을 완납한 때

③ 경매법원의 매각허가결정이 있는 때

④ 후순위 근저당권자가 경매를 신청한 때

⑤ 선순위 근저당권자가 경매개시된 사실을 알게 된 때

23 유치권의 소멸사유에 해당하는 것을 모두 고르면?

ㄱ. 포기	ㄴ. 점유의 상실
ㄷ. 목적물의 전부멸실	ㄹ. 피담보채권의 소멸
ㅁ. 소유자의 목적물 양도	

① ㄱ, ㄴ

② ㄴ, ㄷ

③ ㄴ, ㄷ, ㄹ

④ ㄱ, ㄴ, ㄷ, ㅁ

⑤ ㄱ, ㄴ, ㄷ, ㄹ

24 민법상 유치권에 관한 설명으로 옳은 것은? (다툼이 있으면 판례에 의함)

① 불가분성과 물상대위가 인정된다.

② 법정담보물권인 유치권의 성립을 배제하는 특약은 무효하다.

③ 유치권은 채무자 이외의 제3자 소유물에 성립할 수 없다.

④ 채무자가 유치물을 직접 점유하고 있는 경우, 채권자는 자신의 간접점유를 이유로 유치권을 행사할 수 있다.

⑤ 다세대주택의 창호 등의 공사를 완성한 하수급인이 공사대금채권 잔액을 변제받기 위하여 위 다세대주택 중 한 세대를 점유하여 유치권을 행사하는 경우, 그 유치권은 다세대주택 전체에 대하여 시행한 공사대금채권 전부를 피담보채권으로 하여 성립한다.

25 계약의 성립에 관한 설명으로 옳은 것은? (다툼이 있으면 판례에 따름)

① 청약은 반드시 구체적·확정적 의사표시이어야 하는 것은 아니다.

② 아파트 분양광고는 청약의 성질을 갖는 것이 일반적이다.

③ 당사자 간에 동일한 내용의 청약이 상호교차된 경우, 양 청약이 상대방에게 발송한 때에 계약이 성립한다.

④ 승낙자가 청약에 대하여 조건을 붙여 승낙한 때에는 그 청약의 거절과 동시에 새로 청약한 것으로 본다.

⑤ 청약자가 미리 정한 기간 내에 이의를 하지 아니하면 승낙한 것으로 본다는 의사표시를 한 경우, 특별한 사정이 없는 한 상대방은 이에 구속되는 것이 원칙이다.

26 甲은 자신의 X건물을 乙에게 임대하였고, 乙은 甲의 동의 없이 X건물에 대한 임차권을 丙에게 양도하였다. 다음 설명 중 옳은 것을 모두 고르면? (다툼이 있으면 판례에 따름)

ㄱ. 乙은 丙에게 甲의 동의를 받아 줄 의무가 없다.
ㄴ. 乙과 丙 사이의 임차권 양도계약은 유효이다.
ㄷ. 甲은 乙에게 차임의 지급을 청구할 수 있다.
ㄹ. 만약 丙이 乙의 배우자이고 X건물에서 동거하면서 함께 가구점을 경영하고 있다면, 甲은 임대차계약을 해지할 수 있다.
ㅁ. 만약 乙이 甲의 동의를 받아 임차권을 丙에게 양도하였다면, 이미 발생된 乙의 연체차임채무는 특약이 없는 한 丙에게 이전되지 않는다.

① ㄱ, ㄴ

② ㄴ, ㄷ

③ ㄴ, ㄷ, ㅁ

④ ㄱ, ㄹ, ㅁ

⑤ ㄱ, ㄷ, ㅁ

27 제3자를 위한 계약에 관한 설명으로 옳은 것은? (다툼이 있으면 판례에 따름)

① 수익자는 계약의 해제권은 없으나 해제를 원인으로 한 원상회복청구권이 있다.

② 수익의 의사표시를 한 수익자는 요약자에게 직접 그 이행을 청구할 수 있다.

③ 낙약자는 요약자와의 계약에서 발생한 항변으로 수익자에게 대항할 수 있다.

④ 채무자와 인수인의 계약으로 체결되는 병존적 채무인수는 제3자를 위한 계약으로 볼 수 없다.

⑤ 계약당사자가 제3자에 대하여 가진 채권에 관하여 그 채무를 면제하는 계약은 제3자를 위한 계약에 준하는 것으로 볼 수 없다.

28 부동산매매계약이 수량지정매매인데, 그 부동산의 실제면적이 계약면적에 미치지 못한 경우에 관한 설명으로 옳은 것을 모두 고르면? (다툼이 있으면 판례에 따름)

> ㄱ. 선의의 매수인은 대금감액을 청구할 수 있다.
> ㄴ. 악의의 매수인은 손해배상을 청구할 수 있다.
> ㄷ. 담보책임에 대한 권리행사기간은 매수인이 그 사실을 안 날로부터 1년 이내이다.
> ㄹ. 미달부분의 원시적 불능을 이유로 계약체결상의 과실책임에 따른 책임의 이행을 구할 수 있다.
> ㅁ. 잔존한 부분만이면 매수인이 이를 매수하지 않았을 경우, 악의의 매수인은 계약 전부를 해제할 수 있다.

① ㄱ, ㄷ   ② ㄱ, ㅁ

③ ㄴ, ㄷ   ④ ㄱ, ㄷ, ㄹ

⑤ ㄱ, ㄴ, ㄷ

29 하자담보책임에 관한 설명으로 옳은 것을 모두 고르면? (다툼이 있으면 판례에 따름)

> ㄱ. 건축의 목적으로 매수한 토지에 대해 법적 제한으로 건축허가를 받을 수 없어 건축이 불가능한 경우, 이는 매매목적물의 하자에 해당한다.
> ㄴ. ㄱ의 경우, 하자의 존부는 물건의 인도시를 기준으로 판단하여야 한다.
> ㄷ. 하자담보책임으로 발생하는 매수인의 계약해제권 행사기간은 제척기간이다.
> ㄹ. 매도인이 매매목적물에 하자가 있다는 사실을 알면서 이를 매수인에게 고지하지 않고 담보책임 면제의 특약을 맺은 경우 그 책임을 면할 수 없다.

① ㄷ   ② ㄱ, ㄹ

③ ㄱ, ㄴ   ④ ㄴ, ㄷ

⑤ ㄱ, ㄷ, ㄹ

30 계약의 유형에 관한 설명으로 틀린 것은?

① 부동산매매계약은 유상, 낙성계약이다.

② 중개계약은 민법상의 전형계약이 아니다.

③ 부동산교환계약은 유상, 불요식계약이다.

④ 증여계약은 편무, 무상계약이다.

⑤ 임대차계약은 쌍무, 요식계약이다.

31 甲은 자신의 X건물을 乙소유 Y토지와 서로 교환하기로 합의하면서 가액차이로 발생한 보충금의 지급에 갈음하여 Y토지에 설정된 저당권의 피담보채무를 이행인수하기로 약정하였다. 다음 설명 중 **틀린** 것은? (다툼이 있으면 판례에 따름)

> ㄱ. 교환계약체결 후 甲의 귀책사유 없이 X건물이 멸실되면 위험부담의 법리는 적용된다.
> ㄴ. 甲과 乙은 특약이 없는 한 목적물의 하자에 대하여 상대방에게 담보책임을 부담한다.
> ㄷ. 甲이 피담보채무의 변제를 게을리하여 저당권이 실행될 염려가 있어 乙이 그 피담보채무를 변제하였더라도 乙은 교환계약을 해제할 수 없다.
> ㄹ. 乙이 시가보다 조금 높게 Y토지의 가액을 고지해서 甲이 보충금을 지급하기로 약정했다면, 甲은 乙에게 불법행위에 기한 손해배상청구가 가능하다.

① ㄱ, ㄴ ② ㄷ, ㄹ
③ ㄴ, ㄷ ④ ㄴ, ㄹ
⑤ ㄱ, ㄹ

32 계약금에 관한 설명으로 옳은 것은? (다툼이 있으면 판례에 따름)

① 계약금 포기에 의한 계약해제의 경우, 상대방은 채무불이행을 이유로 손해배상을 청구할 수 있다.
② 계약금계약은 계약에 부수하여 행해지는 종된 계약이므로 계약의 체결과 동시에 계약금을 지급하여야 계약금으로서 효력이 있다.
③ 계약금을 위약금으로 하는 당사자의 특약이 없어도 계약금은 위약금의 성질이 있다.
④ 계약금을 포기하고 행사할 수 있는 해제권은 당사자의 합의로 배제할 수 없다.
⑤ 매매계약 시 계약금의 일부만을 먼저 지급하고 잔액은 나중에 지급하기로 한 경우, 매도인은 실제 받은 일부금액의 배액을 상환하고 매매계약을 해제할 수 없다.

33 매매의 일방예약에 관한 설명으로 **틀린** 것은? (다툼이 있으면 판례에 따름)

① 매매의 일방예약은 채권계약이다.
② 매매의 일방예약은 상대방이 매매를 완결할 의사를 표시하는 때에 매매의 효력이 생긴다.
③ 예약완결권을 행사기간 내에 행사하였는지에 관해 당사자의 주장이 없다면 법원은 이를 고려할 수 없다.
④ 매매예약이 성립한 이후 상대방의 예약완결권 행사 전에 목적물이 전부 멸실되어 이행불능이 된 경우에는 예약완결권을 행사할 수 없다.
⑤ 예약완결권은 당사자 사이에 그 행사기간을 약정하지 않은 경우 그 예약이 성립한 날로부터 10년 내에 이를 행사하여야 한다.

34 이행지체로 인한 계약의 해제에 관한 설명으로 옳은 것은? (다툼이 있으면 판례에 따름)

① 이행의 최고는 반드시 미리 일정기간을 명시하여 최고하여야 한다.
② 계약의 해제는 손해배상의 청구에 영향을 미친다.
③ 당사자 일방이 정기행위를 일정한 시기에 이행하지 않으면 특별한 사정이 없는 한 상대방은 이행의 최고 없이는 계약을 해제할 수 없다.
④ 당사자의 쌍방이 수인인 경우, 계약의 해제는 그 1인에 대하여 하면 효력이 없다.
⑤ 쌍무계약에서 당사자의 일방이 이행을 제공하더라도 상대방이 채무를 이행할 수 없음이 명백한지의 여부는 계약체결 시를 기준으로 판단하여야 한다.

35 甲이 2020. 5. 10. 乙소유의 X상가건물을 乙로부터 보증금 4억 원, 월차임 600만 원에 임차하여 상가건물임대차보호법상의 대항요건을 갖추고 영업하고 있다. 다음 설명 중 옳은 것은?

① 최초의 임대차기간을 포함한 전체 임대차기간이 10년을 초과하지 아니하는 범위에서 계약갱신을 요구할 권리가 甲에게 인정되지 않는다.

② 甲과 乙사이에 임대차기간을 6개월로 정한 경우, 乙은 그 기간이 유효함을 주장할 수 없다.

③ 임대차기간이 만료되기 전에 乙이 X상가건물을 丙에게 매도하고 소유권이전등기를 마친 경우, 甲은 丙에게 임차권을 주장할 수 없다.

④ 임대차종료 후 보증금이 반환되지 않은 경우, 甲은 X건물의 소재지 관할법원에 임차권등기명령을 신청할 수 있다.

⑤ X건물이 경매로 매각된 경우, 甲은 특별한 사정이 없는 한 보증금에 대해 일반채권자보다 우선하여 변제받을 수 없다.

36 甲은 乙의 저당권이 설정되어 있는 丙소유의 X주택을 丙으로부터 보증금 5억 원에 임차하여 즉시 대항요건을 갖추고 거주하고 있다. 그 후 丁이 X주택에 저당권을 취득하였다. 다음 설명 중 틀린 것은? (다툼이 있으면 판례에 따름)

① 만약 丁이 경매를 청구하여 戊가 소유권을 취득하면 乙의 저당권은 소멸한다.

② 만약 이 경매를 청구하여 戊가 소유권을 취득하면 甲은 戊에게 임차권의 효력을 주장할 수 없다.

③ 만약 X주택을 丁이 매수하여 소유권을 취득하면 甲은 丁에게 임차권의 효력을 주장할 수 있다.

④ 甲은 확정일자를 갖추면 보증금의 우선변제권을 취득한다.

⑤ 甲은 1회에 한하여 계약갱신요구권을 행사할 수 있으며 이로 인하여 갱신되는 임대차의 존속기간은 그 정함이 없는 것으로 본다.

37 甲은 조세포탈·강제집행의 면탈 또는 법령상 제한의 회피를 목적으로 하지 않고, 배우자 乙과의 명의신탁 약정에 따라 자신의 X토지를 乙명의로 소유권이전등기를 마쳐주었다. 다음 설명 중 옳은 것은? (다툼이 있으면 판례에 따름)

① 乙은 甲에 대해 X토지의 소유권을 주장할 수 있다.

② 戊가 乙명의의 등기를 위조하여 자신 명의로 소유권이전등기를 한 경우, 甲은 직접 戊에 대해 무효등기의 말소를 청구할 수 있다.

③ 丁이 X토지를 불법점유하는 경우, 甲은 직접 丁에 대해 소유물반환청구권을 행사할 수 없다.

④ 乙로부터 X토지를 매수한 丙이 乙의 甲에 대한 배신행위에 적극 가담한 경우, 乙과 丙사이의 계약은 유효이다.

⑤ 丙이 乙과의 매매계약에 따라 X토지에 대한 소유권이전등기를 마친 경우, 특별한 사정이 없는 한 丙이 선의인 경우에만 X토지의 소유권을 취득한다.

38 선순위 담보권 등이 없는 주택에 대해 대항요건과 확정일자를 갖춘 임대차에 관한 설명으로 옳은 것은? (다툼이 있으면 판례에 따름)

① 임차권은 상속인에게 상속될 수 없다.

② 임차인의 우선변제권은 대지의 환가대금에 미치지 않는다.

③ 임대차가 묵시적으로 갱신된 경우, 그 존속기간은 1년으로 본다.

④ 임차인이 경매절차에서 해당 주택의 소유권을 취득한 경우, 임대인에 대하여 보증금반환을 청구할 수 없다.

⑤ 임차인의 보증금반환채권이 가압류된 상태에서 그 주택이 양도된 경우, 가압류채권자는 양도인에 대하여만 가압류의 효력을 주장할 수 있다.

39 집합건물의 소유 및 관리에 관한 법률상 구분소유자의 5분의 4 이상 및 의결권의 5분의 4 이상의 결의가 있어야만 하는 경우는?

① 재건축 결의

② 공용부분의 변경

③ 구분소유권의 경매청구

④ 규약의 설정·변경 및 폐지

⑤ 구분소유자의 전유부분 사용금지의 청구

40 甲은 乙에게 빌려준 1,000만 원을 담보하기 위해 乙 소유의 X토지(시가 1억 원)에 가등기를 마친 다음, 丙이 X토지에 대해 저당권을 취득하였다. 다음 설명 중 틀린 것은? (다툼이 있으면 판례에 따름)

① 乙의 채무변제의무와 甲의 가등기말소의무는 동시이행의 관계에 있지 않다.

② 甲이 청산기간이 지나기 전에 가등기에 의한 본등기를 마치면 그 본등기는 무효이다.

③ 乙이 청산기간이 지나기 전에 한 청산금에 관한 권리의 양도는 이로써 丙에게 대항할 수 없다.

④ 丙은 청산기간 내에는 그의 피담보채권 변제기가 도래하기 전이라도 X토지의 경매를 청구할 수 있다.

⑤ 甲의 가등기담보권 실행을 위한 경매절차에서 X토지의 소유권을 丁이 취득한 경우, 피담보채권을 모두 변제받지 못한 甲의 가등기담보권은 소멸하지 않는다.

4 **무권대리**

추인의 상대방

제132조

무권대리와 상속

무권대리의 책임

18 **소유권이전등기**

35 **상가건물임대차보호법**

공인중개사 1차
국가자격시험

교시	문제형별	시험과목	회차
2교시	A	② 민법 및 민사특별법	제7회

01 다음 중 물권이 아닌 것은?

① 소유권   ② 점유권

③ 가등기담보권   ④ 임차권

⑤ 지상권

02 민법 제103조의 반사회적 법률행위에 대한 설명으로 틀린 것은? (다툼이 있으면 판례에 따름)

① 강제집행을 면할 목적으로 부동산에 허위의 근 저당권을 설정하는 행위는 반사회적 법률행위에 해당한다.

② 의무의 강제에 의하여 얻어지는 채권자의 이익 에 비하여 과도하게 중한 위약벌의 약정은 반사 회적 법률행위에 해당한다.

③ 뇌물로 받은 금전을 소극적으로 은닉하기 위하 여 이를 임치하는 약정은 반사회적 법률행위에 해당하지 않는다.

④ 해외연수 후 그 비용과 관련하여 일정기간 동안 소속회사에서 근무해야 한다는 사규나 약정은 반사회적 법률행위에 해당하지 않는다.

⑤ 공무원의 직무에 관한 사항에 대하여 특별한 청 탁을 하게하고, 그에 대한 보수로 금전을 지급하 기로 하는 약정은 반사회적 법률행위에 해당한 다.

03 민법상의 불공정한 법률행위에 관한 설명으로 **틀린** 것은? (다툼이 있으면 판례에 따름)

① 궁박, 경솔, 무경험은 모두 구비되어야 불공정한 법률행위에 해당한다.

② 궁박은 경제적인 것에 한정하지 않으며 정신적, 신체적인 원인에 기인하는 것을 포함한다.

③ 무경험은 거래일반에 대한 경험부족을 의미한 다.

④ 당사자 중 일방이 상대방의 궁박, 경솔 또는 무 경험을 알면서 이를 이용하려는 의사가 있어야 한다.

⑤ 불공정한 법률행위로서 무효인 경우, 무효행위 의 전환에 관한 민법 제138조는 적용될 수 있다.

04 의사표시에 관한 설명으로 **틀린** 것은? (다툼이 있으 면 판례에 의함)

① 진의 아닌 의사표시는 원칙적으로 표시된 내용 대로 효력이 발생한다.

② 계약이 적법하게 해제된 후에는 착오를 이유로 그 계약을 취소할 수 없다.

③ 상대방 있는 의사표시는 특별한 사정이 없으면 상대방에게 도달한 때에 그 효력이 생긴다.

④ 의사표시자가 그 통지를 발송한 후 사망하거나 제한능력자가 되어도 의사표시의 효력에 영향을 미치지 않는다.

⑤ 보통우편의 방법으로 발송되었다는 사실만으로 는 그 의사표시가 상당한 기간 내에 도달하였다 고 추정할 수 없다.

05 사기·강박에 의한 의사표시에 관한 설명으로 **틀린** 것은? (다툼이 있으면 판례에 의함)

① 강박에 의해 증여의 의사표시를 하였다고 하여 증여의 내심의 효과의사가 결여된 것이라고 할 수 없다.

② 법률행위의 성립과정에 강박이라는 불법적 방법이 사용된 것에 불과한 때에는 반사회질서의 법률행위라고 할 수 없다.

③ 제3자의 강박에 의해 의사표시를 한 경우, 상대방이 그 사실을 알았다면 표의자는 자신의 의사표시를 취소할 수 있다.

④ 강박에 의해 자유로운 의사결정의 여지가 완전히 박탈되어 그 외형만 있는 법률행위는 무효이다.

⑤ 대리인의 기망행위로 계약을 체결한 상대방은 본인이 선의라면 계약을 취소할 수 없다.

06 甲은 乙에게 자기 소유의 X부동산에 대하여 매매계약의 체결에 관한 대리권을 수여하였다. 그 후 乙은 甲을 위하여 丙과 X부동산의 매매계약을 체결하였다. 이에 관한 설명으로 **틀린** 것은? (다툼이 있으면 판례에 따름)

① 甲의 乙에 대한 수권행위는 반드시 서면으로 하여야 하는 것은 아니다.

② 乙이 파산선고를 받으면 乙의 대리권은 소멸한다.

③ 丙이 乙을 기망하여 매매계약을 체결하였다면, 甲은 대리행위를 취소할 수 있다.

④ 특별한 사정이 없는 한, 乙은 丙으로부터 중도금이나 잔금을 수령할 권한이 있다.

⑤ 특별한 사정이 없는 한, 乙은 丙에게 약정된 매매대금 지급기일을 연기해 줄 권한은 없다.

07 乙은 대리권 없이 甲소유의 X토지에 대한 관련 서류를 위조하여 甲의 이름으로 丙과 매매계약을 체결하고 소유권이전등기를 해 주었다. 다음 설명으로 **틀린** 것은? (표현대리는 성립하지 않음, 다툼이 있으면 판례에 따름)

① 甲은 乙을 상대로 매매계약을 추인할 수 있다.

② 丙이 상당한 기간을 정하여 매매계약의 추인 여부에 대한 확답을 최고하였으나 甲이 그 기간 내에 확답을 발하지 않으면 추인을 거절한 것으로 본다.

③ 乙이 甲을 단독으로 상속하여 X토지의 소유자가 되면, 乙은 소유자의 지위에서 자신의 대리행위가 무권대리로 무효임을 주장하여 丙명의의 등기말소를 청구할 수 있다.

④ 매매계약 당시 乙이 무권대리인임을 알지 못한 丙은 甲의 추인이 있을 때까지 乙을 상대로 매수의 의사표시를 철회할 수 있다.

⑤ 甲은 무권대리행위에 대하여 묵시적으로 추인할 수 있다.

08 법률행위의 무효 또는 취소에 관한 설명으로 **틀린** 것은? (다툼이 있으면 판례에 의함)

① 착오로 인한 취소권은 형성권이다.

② 법정대리인은 취소원인 종료 전에도 추인할 수 있다.

③ 무효임을 알고 한 무효행위의 추인은 원칙적으로 소급효가 없다.

④ 법률행위가 취소되면 그 법률행위는 취소한 때부터 무효가 된다.

⑤ 불법조건이 붙은 법률행위는 추인하여도 효력이 생기지 않는다.

09 법률행위의 조건과 기한에 관한 설명으로 옳은 것은? (다툼이 있으면 판례에 의함)

① 조건성취가 미정한 권리는 처분할 수 없다.

② 시기(始期)있는 법률행위는 기한이 도래한 때부터 그 효력을 잃는다.

③ 기한도래의 효과는 소급효가 없다.

④ 조건이 선량한 풍속 기타 사회질서에 위반한 경우, 그 조건만이 무효이고 법률행위는 유효이다.

⑤ 불능조건이 해제조건이면 그 법률행위는 무효이다.

10 甲은 乙에게 자신의 X부동산을 증여하기로 합의하였으나 세금문제를 염려하여 甲과 乙은 매매로 가장하여 이전등기를 하였다. 그 뒤 乙은 丙에게 그 토지를 매도하고 이전등기를 하였다. 다음 설명 중 틀린 것은? (다툼이 있으면 판례에 의함)

① 甲과 乙 사이의 증여계약은 유효이다.

② 甲과 乙 사이의 매매계약은 무효이다.

③ 乙명의의 등기는 효력이 있다.

④ 甲은 악의의 丙을 상대로 그 명의의 등기말소를 청구할 수 있다.

⑤ 乙은 丙을 상대로 그 명의의 등기말소를 청구할 수 없다.

11 다음 중 유치권과 저당권에 공통적으로 인정되는 것이 아닌 것을 모두 고른 것은?

ㄱ. 부종성	ㄴ. 불가분성	ㄷ. 수반성
ㄹ. 물상대위성	ㅁ. 우선변제권	

① ㄹ
② ㅁ
③ ㄱ, ㄴ
④ ㄹ, ㅁ
⑤ ㄱ, ㄴ, ㄷ

12 물권변동에 관한 설명으로 틀린 것은? (다툼이 있으면 판례에 따름)

① 분묘기지권의 취득은 등기를 요하지 않는다.

② 피담보채권이 소멸하더라도 저당권의 말소등기가 있어야 저당권이 소멸한다.

③ 혼동에 의한 지상권의 소멸은 등기하여야 물권변동의 효력이 생기는 것은 아니다.

④ 甲이 신축한 건물을 乙이 양수하여 乙 앞으로 보존등기를 한 경우, 乙은 건물의 소유권을 취득한다.

⑤ 부동산을 매수한 자는 소유권이전등기를 하여야 소유권을 취득한다.

13 甲이 그 소유 토지를 乙에게 매도하여 인도하고 乙이 다시 그 토지를 丙에게 매도하여 인도하였다. 乙과 丙이 모두 매매대금을 전부 지급하였으나, 각 소유권이전등기를 마치지 않았다. 이 매매계약 사례에 관한 설명 중 틀린 것은? (다툼이 있으면 판례에 따름)

① 乙은 甲에 대해 소유권이전등기청구권을 갖는다.

② 甲, 乙, 丙 전원의 합의가 없다면 丙은 직접 甲을 상대로 이전등기를 청구할 수 없다.

③ 甲, 乙, 丙 전원의 합의 없이 甲에서 직접 丙 앞으로 이전등기가 되었다면, 甲은 丙의 등기의 말소를 청구할 수 있다.

④ 甲, 乙, 丙 전원이 중간생략등기에 합의했더라도, 丙은 乙을 대위하여 甲을 상대로 乙 앞으로의 소유권이전등기를 청구할 수 있다.

⑤ 乙이 甲에 대한 등기청구권을 丙에게 양도하고 이를 甲에게 통지하였더라도 그 양도에 관해 甲의 동의나 승낙이 없다면 丙은 甲을 상대로 직접 소유권이전등기를 청구할 수 없다.

14 물권적 청구권에 관한 설명으로 <u>틀린</u> 것은? (다툼이 있으면 판례에 의함)

① 소유자는 자신의 물건을 권원 없이 점유하는 자에 대해 그 반환을 청구할 수 있다.

② 물권적 청구권은 물권과 분리하여 양도할 수 있다.

③ 진정명의회복을 위한 소유권이전등기청구권은 소유물 방해배제청구권에 해당한다.

④ 사기에 의해 물건을 인도한 자는 점유물반환청구권을 행사할 수 없다.

⑤ 지역권자는 지역권 침해를 이유로 승역지의 반환을 청구할 수 없다.

15 점유에 관한 설명으로 <u>틀린</u> 것은? (다툼이 있으면 판례에 의함)

① 점유의 승계가 있는 경우, 전 점유자의 점유가 타주점유라 하여도 점유자의 승계인이 자기의 점유만을 주장하는 경우에는 현 점유자의 점유는 자주점유로 추정된다.

② 점유자는 소유의 의사로 선의·무과실, 평온 및 공연하게 점유한 것으로 추정한다.

③ 피상속인의 점유가 소유의 의사가 없는 경우 그 상속으로 인한 점유도 타주점유이다.

④ 물건을 매수하여 점유하고 있으나 매매가 무효인 것을 모르는 매수인은 자주점유자이다.

⑤ 건물소유자가 현실적으로 건물이나 그 부지를 점거하고 있지 않더라도 특별한 사정이 없는 한 건물의 부지에 대한 점유가 인정된다.

16 甲소유의 물건을 점유할 권리 없이 점유하는 현재의 점유자 乙에 대해 甲이 소유권에 기하여 반환을 청구하였다. 다음 중 <u>틀린</u> 것은? (다툼이 있으면 판례에 의함)

① 乙이 과실을 취득한 경우 통상의 필요비는 甲에게 청구할 수 없다.

② 乙이 책임 있는 사유로 그 물건을 훼손한 경우, 乙이 선의의 타주점유자라면 현존이익의 한도 내에서 배상책임을 진다.

③ 乙이 유익비 상환을 청구하는 경우, 甲의 선택에 좇아 그 지출금액이나 증가액의 상환을 청구할 수 있다.

④ 乙이 선의인 경우 점유물의 과실을 취득할 수 있다.

⑤ 乙이 악의의 점유자인 경우에도 지출한 필요비의 상환을 청구할 수 있다.

17 점유취득시효에 관한 설명으로 <u>틀린</u> 것은? (다툼이 있으면 판례에 따름)

① 취득시효 완성으로 인한 소유권취득의 효력은 점유를 개시한 때에 소급한다.

② 저당권은 시효취득을 할 수 없다.

③ 취득시효 완성 후 이전등기 전에 제3자 앞으로 소유권이전등기가 경료되면 시효취득자는 등기명의자에게 시효취득을 주장할 수 없음이 원칙이다.

④ 간접점유로도 취득시효를 완성할 수 있다.

⑤ 미등기 부동산의 경우, 점유자가 취득시효기간의 완성만으로 등기 없이 소유권을 취득한다.

18 공유에 관한 설명으로 옳은 것은? (다툼이 있으면 판례에 의함)

① 제3자가 공유물을 불법점유한 경우, 지분의 과반수에 미치지 못한 공유자는 단독으로 공유물 전부의 반환을 청구할 수 없다.

② 부동산 공유자 중 1인이 포기한 지분은 국가에 귀속한다.

③ 각 공유자는 단독으로 공유물의 분할을 청구할 수 있고, 이때 공유물의 분할은 공유자 지분의 과반수로써 결정한다.

④ 부동산공유자는 자기지분 위에 다른 공유자의 동의 없이 저당권을 설정할 수 있다.

⑤ 공유자 중 1인의 지분 위에 설정된 담보물권은 특별한 사정이 없는 한 공유물분할로 인하여 설정자 앞으로 분할된 부분에 집중된다.

19 관습상 법정지상권에 관한 설명으로 <u>틀린</u> 것은? (다툼이 있으면 판례에 따름)

① 환매특약의 등기가 경료된 나대지의 소유자가 그 지상에 건물을 신축한 후, 환매권이 행사되면 관습상의 법정지상권은 성립할 수 없다.

② 강제경매에 있어 관습상 법정지상권이 인정되기 위해서는 매각대금 완납 시를 기준으로 해서 토지와 그 지상 건물이 동일인의 소유에 속하여야 한다.

③ 관습상 법정지상권자는 토지소유자로부터 토지를 양수한 자에 대하여 등기 없이도 자신의 권리를 주장할 수 있다.

④ 대지와 건물의 소유자가 건물만을 양도하면서 양수인과 대지에 관하여 임대차계약을 체결한 경우, 특별한 사정이 없는 한 그 양수인은 관습상 법정지상권을 포기한 것으로 본다.

⑤ 법원이 결정한 지료의 지급을 2년분 이상 지체한 경우, 토지소유자는 법정지상권의 소멸을 청구할 수 있다.

20 지역권에 관한 설명으로 <u>틀린</u> 것은? (다툼이 있으면 판례에 따름)

① 요역지가 공유인 경우 요역지의 공유자 1인이 지역권을 취득하면 다른 공유자도 이를 취득한다.

② 지역권은 요역지와 분리하여 양도하지 못한다.

③ 요역지의 전세권자는 특별한 사정이 없으면 지역권을 행사할 수 있다.

④ 1필의 토지 일부를 승역지로 하여 지역권을 설정할 수 있다.

⑤ 다른 특별한 사정이 없다면 통행지역권을 시효취득한 자는 승역지 소유자가 입은 손해를 보상하지 않아도 된다.

21 전세권에 관한 설명으로 <u>틀린</u> 것은? (다툼이 있으면 판례에 따름)

① 전세권자는 목적물의 현상을 유지하고 그 통상의 관리에 속한 수선을 하여야 한다.

② 전세권이 설정된 토지 위에 제3자가 불법으로 건물을 건축한 경우, 특별한 사정이 없는 한 토지소유자가 아닌 전세권자도 건물의 철거를 청구할 수 있다.

③ 전세권의 존속기간 중 전세목적물의 소유권이 이전된 경우 구(舊) 소유자의 전세권자에 대한 전세금반환의무는 소멸하지 않는다.

④ 전세권소멸 후 전세권자가 그 목적물을 반환하였더라도 전세권설정등기의 말소에 필요한 서류를 교부하거나 그 이행의 제공을 하지 아니하는 이상 전세권설정자는 전세금의 반환을 거절할 수 있다.

⑤ 목적물의 인도는 전세권의 성립요건이 아니다.

22 유치권에 관한 설명으로 옳은 것은? (다툼이 있으면 판례에 따름)

① 공사업자에게 건축자재를 납품한 자는 그 매매대금채권에 기하여 건축주의 건물에 대하여 유치권을 행사할 수 없다.

② 임대차가 종료하였는데 임대인이 보증금을 반환하지 않는 경우, 임차인은 보증금반환을 받기 위하여 유치권을 행사할 수 있다.

③ 유치권자가 유치물을 점유함으로써 유치권을 행사하고 있는 동안에는 피담보채권의 소멸시효는 진행되지 않는다.

④ 유치물이 분할 가능한 경우, 채무자가 피담보채무의 일부를 변제하면 그 범위에서 유치권은 일부 소멸한다.

⑤ 유치권자는 유치권의 행사를 위해 자신의 점유가 불법행위로 인한 것이 아님을 증명해야 한다.

23 甲은 자신의 건물에 乙명의의 전세권을 설정해 주었다. 그 후 乙이 그 전세권에 丙명의의 저당권을 설정해 주었다. 이에 관한 설명으로 옳은 것을 모두 고른 것은? (다툼이 있으면 판례에 따름)

ㄱ. 乙의 전세권이 법정갱신되는 경우, 전세기간에 대한 변경등기 없이도 갱신된다.
ㄴ. 乙의 전세권이 존속기간 만료로 종료된 경우, 그 전세권의 용익물권적 권능은 말소등기 없이도 당연히 소멸한다.
ㄷ. 丙의 전세권저당권은 피담보채권을 수반하더라도 양도할 수 없다.
ㄹ. 乙의 전세권이 존속기간 만료로 종료된 경우, 丙에게 물상대위권이 인정된다.

① ㄱ
② ㄴ, ㄷ
③ ㄴ, ㄹ
④ ㄱ, ㄴ, ㄹ
⑤ ㄱ, ㄷ, ㄹ

24 甲은 채무자 乙소유인 X토지에 대하여 근저당권(채권최고액 1억 원)을 취득하였다. 그 후 甲은 乙의 채무불이행을 이유로 근저당권을 실행하기 위한 경매를 신청하였다. 이에 관한 설명으로 **틀린** 것은? (다툼이 있으면 판례에 따름)

① 경매개시결정이 있은 후, 甲이 경매신청을 취하하였다면 채무확정의 효과는 번복된다.

② 근저당권의 실행에 따른 경매비용은 채권최고액 1억 원에 포함되지 아니한다.

③ 甲의 경매신청 시에 근저당권이 확정되므로, 그 이후에 발생하는 甲의 원본채권은 근저당으로 담보되지 않는다.

④ 甲의 피담보채권이 확정되기 전에 발생한 원본채권에 관하여 그 확정 후에 발생하는 원본채권의 이자나 지연손해금은 채권최고액의 범위 내에서는 근저당권에 의하여 담보된다.

⑤ 만일 X토지에 대하여 후순위 저당권을 취득한 丙이 경매를 신청한 경우에는 그 매각대금 완납 시에 甲의 피담보채권액이 확정된다.

25 청약과 승낙에 관한 설명으로 **틀린** 것은?

① 불특정 다수인에 대한 청약은 효력이 있다.

② 불특정 다수인에 대한 승낙은 효력이 없다.

③ 격지자 간의 계약에서 청약은 그 통지를 상대방에게 발송한 때에 효력이 발생한다.

④ 승낙기간을 정하지 않은 청약은 상당한 기간 내에 승낙의 통지를 받지 못한 때 그 효력을 잃는다.

⑤ 승낙기간을 정하지 않은 청약에 대하여 연착된 승낙은 청약자가 이를 새로운 청약으로 볼 수 있다.

26 甲이 乙에게 자신의 건물을 매도하는 계약을 체결한 후 소유권이전 및 인도 전에 건물이 멸실되었다. 다음 설명 중 틀린 것은?

① 소유권이전은 불가능하게 되었으므로 乙은 더 이상 소유권이전을 청구할 수 없다.

② 태풍으로 건물이 멸실된 경우, 甲은 乙에게 매매대금을 청구할 수 없다.

③ 乙의 과실로 인하여 건물이 멸실된 경우, 甲은 乙에게 매매대금을 청구할 수 있다.

④ 乙의 채권자지체 중에 양 당사자의 책임 없는 사유로 건물이 멸실된 경우, 甲은 乙에게 매매대금을 청구할 수 있다.

⑤ ④의 경우, 채권자지체 중이었으므로 甲은 자기의 채무를 면함으로써 얻은 이익을 乙에게 상환할 필요가 없다.

27 동시이행의 항변권에 관한 설명으로 틀린 것은? (다툼이 있으면 판례에 의함)

① 동시이행의 항변권을 배제하는 당사자 사이의 특약은 유효하다.

② 동시이행 항변권의 원용이 없으면 법원은 그 인정여부를 심리할 필요가 없다.

③ 상대방이 채무내용에 좇은 이행을 제공한 때에는 동시이행의 항변권을 행사할 수 없다.

④ 채무자는 상대방의 이행제공이 없더라도 이행기에 채무를 이행하여야 이행지체책임이 없다.

⑤ 구분소유적 공유관계가 해소되는 경우, 공유지분권자 상호 간의 지분이전등기의무는 동시이행 관계에 있다.

28 甲은 자신의 토지를 乙에게 매도하면서 그 대금은 乙이 甲의 의무이행과 동시에 丙에게 지급하기로 약정하고, 丙은 乙에게 수익의 의사표시를 하였다. 다음 설명 중 틀린 것은? (다툼이 있으면 판례에 따름)

① 丙은 乙의 채무불이행을 이유로 甲과 乙의 매매계약을 해제할 수 있다.

② 제3자를 위한 계약에서 丙은 계약 당시에 특정되어 있지 않아도 된다.

③ 甲이 乙에게 매매계약에 따른 이행을 하지 않으면, 乙은 특별한 사정이 없는 한 丙에게 대금지급을 거절할 수 있다.

④ 丙이 수익의 의사표시를 한 후에는 특별한 사정이 없는 한 甲과 乙의 합의에 의해 丙의 권리를 소멸시킬 수 없다.

⑤ 丙이 대금을 수령하였으나 매매계약이 무효인 것으로 판명된 경우, 특별한 사정이 없는 한 乙은 丙에게 대금반환을 청구할 수 없다.

29 계약의 해제에 관한 설명으로 틀린 것은? (다툼이 있으면 판례에 따름)

① 계약이 해제된 경우 계약은 처음부터 없었던 것으로 된다.

② 계약의 상대방이 여럿인 경우, 해제권자는 그 전원에 대하여 해제권을 행사하여야 한다.

③ 매매계약의 해제로 인하여 양 당사자가 부담하는 원상회복의무는 동시이행의 관계에 있다.

④ 합의해제는 단독행위이다.

⑤ 채무자의 책임 있는 사유로 이행이 불능하게 된 경우, 채권자는 최고 없이 계약을 해제할 수 있다.

30 매매에 관한 설명으로 **틀린** 것은? (다툼이 있으면 판례에 따름)

① 주택에 대한 매매계약 체결 후 화재로 그 주택이 전소된 경우, 그 매매계약은 무효로 된다.

② 이미 소실된 건물에 대하여 체결한 매매계약은 무효이다.

③ 매매목적물의 인도와 동시에 대금을 지급할 경우, 그 인도장소에서 대금을 지급하여야 한다.

④ 계약금계약은 요물계약이다.

⑤ 지상권도 매매의 대상이 될 수 있다.

31 계약금에 관한 설명으로 옳은 것을 모두 고른 것은? (다툼이 있으면 판례에 의함)

> ㄱ. 계약금 포기에 의한 계약해제의 경우, 상대방은 채무불이행을 이유로 손해배상을 청구할 수 없다.
>
> ㄴ. 계약금계약은 매매 기타의 주된 계약에 부수하여 행해지는 종된 계약이다.
>
> ㄷ. 계약금 포기에 의한 계약해제의 경우, 계약은 소급적으로 무효가 되어 당사자는 원상회복의무를 부담한다.
>
> ㄹ. 계약금을 수령한 매도인이 계약을 해제하기 위해서는 매수인에게 그 배액을 이행제공하여야 하고, 매수인이 이를 수령하지 않으면 공탁하여야 한다.

① ㄱ ② ㄴ
③ ㄱ, ㄴ ④ ㄱ, ㄴ, ㄷ
⑤ ㄱ, ㄴ, ㄹ

32 매매계약에 관한 설명으로 **틀린** 것은?

① 매매의 목적이 된 권리가 타인에게 속한 경우에는 매도인은 그 권리를 취득하여 매수인에게 이전하여야 한다.

② 타인의 권리를 매도한 자가 그 전부를 취득하여 매수인에게 이전할 수 없는 경우, 악의의 매수인은 계약을 해제할 수 없다.

③ 담보책임의 면책특약이 있는 경우라도 매도인은 알면서 고지하지 않은 하자에 대해서는 그 책임을 면하지 못한다.

④ 저당권이 설정된 부동산의 매수인이 저당권의 행사로 그 소유권을 취득할 수 없는 경우, 악의의 매수인은 특별한 사정이 없는 한 계약을 해제하고 손해배상을 청구할 수 있다.

⑤ 당사자 일방에 대한 의무이행의 기한이 있는 때에는 상대방의 의무이행에 대하여도 동일한 기한이 있는 것으로 추정한다.

33 임차인에게 불리한 약정을 하여도 그 효력이 인정되는 것은?

① 토지임차인의 지상물매수청구권

② 임차인의 차임감액청구권

③ 임차인의 비용상환청구권

④ 임대차 기간의 약정이 없는 임차인의 해지통고

⑤ 임차인의 차임연체로 인한 임대인의 해지권

34 乙은 甲소유의 건물 전체를 임차하고 있던 중 이를 다시 丙에게 전대(轉貸)하였다. 다음 중 틀린 것은?

① 乙이 甲의 동의를 얻어 丙에게 전대한 경우, 丙은 직접 甲에 대하여 의무를 부담한다.

② 乙이 甲의 동의를 얻어 丙에게 전대한 경우, 丙이 건물사용의 편익을 위하여 甲의 동의를 얻어 건물에 물건을 부속했다면 丙은 전대차종료 시 甲에게 그 매수를 청구할 수 있다.

③ 乙이 甲의 동의를 얻어 丙에게 전대한 경우, 甲이 乙과 임대차계약을 합의해지하면 丙의 전차권은 소멸한다.

④ 乙이 甲의 동의 없이 丙에게 전대한 경우, 乙은 丙에게 건물을 인도하여 丙이 사용·수익할 수 있도록 할 의무가 있다.

⑤ 乙이 甲의 동의 없이 丙에게 전대한 경우, 특별한 사정이 없는 한 甲은 무단전대를 이유로 임대차계약을 해지할 수 있다.

35 건물의 구분소유 및 집합건물 등에 관한 설명으로 틀린 것은? (다툼이 있으면 판례에 따름)

① 구분건물이 물리적으로 완성되기 전이라도 건축허가신청 등을 통하여 구분의사가 객관적으로 표시되면 구분행위의 존재를 인정할 수 있다.

② 대지에 대한 지상권도 대지사용권이 될 수 있다.

③ 전유부분은 구분소유권의 목적인 건물부분을 말한다.

④ 집합건물의 관리단은 구분소유자 전원을 구성원으로 하며, 별도의 설립행위가 필요하지 않다.

⑤ 집합건물의 공용부분은 취득시효에 의한 소유권 취득의 대상이 될 수 있다.

36 부동산 실권리자명의 등기에 관한 법률상 명의신탁에 대한 설명으로 틀린 것은? (다툼이 있으면 판례에 따름)

① 무효인 명의신탁등기가 행하여진 후 신탁자와 수탁자가 혼인한 경우, 조세포탈 등의 목적이 없다면 그 명의신탁등기는 유효로 인정될 수 있다.

② 양자 간 등기명의신탁의 경우 신탁자는 수탁자에게 명의신탁약정의 해지를 원인으로 소유권이전등기를 청구할 수 없다.

③ 무효인 명의신탁약정에 기하여 타인 명의의 등기가 마쳐졌다는 이유만으로 그것이 당연히 불법원인급여에 해당한다고 볼 수 없다.

④ 조세포탈 등의 목적 없이 종교단체 명의로 그 산하조직이 보유한 부동산의 소유권을 등기한 경우, 그 단체와 조직 간의 명의신탁약정은 유효하다.

⑤ 신탁자는 명의신탁약정의 무효로서 수탁자로부터 소유권이전등기를 받은 악의의 제3자에게 대항할 수 있다.

37 다음 중 가등기담보 등에 관한 법률이 적용되는 경우를 모두 고른 것은? (다툼이 있으면 판례에 의함)

ㄱ. 1억 원을 차용하면서 시가 2억 원 상당의 부동산에 대해 대물변제의 예약을 하고 가등기한 경우

ㄴ. 2억 원의 토지매매대금의 지급담보와 그 불이행 경우의 제재를 위해 3억 원 상당의 부동산에 가등기한 경우

ㄷ. 1천만 원을 차용하면서 2천만 원 상당의 다이아몬드를 양도담보로 제공한 경우

ㄹ. 1억 원을 차용하면서 1천만 원 상당의 부동산을 양도담보로 제공한 경우

① ㄱ   ② ㄴ

③ ㄱ, ㄴ   ④ ㄱ, ㄹ

⑤ ㄱ, ㄴ, ㄹ

38 「주택임대차보호법」상의 주택임대차에 관한 설명으로 틀린 것은? (다툼이 있으면 판례에 의함)

① 다른 특별한 규정이 없는 한, 미등기주택에 대해서도 이 법이 적용된다.

② 소액임차인은 경매신청의 등기 전까지 임대차계약서에 확정일자를 받아야 최우선변제권이 인정된다.

③ 임대차기간이 끝난 경우, 임차인이 보증금을 반환받지 못하였다면 임대차관계는 종료되지 않는다.

④ 다가구용 단독주택의 임대차에서는 전입신고를 할 때 지번만 기재하고 동·호수의 표시가 없어도 대항력을 취득할 수 있다.

⑤ 이미 저당권이 설정된 주택을 임차하여 대항력을 갖춘 경우, 임차권보다 후순위저당권이 실행되더라도 임차인은 매수인이 된 자에게 대항할 수 없다.

39 상가건물임대차보호법에 관한 설명으로 <u>틀린</u> 것은? (다툼이 있으면 판례에 의함)

① 임대차기간을 1년 미만으로 정한 경우, 임대인은 그 기간의 유효를 주장할 수 있다.

② 일시사용을 위한 것임이 명백한 임대차에는 이 법이 적용되지 않는다.

③ 임차인이 3기의 차임액에 달하도록 차임을 연체한 경우, 임대인은 임차인의 계약갱신요구를 거절할 수 있다.

④ 임대인은 계약이 존속하는 동안 임차목적물의 사용·수익에 필요한 상태를 유지하게 할 의무를 진다.

⑤ 권리금계약이란 신규임차인이 되려는 자가 임차인에게 권리금을 지급하기로 하는 계약을 말한다.

40 상가건물 임대차보호법상 임차인이 그가 주선한 신규임차인이 되려는 자로부터 권리금을 지급받는 것을 방해한 임대인에게 손해배상을 청구할 권리는 "(ㄱ)부터 (ㄴ) 이내에 행사하지 않으면 시효의 완성으로 소멸한다." 빈 칸에 들어갈 기간은?

① ㄱ : 그 방해가 있는 날   ㄴ : 3년

② ㄱ : 임대차가 종료한 날   ㄴ : 1년

③ ㄱ : 그 방해가 있는 날   ㄴ : 2년

④ ㄱ : 임대차가 종료한 날   ㄴ : 3년

⑤ ㄱ : 임대차가 종료한 날   ㄴ : 5년

10 은닉행위

16 점유자와 회복자의 관계(제201조~제203조)

1 제201조 선의 → 과실취득

악의 → 과실반환

22 유치권

유치권에 인정 ×

유치권 행사 ×

28 제3자를 위한 계약

32 매도인의 담보책임

권리의 하자 (5종) 행사기간 선의 : 안 날 → 1년

악의 : 계약일 → 1년

공인중개사 1차
국가자격시험

교시	문제형별	시험과목	회차
2교시	B	② 민법 및 민사특별법	제8회

01 무효인 법률행위에 해당하는 것을 모두 고르면?

> ㄱ. 착오로 체결한 매매계약
> ㄴ. 기망행위로 체결한 교환계약
> ㄷ. 대리인의 사기에 의한 법률행위
> ㄹ. 사회질서에 위반한 조건이 붙은 법률행위
> ㅁ. 상대방이 유발한 착오에 의한 임대차계약

① ㄷ   ② ㄹ

③ ㄱ, ㄴ   ④ ㄴ, ㄹ

⑤ ㄷ, ㅁ

03 甲은 자신의 X토지를 乙에게 증여하고, 세금을 아끼기 위해 이를 매매로 가장하여 乙명의로 소유권이전등기를 마쳤다. 그 후 乙은 X토지를 丙에게 매도하고 소유권이전등기를 마쳤다. 다음 설명 중 **틀린** 것을 모두 고른 것은? (다툼이 있으면 판례에 따름)

> ㄱ. 甲과 乙 사이의 매매계약은 유효이다.
> ㄴ. 甲과 乙 사이의 증여계약은 무효이다.
> ㄷ. 甲은 丙에게 X토지의 소유권이전등기말소를 청구할 수 있다.
> ㄹ. 丙이 甲과 乙 사이에 증여계약이 체결된 사실을 알지 못한데 과실이 있다면 丙은 소유권을 취득하지 못한다.

① ㄱ   ② ㄱ, ㄷ

③ ㄴ, ㄹ   ④ ㄴ, ㄷ, ㄹ

⑤ ㄱ, ㄴ, ㄷ, ㄹ

02 甲은 乙에게 자신의 X토지에 대한 담보권설정의 대리권만을 수여하였으나, 乙은 X토지를 丙에게 매도하는 계약을 체결하였다. 다음 설명 중 **틀린** 것은? (다툼이 있으면 판례에 따름)

① 乙은 표현대리의 성립을 주장할 수 없다.

② 표현대리가 성립한 경우, 丙에게 과실이 있더라도 과실상계하여 甲의 책임을 경감할 수 없다.

③ 丙은 계약체결 당시 乙에게 그 계약을 체결할 대리권이 없음을 알았다면 계약을 철회할 수 없다.

④ X토지가 토지거래허가구역 내에 있는 경우, 토지거래허가를 받지 못해 계약이 확정적 무효가 되면 표현대리가 성립할 수 없다.

⑤ 乙이 X토지에 대한 매매계약을 甲명의가 아니라 자신의 명의로 丙과 체결한 경우라도, 丙이 선의·무과실이라면 표현대리가 성립할 수 있다.

04 취소할 수 있는 법률행위에 관한 설명으로 옳은 것은?

① 취소된 법률행위는 취소한 때부터 무효인 것으로 본다.

② 제한능력자는 취소할 수 있는 법률행위를 단독으로 취소할 수 없다.

③ 제한능력자의 법률행위에 대한 법정대리인의 추인은 취소의 원인이 소멸된 후에 하여야 그 효력이 있다.

④ 제한능력자가 취소의 원인이 소멸된 후에 이의를 보류하지 않고 채무 일부를 이행하면 추인한 것으로 본다.

⑤ 취소할 수 있는 법률행위의 상대방이 확정된 경우에는 그 취소는 그 상대방에 대한 명시적인 의사표시로 하여야 한다.

05 불공정한 법률행위에 관한 설명으로 옳은 것은? (다툼이 있으면 판례에 따름)

① 궁박은 정신적·심리적 원인에 의한 것은 포함되지 않는다.

② 무경험은 어느 특정영역에 대한 경험의 부족을 의미한다.

③ 대리인에 의해 법률행위가 이루어진 경우, 궁박상태는 대리인을 기준으로 판단하여야 한다.

④ 급부와 반대급부 사이에 현저한 불균형이 존재하는지는 특별한 사정이 없는 한 법률행위 당시를 기준으로 판단하여야 한다.

⑤ 급부와 반대급부 사이의 현저한 불균형은 피해자의 궁박·경솔·무경험의 정도를 고려하여 당사자의 주관적 가치에 따라 판단한다.

06 甲은 자신의 X토지를 매도하기 위해 乙에게 대리권을 수여하였고, 乙은 甲을 위한 것임을 표시하고 X토지에 대하여 丙과 매매계약을 체결하였다. 다음 설명 중 옳은 것은? (다툼이 있으면 판례에 따름)

① 乙은 甲으로부터 수권이 없는 한 丙으로부터 매매계약에 따른 중도금이나 잔금을 수령할 수 없다.

② 丙이 매매계약을 적법하게 해제한 경우, 丙은 乙에게 손해배상을 청구할 수 없다.

③ 丙의 채무불이행이 있는 경우, 乙은 특별한 사정이 없는 한 계약을 해제할 수 있다.

④ 丙이 매매계약을 적법하게 해제한 경우, 그 해제로 인한 원상회복의무는 乙과 丙이 부담한다.

⑤ 만약 甲이 매매계약의 체결과 이행에 관하여 포괄적 대리권을 수여한 경우, 乙은 특별한 사정이 없는 한 약정된 매매대금 지급기일을 연기해 줄 권한은 없다.

07 법률행위의 대리에 관한 설명으로 옳은 것은?

① 제한능력자인 대리인이 법정대리인의 동의 없이 대리행위를 한 경우, 법정대리인은 그 대리행위를 취소할 수 있다.

② 복대리인은 그 권한 내에서 본인을 대리한다.

③ 대리인이 다수인 경우에 원칙적으로 공동으로 본인을 대리한다.

④ 대리권의 범위를 정하지 않은 경우, 대리인은 보존행위만을 할 수 있다.

⑤ 임의대리인은 원칙적으로 복임권이 있다.

08 법률행위의 무효에 관한 설명으로 옳은 것은? (다툼이 있으면 판례에 따름)

① 불공정한 법률행위로서 무효인 경우, 무효행위 전환의 법리가 적용될 수 없다.

② 토지거래허가구역 내의 토지매매계약은 관할관청의 불허가 처분이 있어도 여전히 유동적 무효 상태이다.

③ 매도인이 통정한 허위의 매매를 추인한 경우, 다른 약정이 없으면 계약을 체결한 때로부터 유효로 되는 것은 아니다.

④ 이미 매도된 부동산에 관하여, 매도인의 채권자가 매도인의 배임행위에 적극 가담하여 설정된 저당권은 유효이다.

⑤ 토지거래허가구역 내의 토지거래계약이 확정적으로 무효가 된 경우, 그 계약이 무효로 되는데 책임 있는 사유가 있는 자가 무효를 주장하는 것은 신의칙에 반한다.

09 취소권은 (ㄱ)부터 10년 내에, (ㄴ)할 수 있는 날부터 3년 내에 행사하여야 한다. ( )에 들어갈 것은?

① ㄱ : 추인할 수 있는 날　　ㄴ : 취소

② ㄱ : 법률행위를 한 날　　ㄴ : 취소

③ ㄱ : 무효가 된 날　　ㄴ : 취소

④ ㄱ : 취소원인이 소멸한 날　　ㄴ : 추인

⑤ ㄱ : 법률행위를 한 날　　ㄴ : 추인

10 법률행위의 조건과 기한에 관한 설명으로 <u>틀린</u> 것은?

① 정지조건 있는 법률행위는 조건이 성취한 때로부터 그 효력이 생긴다.

② 기한은 채무자의 이익을 위한 것으로 추정하며, 기한의 이익은 포기할 수 있다.

③ 기한의 도래가 미정한 권리의무는 일반규정에 의하여 처분하거나 담보로 할 수 있다.

④ 조건이 법률행위 당시 이미 성취한 것인 경우, 그 조건이 해제조건이면 조건 없는 법률행위가 된다.

⑤ 당사자가 조건성취의 효력을 그 성취 전에 소급하게 할 의사를 표시한 때에는 그 의사에 의한다.

11 부합에 관한 설명으로 <u>틀린</u> 것은? (다툼이 있으면 판례에 따름)

> ㄱ. 건물은 토지에 부합하지 않는다.
>
> ㄴ. 타인의 토지에서 경작·재배하는 농작물은 정당한 권원의 유무에도 불구하고 토지에 부합하지 않는다.
>
> ㄷ. 건물에 부합된 증축부분이 경매절차에서 경매목적물로 평가되지 않은 때에는 매수인은 그 소유권을 취득하지 못한다.
>
> ㄹ. 토지 임차인의 승낙만을 받아 임차 토지에 나무를 심은 사람은 다른 약정이 없으면 토지소유자에 대하여 그 나무의 소유권을 주장할 수 있다.

① ㄱ, ㄴ   ② ㄱ, ㄷ

③ ㄴ, ㄷ   ④ ㄷ, ㄹ

⑤ ㄴ, ㄹ

12 법정지상권에 관한 설명으로 <u>틀린</u> 것은? (다툼이 있으면 판례에 따름)

① 저당목적물인 토지에 대하여 법정지상권을 배제하는 저당권설정 당사자 사이의 약정은 효력이 있다.

② 법정지상권자가 지상건물을 제3자에게 양도한 경우, 제3자는 그 건물과 함께 법정지상권을 등기하여야 취득한다.

③ 법정지상권이 있는 건물을 양수한 사람은 지상권등기를 하지 않았다 하더라도 양도인의 지상권갱신청구권을 대위행사할 수 있다.

④ 토지 또는 그 지상건물이 경매된 경우, 압류의 효력이 발생하는 때를 기준으로 하여 토지와 건물의 동일인 소유 여부를 판단한다.

⑤ 건물을 위한 법정지상권이 성립한 경우, 그 건물에 대한 저당권이 실행되면 경락인은 등기 없이도 법정지상권을 취득한다.

13 등기에 관한 설명으로 옳은 것은? (다툼이 있으면 판례에 따름)

① 중간생략등기의 합의는 적법한 등기원인이 될 수 있다.

② 종전건물의 등기를 신축건물의 등기로 유용할 수 있다.

③ 전세권 존속기간이 시작되기 전에 마친 전세권설정등기도 특별한 사정이 없는 한 유효한 것으로 추정된다.

④ 미등기 건물의 양수인이 그 건물을 신축한 양도인의 동의를 얻어 직접 자기명의로 보존등기를 한 경우, 그 등기는 무효하다.

⑤ 중간생략등기를 합의한 최초매도인은 그와 거래한 매수인의 대금미지급을 들어 최종매수인 명의로의 소유권이전등기의무의 이행을 거절할 수 없다.

14 물권적 청구권에 관한 설명으로 <u>틀린</u> 것은? (다툼이 있으면 판례에 따름)

① 소유자는 물권적 청구권에 의하여 방해제거비용 또는 방해예방비용을 청구할 수 있다.

② 불법원인으로 물건을 급여한 사람은 원칙적으로 소유권에 기하여 반환청구를 할 수 없다.

③ 소유자는 소유물을 불법점유한 사람의 특별승계 인에 대하여 그 반환을 청구할 수 있다.

④ 소유권에 기한 방해제거청구권은 현재 계속되고 있는 방해 원인의 제거를 내용으로 하지만 방해 결과의 제거를 내용으로 하는 것은 아니다.

⑤ 소유권에 기한 물권적 청구권이 발생한 후라도 소유자가 소유권을 상실하면 물권적 청구권을 행사할 수 없다.

15 공동소유에 관한 설명으로 <u>틀린</u> 것은? (다툼이 있으면 판례에 따름)

① 공유물분할금지의 약정은 갱신할 수 없다.

② 합유자는 다른 합유자의 동의 없이 합유지분을 처분할 수 없다.

③ 비법인사단의 사원은 단독으로 총유물의 보존행 위를 할 수 없다.

④ 합유자의 1인이 사망하면 특별한 사정이 없는 한 그의 상속인이 그 지분을 포괄승계하는 것은 아니다.

⑤ 공유자의 1인이 그 지분에 저당권을 설정한 후 공유물이 분할된 경우, 다른 약정이 없으면 저당 권은 저당권설정자 앞으로 분할된 부분에 당연 히 집중되는 것은 아니다.

16 乙소유의 토지에 설정된 甲의 지상권에 관한 설명으로 옳은 것은? (다툼이 있으면 판례에 따름)

① 甲은 그가 乙의 토지에 신축한 X건물의 소유권 을 유보하여 지상권을 양도할 수 없다.

② 甲의 권리가 법정지상권일 경우, 지료에 관한 협 의나 법원의 지료 결정이 없더라도 乙은 지료 연 체를 주장할 수 있다.

③ 지료를 연체한 甲이 丙에게 지상권을 양도한 경 우, 乙은 지료 약정이 등기되지 않았더라도 연체 사실로 丙에게 대항할 수 있다.

④ 乙의 토지를 양수한 丁은 자신에 대한 연체기간 이 2년이 되지 않는다면 甲의 乙에 대한 지료 연 체액을 합산하여 2년의 지료가 연체되었더라도 지상권소멸을 청구할 수 없다.

⑤ 甲이 戊에게 지상권을 목적으로 하는 저당권을 설정한 경우, 지료 연체를 원인으로 하는 乙의 지상권소멸청구는 戊에게 통지한 후 즉시 효력 이 생긴다.

17 점유에 관한 설명으로 <u>틀린</u> 것은? (다툼이 있으면 판 례에 따름)

① 점유매개관계의 직접점유자는 자주점유자이다.

② 점유자는 소유의 의사로 선의, 평온 및 공연하게 점유한 것으로 추정한다.

③ 甲이 乙로부터 임차한 건물을 乙의 동의 없이 丙에게 전대한 경우, 甲은 간접점유자이다.

④ 甲이 乙과의 명의신탁약정에 따라 자신의 부동 산 소유권을 乙명의로 등기한 경우, 乙의 점유는 타주점유이다.

⑤ 실제 면적이 등기된 면적을 상당히 초과하는 토 지를 매수하여 인도받은 때에는 특별한 사정이 없으면 초과부분의 점유는 타주점유이다.

18 점유자와 회복자의 관계에 관한 설명으로 옳은 것은? (다툼이 있으면 판례에 따름)

① 점유물의 과실을 취득한 선의의 점유자도 통상의 필요비의 상환을 청구할 수 있다.

② 악의의 점유자가 책임 있는 사유로 점유물을 멸실한 때에는 그는 그 손해의 전부를 배상하여야 한다.

③ 악의의 점유자는 수취한 과실을 반환하여야 하며 소비하였거나 과실(過失) 없이 수취하지 못한 경우에 그 과실의 대가를 보상하여야 한다.

④ 필요비는 점유물의 가액 증가가 현존한 때에 한하여 상환을 청구할 수 있다.

⑤ 법원이 유익비의 상환을 위하여 상당한 기간을 허여한 경우에도 유치권은 성립할 수 있다.

19 법률에 다른 규정이 없으면 선량한 관리자의 주의의무를 부담하는 사람을 모두 고르면?

ㄱ. 임차인	ㄴ. 전세권자
ㄷ. 유치권자	ㄹ. 소유권자
ㅁ. 점유매개관계의 직접점유자	

① ㄱ, ㄴ   ② ㄷ, ㅁ

③ ㄱ, ㄴ, ㄷ   ④ ㄱ, ㄴ, ㄷ, ㅁ

⑤ ㄱ, ㄴ, ㄹ, ㅁ

20 지역권에 관한 설명으로 옳은 것을 모두 고르면? (다툼이 있으면 판례에 따름)

ㄱ. 지역권은 요역지와 분리하여 양도하거나 처분할 수 있다.

ㄴ. 공유자의 1인은 다른 공유자의 동의 없이 지역권을 설정할 수 있다.

ㄷ. 소유권에 기한 소유물반환청구권에 관한 규정은 지역권에 준용되지 않는다.

ㄹ. 통행지역권을 주장하는 사람은 스스로 통행으로 편익을 얻는 요역지가 있음을 주장·증명하여야 하는 것은 아니다.

ㅁ. 자기 소유의 토지에 도로를 개설하여 타인에게 영구적으로 사용하도록 약정하고 대금을 수령하는 것은 지역권설정에 관한 합의이다.

① ㄴ, ㄹ   ② ㄱ, ㄷ

③ ㄷ, ㅁ   ④ ㄱ, ㄷ, ㄹ

⑤ ㄴ, ㄷ, ㅁ

21 甲은 X건물에 관하여 생긴 채권을 가지고 있다. 乙의 경매신청에 따라 X건물에 압류의 효력이 발생하였고, 丙은 경매절차에서 X건물의 소유권을 취득하였다. 다음 중 옳은 것을 모두 고르면? (다툼이 있으면 판례에 따름)

ㄱ. X건물에 위 압류의 효력이 발생한 후에 甲이 X건물의 점유를 이전받은 경우, 甲은 丙에게 유치권을 행사할 수 있다.

ㄴ. X건물에 위 압류의 효력이 발생한 후에 甲의 피담보채권의 변제기가 도래한 경우, 甲은 丙에게 유치권을 행사할 수 있다.

ㄷ. X건물에 위 압류의 효력이 발생하기 전에 甲이 유치권을 취득하였지만, 乙의 저당권이 甲의 유치권보다 먼저 성립한 경우, 甲은 丙에게 유치권을 행사할 수 없다.

ㄹ. X건물에 위 압류의 효력이 발생하기 전에 甲이 유치권을 취득하였지만, 乙의 가압류등기가 甲의 유치권보다 먼저 마쳐진 경우, 甲은 丙에게 유치권을 행사할 수 없다.

① 없다.   ② ㄴ

③ ㄷ, ㄹ   ④ ㄱ, ㄴ, ㄹ

⑤ ㄱ, ㄷ, ㄹ

22 저당권의 피담보채권의 범위에 속하는 것을 모두 고르면?

> ㄱ. 원본
> ㄴ. 위약금
> ㄷ. 저당권의 실행비용
> ㄹ. 저당목적물의 하자로 인한 손해배상금
> ㅁ. 원본의 이행 기일을 경과한 후의 1년분의 지연배상금

① ㄱ, ㄴ
② ㄱ, ㄴ, ㄷ
③ ㄱ, ㄹ, ㅁ
④ ㄱ, ㄴ, ㄷ, ㅁ
⑤ ㄱ, ㄴ, ㄹ, ㅁ

23 甲은 乙에게 1억 원을 대출해 주고, 乙소유의 X토지와 Y토지에 관하여 채권최고액 1억 3,000만 원으로 하는 1순위 공동근저당권을 취득하였다. 그 후 甲은 丙이 신청한 X토지의 경매절차에서 8,000만 원을 우선 변제 받았다. 이후 丁이 신청한 경매절차에서 Y토지가 2억 원에 매각되었고, 甲의 채권은 원리금과 지연이자 등을 포함하여 경매신청 당시는 6,000만 원, 매각대금 완납 시는 6,500만 원이다. 甲이 Y토지의 매각대금에서 우선 배당받을 수 있는 금액은? (다툼이 있으면 판례에 따름)

① 3,000만 원
② 4,000만 원
③ 5000만 원
④ 6,000만 원
⑤ 6,500만 원

24 저당권에 관한 설명으로 **틀린** 것은? (다툼이 있으면 판례에 따름)

① 저당권은 그 담보한 채권과 분리하여 타인에게 양도할 수 없다.

② 저당물의 소유권을 취득한 제3자는 그 저당물의 경매에서 경매인이 될 수 있다.

③ 건물저당권의 효력은 특별한 사정이 없는 한 그 건물의 소유를 목적으로 한 지상권에 미치지 않는다.

④ 저당부동산에 대한 압류가 있는 경우, 압류 이전의 저당권 설정자의 저당부동산에 관한 차임채권에는 저당권의 효력이 미치지 않는다.

⑤ 저당부동산의 제3취득자는 부동산의 보존·개량을 위해 지출한 비용을 그 부동산의 경매대가에서 우선 변제받을 수 있다.

25 민법상 계약 성립에 관한 설명으로 옳은 것은? (다툼이 있으면 판례에 따름)

① 청약은 불특정 다수인을 상대로 할 수 없다.

② 청약은 특별한 사정이 없는 한 철회할 수 있다.

③ 격지자 간의 계약은 다른 의사표시가 없으면 승낙의 통지가 도달한 때에 성립한다.

④ 청약자가 청약의 의사표시를 발송한 후 제한능력자가 되면 청약의 효력은 상실된다.

⑤ 청약자가 청약에 "일정기간 내에 이의를 제기하지 않으면 승낙한 것으로 본다."는 뜻을 표시한 경우, 이의 없이 그 기간이 지나도 그 계약은 성립하지 않는다.

26 제3자를 위한 계약에 관한 설명으로 옳은 것은? (다툼이 있으면 판례에 따름)

① 제3자가 하는 수익의 의사표시의 상대방은 요약자이다.

② 낙약자는 기본관계에 기한 항변으로 제3자에게 대항할 수 있다.

③ 낙약자의 채무불이행이 있으면, 요약자는 수익자의 동의 없이 계약을 해제할 수 없다.

④ 수익자는 계약의 해제를 원인으로 한 원상회복청구권이 있다.

⑤ 수익자는 요약자의 제한행위능력을 이유로 계약을 취소할 수 있다.

27 甲은 자신의 X부동산에 관하여 매매대금 3억 원, 계약금 3천만 원으로 하는 계약을 乙과 체결하였다. 다음 설명 중 옳은 것은? (다툼이 있으면 판례에 따름)

① 乙이 계약금의 전부를 지급하지 않더라도, 계약금 계약은 성립할 수 있다.

② 乙이 계약금을 지급하였다면 정당한 사유 없이 잔금 지급을 지체한 때에는 甲은 손해배상을 청구할 수 없다.

③ 甲과 乙 사이의 매매계약이 무효이거나 취소되면 계약금 계약의 효력은 소멸한다.

④ 乙이 甲에게 지급한 계약금 3천만 원은 증약금으로서의 성질이 없다.

⑤ 乙이 계약금과 중도금을 지급한 경우, 특별한 사정이 없는 한 甲은 계약금의 배액을 상환하여 계약을 해제할 수 있다.

28 임대인과 임차인 사이의 약정으로 유효한 것은? (단, 일시사용을 위한 임대차가 아님을 전제로 함)

ㄱ. 임대인의 동의 없이 임차권을 양도할 수 있도록 하는 약정

ㄴ. 비용상환청구권을 배제하기로 하는 약정

ㄷ. 건물 소유를 목적으로 하는 토지임대차에서 임차인의 건물매수청구권을 배제하는 약정

ㄹ. 건물임대인으로부터 매수한 부속물에 대한 임차인의 매수청구권을 배제하는 약정

① ㄱ, ㄴ   ② ㄴ, ㄷ

③ ㄱ, ㄹ   ④ ㄷ, ㄹ

⑤ ㄴ, ㄹ

29 동시이행의 관계에 있는 것을 모두 고르면? (다툼이 있으면 판례에 따름)

ㄱ. 계약해제로 인한 당사자 쌍방의 원상회복의무

ㄴ. 구분소유적 공유관계를 해소하기 위한 공유지분권자 상호 간의 지분이전등기의무

ㄷ. 전세권이 소멸한 때에 전세권자의 목적물인도 및 전세권설정등기말소의무와 전세권설정자의 전세금반환의무

ㄹ. 근저당권 실행을 위한 경매가 무효인 경우, 낙찰자의 채무자에 대한 소유권이전등기 말소의무와 근저당권자의 낙찰자에 대한 배당금 반환의무

ㅁ. 가등기담보에 있어 채권자의 청산금 지급의무와 채무자의 목적부동산에 대한 본등기 및 인도의무

① ㄴ, ㄷ   ② ㄷ, ㄹ

③ ㄱ, ㄴ, ㄷ   ④ ㄱ, ㄴ, ㄷ, ㅁ

⑤ ㄱ, ㄴ, ㄷ, ㄹ, ㅁ

30 계약해제에 관한 설명으로 옳은 것은? (다툼이 있으면 판례에 따름)

① 매도인의 책임 있는 사유로 이행불능이 되면 매수인은 최고를 한 후에만 계약을 해제할 수 있다.

② 계약이 합의해제된 경우, 다른 사정이 없으면 채무불이행으로 인한 손해배상을 청구할 수 있다.

③ 매도인이 매매계약을 적법하게 해제한 후, 매수인은 계약해제의 효과로 발생하는 불이익을 면하기 위하여 착오를 원인으로 그 계약을 취소할 수 없다.

④ 계약상대방이 수인인 경우, 특별한 사정이 없는 한 그 중 1인에 대하여 한 계약의 해제도 효력이 있다.

⑤ 매도인은 다른 약정이 없으면 합의해제로 인하여 반환할 금전에 그 받은 날로부터 이자를 가산하여야 할 의무가 없다.

31 乙명의로 소유권이전등기청구권 보전의 가등기가 마쳐진 甲소유의 X건물에 대하여 丙이 경매를 신청하였다. 그 경매절차에서 매각대금을 완납한 丁명의로 X건물의 소유권이전등기가 마쳐졌고, 매각대금이 丙에게 배당되었다. 다음 설명 중 옳은 것은? (다툼이 있으면 판례에 따름)

> ㄱ. X건물 자체에 하자가 있는 경우, 丁은 甲에게 하자담보 책임을 물을 수 있다.
> ㄴ. 경매절차가 무효인 경우, 丁은 甲에게 손해배상을 청구할 수 있다.
> ㄷ. 경매절차가 무효인 경우, 丁은 丙에게 부당이득반환을 청구할 수 있다.
> ㄹ. 丁이 소유권을 취득한 후 乙이 가등기에 기한 본등기를 마친 경우, 丁은 X건물에 관한 계약을 해제할 수 있다.

① ㄱ, ㄷ ② ㄱ, ㄴ
③ ㄴ, ㄷ ④ ㄴ, ㄹ
⑤ ㄷ, ㄹ

32 임차인의 부속물매수청구권에 관한 설명으로 옳은 것은? (다툼이 있으면 판례에 따름)

① 임차인의 지위와 분리하여 부속물매수청구권만을 양도할 수 있다.

② 임차목적물의 구성부분은 부속물매수청구권의 객체가 될 수 있다.

③ 임대차계약이 임차인의 채무불이행으로 해지된 경우, 부속물매수청구권은 인정된다.

④ 임차인이 임대인의 동의를 얻어 부속한 것이 아니거나 임대인으로부터 매수한 것이 아니더라도 부속물매수청구권이 인정된다.

⑤ 건물임차인이 자신의 비용을 들여 증축한 부분을 임대인 소유로 하기로 한 약정이 유효한 때에는 임차인의 유익비상환청구가 허용되지 않는다.

33 甲소유의 X토지를 건물 소유의 목적으로 임차한 乙은 甲의 동의 없이 이를 丙에게 전대하였다. 다음 설명 중 옳은 것은? (다툼이 있으면 판례에 따름)

① 乙과 丙 사이의 전대차계약은 무효이다.

② 甲은 임대차계약이 종료되지 않으면 X토지의 불법점유를 이유로 丙에게 차임상당의 부당이득반환을 청구할 수 있다.

③ 甲은 임대차계약이 존속하는 동안에는 X토지의 불법점유를 이유로 丙에게 차임상당의 손해배상을 청구할 수 있다.

④ 만약 乙이 X토지에 신축한 건물의 보존등기를 마친 후 丁이 X토지의 소유권을 취득하였다면, 乙은 丁에게 건물매수청구권을 행사할 수 있다.

⑤ 만약 乙이 X토지에 신축한 건물의 소유권을 임대차 종료 전에 戊에게 이전하였다면, 乙의 건물매수청구권은 인정된다.

34 甲은 자신의 토지를 乙에게 팔고 중도금까지 수령하였으나, 그 토지가 공용(재결)수용되는 바람에 乙에게 소유권을 이전할 수 없게 되었다. 다음 설명 중 **틀린** 것은? (다툼이 있으면 판례에 따름)

① 乙은 매매계약을 해제하고 손해배상을 청구할 수 없다.

② 乙은 甲의 수용보상금청구권의 양도를 청구할 수 없다.

③ 乙은 이미 지급한 중도금을 부당이득으로 반환 청구할 수 있다.

④ 乙은 계약체결상의 과실을 이유로 신뢰이익의 배상을 청구할 수 없다.

⑤ 乙이 매매대금 전부를 지급하여도 甲의 수용보상금청구권 자체가 乙에게 귀속되는 것은 아니다.

35 부동산경매절차에서 丙소유의 X건물을 취득하려는 甲은 친구 乙과 명의신탁약정을 맺고 2018. 5. 乙명의로 매각허가결정을 받아 자신의 비용으로 매각대금을 완납하였다. 그 후 乙명의로 X건물의 소유권이전등기가 마쳐졌다. 다음 설명 중 **틀린** 것은? (다툼이 있으면 판례에 따름)

① 甲은 乙에 대하여 X건물에 관한 소유권이전등기말소를 청구할 수 없다.

② 甲은 乙에 대하여 부당이득으로 X건물의 소유권 반환을 청구할 수 없다.

③ 丙이 甲과 乙사이의 명의신탁약정이 있다는 사실을 알았다면 乙은 X건물의 소유권을 취득하지 못한다.

④ X건물을 점유하는 甲은 乙로부터 매각대금을 반환받을 때까지 X건물을 유치할 권리가 없다.

⑤ X건물을 점유하는 甲이 丁에게 X건물을 매도하는 계약을 체결한 경우, 그 계약은 유효하다.

36 乙은 甲으로부터 1억 원을 빌리면서 자신의 X토지(시가 3억 원)를 양도담보로 제공하고 甲명의로 소유권이전등기를 마쳤다. 그 후 丙은 X토지를 사용·수익하던 乙과 임대차계약을 맺고 그 토지를 인도받아 사용하고 있다. 다음 설명 중 옳은 것은? (다툼이 있으면 판례에 따름)

① 甲은 피담보채권의 변제기 전에는 丙에게 임료 상당을 부당이득으로 반환 청구할 수 없다.

② 甲은 특별한 사정이 없는 한 담보권실행을 위하여 丙에게 X토지의 인도를 청구할 수 없다.

③ 乙이 피담보채무의 이행지체에 빠졌을 경우, 甲은 丙에게 소유권에 기하여 X토지의 인도를 청구할 수 있다.

④ 甲이 乙에게 청산금을 지급함으로써 소유권을 취득하여도 甲의 양도담보권은 소멸하지 않는다.

⑤ 만약 甲이 선의의 丁에게 X토지를 매도하고 소유권이전등기를 마친 경우, 乙은 丁에게 소유권이전등기의 말소를 청구할 수 있다.

37 집합건물의 소유 및 관리에 관한 법률에 관한 설명으로 옳은 것은?

① 관리인의 대표권 제한은 선의의 제3자에게 대항할 수 있다.

② 구조상의 공용부분에 관한 물권의 득실변경은 등기를 요하지 않는다.

③ 관리인은 매년 회계연도 종료 후 1개월 이내에 정기 관리단집회를 소집하여야 한다.

④ 일부의 구분소유자만이 공용하도록 제공되는 것임이 명백한 공용부분도 구분소유자 전원의 공유에 속한다.

⑤ 공유자가 공용부분에 관하여 다른 공유자에 대하여 가지는 채권은 그 특별승계인에 대하여는 행사할 수 없다.

38 乙은 甲소유의 X주택에 대하여 보증금 3억 원으로 하는 임대차계약을 甲과 체결한 다음 즉시 대항요건을 갖추고 확정일자를 받아 현재 거주하고 있다. 다음 설명 중 **틀린** 것은?

① 묵시적 갱신으로 인한 임대차계약의 존속기간은 3년이다.

② 임대차 기간을 1년으로 약정한 경우, 乙은 그 기간이 유효함을 주장할 수 있다.

③ 임대차계약이 묵시적으로 갱신된 경우, 乙은 언제든지 甲에게 계약해지를 통지할 수 있다.

④ 乙은 임대차가 끝나기 전에는 X주택의 소재지를 관할하는 법원에 임차권등기명령을 신청할 수 없다.

⑤ 임대차 기간이 만료하기 전에 甲이 丙에게 X주택을 매도하고 소유권이전등기를 마친 경우, 乙은 丙에게 임차권을 주장할 수 있다.

39 상가임대인이 그의 임차인이 주선한 신규임차인으로 되려는 자와 임대차계약의 체결을 거절할 수 있는 경우를 모두 고른 것은?

> ㄱ. 임대차목적물인 상가건물을 1년 6개월 동안 영리 목적으로 사용하지 아니한 경우
>
> ㄴ. 임차인이 주선한 신규임차인이 되려는 자가 보증금을 지급할 자력이 없는 경우
>
> ㄷ. 임대인이 선택한 신규임차인이 임차인과 권리금 계약을 체결하고 그 권리금을 지급한 경우
>
> ㄹ. 임차인이 주선한 신규임차인이 되려는 자가 임차인으로서의 의무를 위반할 우려가 있는 경우

① ㄱ, ㄴ   ② ㄱ, ㄷ

③ ㄴ, ㄹ   ④ ㄱ, ㄷ, ㄹ

⑤ ㄱ, ㄴ, ㄷ, ㄹ

40 甲은 자신의 X토지 중 일부를 특정(Y부분)하여 乙에게 매도하면서 토지를 분할하는 등의 절차를 피하기 위하여 편의상 乙에게 Y부분의 면적 비율에 상응하는 공유지분등기를 마쳤다. 다음 설명 중 **틀린** 것은? (다툼이 있으면 판례에 따름)

① 乙은 甲에 대하여 공유물분할을 청구할 수 있다.

② 乙은 甲의 동의 없이 Y부분을 제3자에게 처분할 수 있다.

③ 乙이 Y부분을 점유하는 것은 권원의 성질상 자주점유이다.

④ 乙이 Y부분이 아닌 甲소유의 부분에 건물을 신축한 경우에 법정지상권이 성립할 수 없다.

⑤ 乙은 Y부분을 불법 점유하는 丙에 대하여 공유물의 보존행위로 그 배제를 구할 수 있다.

16 지상권

제287조(지상권소멸청구권) 지상권자가 2년 이상의 지료를 지급하지 아니한 때에는 지상권설정자는 지상권의 소멸을 청구할 수 있다.

21 유치권

채권 → 채무자에게 행사
유치권 → 누구에게나 행사

35 명의신탁

공인중개사 1차
국가자격시험

교시	문제형별	시험과목	회차
2교시	A	② 민법 및 민사특별법	제9회

01 다음 중 소급효가 인정되지 않는 것은?

① 기한도래의 효과

② 계약의 해제

③ 제한능력자의 법률행위를 취소한 경우

④ 무권대리행위를 본인이 추인한 경우

⑤ 점유취득시효에 의한 소유권취득의 효력

02 甲은 자신의 X토지를 乙에게 매도하고 중도금을 수령한 후, 다시 丙에게 매도하고 소유권이전등기까지 경료해 주었다. 다음 설명 중 **틀린** 것을 고른 것은? (다툼이 있으면 판례에 따름)

> ㄱ. 특별한 사정이 없는 한 丙은 X토지의 소유권을 취득하지 못한다.
> ㄴ. 甲과 丙의 계약이 사회질서 위반으로 무효인 경우, 乙은 丙을 상대로 직접 등기의 말소를 청구할 수 있다.
> ㄷ. 甲과 丙의 계약이 사회질서 위반으로 무효인 경우, 丙으로부터 X토지를 전득한 선의의 丁은 그 소유권을 취득한다.
> ㄹ. 만약 丙의 대리인이 丙을 대리하여 X토지를 매수하면서 甲의 배임행위에 적극 가담한 경우, 그러한 사정을 모르는 丙은 그 소유권을 취득하지 못한다.

① ㄱ, ㄴ   ② ㄴ, ㄷ

③ ㄷ, ㄹ   ④ ㄴ, ㄹ

⑤ ㄱ, ㄷ

03 진의 아닌 의사표시에 관한 설명으로 **틀린** 것은? (다툼이 있으면 판례에 의함)

① 진의 아닌 의사표시에서 진의는 표의자가 진정으로 마음속에서 바라는 사항을 말한다.

② 사인의 공법행위에는 진의 아닌 의사표시의 무효에 관한 규정이 적용되지 않는다.

③ 표의자가 의사표시의 내용을 진정으로 바라지는 않았더라도, 당시 상황에서는 그것을 최선이라고 판단하여 의사표시를 하였다면, 진의 아닌 의사표시라고 할 수 없다.

④ 대리인이 오직 자기의 이익을 취득할 목적으로 대리권을 남용한 경우, 비진의표시에 관한 규정이 유추 적용될 수 있다.

⑤ 진의 아닌 의사표시로서 무효가 되는 경우에 그 무효는 선의의 제3자에게 대항하지 못한다.

04 甲은 자기소유 아파트에 대해 채권자 A의 강제집행을 면탈할 목적으로 乙과 통정하여 乙명의로 이전등기를 하였다. 그 후 乙은 이 사정을 모르는 丙에게 그 아파트를 매도하여 丙명의로 이전등기가 경료되었다. 다음 설명 중 **틀린** 것은? (다툼이 있으면 판례에 의함)

① 甲과 乙 사이의 매매계약은 무효이다.

② 甲은 丙에게 허위표시의 무효를 주장할 수 없다.

③ 丙이 과실로 가장매매 사실을 모른 경우에도 丙은 유효하게 소유권을 취득한다.

④ 甲은 乙에게 원인무효를 이유로 부당이득반환을 청구할 수 없다.

⑤ 만약 丙이 가장매매 사실을 알았다면 甲은 丙에게 등기말소를 청구할 수 있다.

05 착오에 관한 설명으로 **틀린** 것은? (다툼이 있으면 판례에 의함)

① 공장을 경영하는 자가 공장이 협소하여 새로운 공장을 설립할 목적으로 토지를 매수함에 있어 토지상에 공장을 건축할 수 있는지 여부를 관할 관청에 알아보지 않았다면 이는 중대한 과실에 해당한다.

② 표의자가 착오를 이유로 의사표시를 취소한 경우, 손해를 입은 상대방은 불법행위를 이유로 손해배상을 청구할 수 없다.

③ 부동산 시가에 관한 착오는 특별한 사정이 없는 한 법률행위 내용의 중요부분에 관한 착오에 해당하지 않는다.

④ 근저당권설정계약에 있어서 물상보증인의 채무자의 동일성에 관한 착오는 중요부분의 착오에 해당한다.

⑤ 동기의 착오가 법률행위 내용의 중요부분의 착오에 해당함을 이유로 표의자가 법률행위를 취소하려면 그 동기를 의사표시의 내용으로 삼기로 하는 합의가 있어야 한다.

06 표현대리에 관한 설명으로 **틀린** 것은? (다툼이 있으면 판례에 의함)

① 권한을 넘은 표현대리에서는 기본대리권의 내용이 되는 행위와 표현대리 행위가 반드시 같은 종류의 것이어야 한다.

② 권한을 넘은 표현대리인지를 판단할 때 정당한 이유의 유무는 대리행위시를 기준으로 한다.

③ 부부 간의 일상가사대리권을 기본대리권으로 하여 권한을 넘은 표현대리가 성립할 수 있다.

④ 복대리인의 대리권은 권한을 넘은 표현대리의 기본대리권이 될 수 있다.

⑤ 표현대리가 성립하여도 무권대리의 성질이 유권대리로 전환되는 것은 아니다.

07 대리에 관한 설명으로 **틀린** 것은? (다툼이 있으면 판례에 의함)

① 대리인이 본인을 위한 것임을 표시하지 아니한 때에는 그 의사표시는 자기를 위한 것으로 본다.

② 대리인이 수인인 때에는 원칙적으로 각자가 본인을 대리한다.

③ 대리인은 본인의 허락이 있으면 당사자 쌍방을 대리할 수 있다.

④ 대리인에 의한 법률행위에서 착오의 유무는 대리인을 표준으로 판단한다.

⑤ 수권행위의 철회는 임의대리권과 법정대리권의 공통된 소멸원인이다.

08 법률행위의 무효에 관한 설명으로 **틀린** 것은? (다툼이 있으면 판례에 따름)

① 매매계약이 매매대금의 과다로 인하여 불공정한 법률행위로서 무효인 경우, 무효행위의 전환에 관한 규정이 적용될 수 없다.

② 법률행위의 일부분이 무효인 경우에는 그 전부를 무효로 한다.

③ 무효행위의 추인은 명시적으로뿐만 아니라 묵시적으로도 할 수 있다.

④ 쌍무계약이 무효로 되어 각 당사자가 서로 취득한 것을 반환하여야 하는 경우에는 동시이행의 관계에 있다.

⑤ 무효인 가등기를 유효한 등기로 전용하기로 한 약정은 그 때부터 유효하고, 이로써 그 가등기가 소급하여 유효한 등기로 전환될 수 없다.

09 법률행위의 취소에 관한 설명으로 옳은 것은? (다툼이 있으면 판례에 의함)

① 강박에 의해 의사표시를 한 자의 특별승계인은 법률행위의 취소권자가 될 수 없다.

② 제한능력자가 법률행위를 취소한 경우에는 그 행위로 인한 이익이 현존하더라도 상환할 책임이 없다.

③ 매수인이 유발한 동기착오에 의해 체결된 토지매매계약이 이행 후 취소된 경우, 매수인의 소유권이전등기말소의무는 매도인의 매매대금반환의무보다 먼저 이행되어야 한다.

④ 취소권자의 상대방이 취소할 수 있는 행위로 취득한 권리의 일부를 양도하더라도 취소권자의 취소권은 소멸한다.

⑤ 표의자가 제3자의 사기로 의사표시를 한 경우, 상대방이 그 사실을 과실 없이 알지 못한 때에는 그 의사표시를 취소할 수 없다.

10 조건과 기한에 관한 설명으로 **틀린** 것은? (다툼이 있으면 판례에 의함)

① 조건이 불성취로 확정되면 그 법률행위는 무효이다.

② 조건을 붙이고자 하는 의사가 있더라도 그것이 표시되지 않으면 법률행위의 부관으로서의 조건이 되는 것은 아니다.

③ 조건성취가 미정인 권리는 일반규정에 의하여 처분할 수 있다.

④ 조건성취의 효력은 원칙적으로 법률행위가 성립한 때부터 발생한다.

⑤ 종기 있는 법률행위는 기한이 도래한 때부터 그 효력을 잃는다.

11 물권에 관한 설명으로 옳은 것으로 묶인 것은? (다툼이 있으면 판례에 따름)

ㄱ. 1필의 토지 일부에 저당권을 설정할 수 없다.
ㄴ. 온천에 관한 권리는 관습법상의 물권이다.
ㄷ. 전세권은 본권이다.
ㄹ. 미등기 무허가건물의 양수인은 소유권이전등기를 경료 하지 않아도 소유권에 준하는 관습법상의 물권을 취득한다.

① ㄴ, ㄷ   ② ㄱ, ㄷ
③ ㄴ, ㄹ   ④ ㄱ, ㄴ
⑤ ㄷ, ㄹ

12 甲소유의 토지 위에 乙이 건물을 무단으로 건축하였다. 다음 설명 중 **틀린** 것은? (다툼이 있으면 판례에 의함)

① 甲은 乙에게 건물의 철거와 그 토지의 반환을 청구할 수 있다.

② 甲으로부터 토지 소유권을 丙이 이전받은 경우라도 甲은 여전히 乙에게 건물의 철거를 청구할 수 있다.

③ 乙이 건물을 점유하는 경우 甲은 乙에게 그 건물로부터 퇴거를 청구할 수 없다.

④ 乙이 丁에게 건물을 임대한 경우, 甲은 丁에게 건물의 철거청구를 할 수 없다.

⑤ 乙이 戊에게 건물을 매도하고 인도하였으나 건물이 아직 미등기인 경우, 甲은 戊를 상대로 건물의 철거를 청구할 수 있다.

13 물권변동에 관한 설명으로 **틀린** 것은? (다툼이 있으면 판례에 따름)

① 법률행위를 원인으로 하여 소유권이전등기를 명하는 판결에 따른 소유권의 취득에는 등기를 요하지 않는다.

② 상속인은 피상속인의 사망 시 상속재산인 부동산에 대한 등기를 하지 않아도 소유권을 취득한다.

③ 등기부가 멸실된 경우, 회복기간 내에 멸실회복등기를 하지 않더라도 소유권을 상실하는 것은 아니다.

④ 민사집행법상 경매의 매수인은 등기를 하지 않아도 매각대금을 완납한 때에 소유권을 취득할 수 있다.

⑤ 기존 건물 멸실 후 건물이 신축된 경우, 기존 건물에 대한 등기는 신축건물에 대한 등기로서 효력이 없다.

14 甲소유의 토지에 乙명의로 소유권이전청구권 보전을 위한 가등기가 경료되어 있다. 다음 설명 중 옳은 것으로 묶인 것은? (다툼이 있으면 판례에 의함)

> ㄱ. 甲이 토지에 대한 소유권을 丙에게 이전한 뒤 乙이 본등기를 하려면 甲에게 등기청구권을 행사하여야 한다.
> ㄴ. 乙이 가등기에 기한 본등기를 하면 乙은 가등기를 경료한 때부터 토지에 대한 소유권을 취득한다.
> ㄷ. 가등기가 있다고 해서 乙이 甲에게 소유권이전등기를 청구할 법률관계의 존재가 추정되지는 않는다.
> ㄹ. 乙은 가등기된 소유권이전청구권을 가등기에 대한 부기등기의 방법으로 타인에게 양도할 수 없다.

① ㄴ, ㄹ   ② ㄱ, ㄴ
③ ㄱ, ㄷ   ④ ㄴ, ㄷ
⑤ ㄱ, ㄹ

15 점유자와 회복자의 법률관계에 관한 설명으로 **틀린** 것은? (다툼이 있으면 판례에 따름)

① 선의의 점유자는 점유물의 과실을 취득한다.

② 악의의 점유자도 목적물에 지출한 필요비의 상환을 청구할 수 있다.

③ 점유물이 점유자의 책임 있는 사유로 인하여 멸실 또는 훼손된 경우, 선의의 자주점유자는 그 이익이 현존하는 한도에서 배상하여야 한다.

④ 선의의 점유자가 본권에 관한 소에서 패소한 경우, 제소 후 판결확정 전에 취득한 과실은 반환할 의무가 없다.

⑤ 선의의 점유자가 얻은 사용이익도 과실(果實)에 준하여 취급된다.

16 혼동에 관한 설명으로 **틀린** 것은? (다툼이 있으면 판례에 의함)

① 甲소유의 토지에 지상권을 취득한 乙이 그 토지의 소유권을 취득하였다면, 乙의 지상권은 소멸한다.

② 甲의 토지 위에 乙이 지상권, 丙이 저당권을 가지고 있는 경우, 丙이 그 소유권을 취득하면 丙의 저당권은 소멸한다.

③ 甲소유의 건물에 乙의 대항력 있는 임차권이 성립한 후 丙이 그 건물에 저당권을 취득하였다면, 후일 乙이 甲으로부터 그 건물을 매수하여도 乙의 임차권은 소멸하지 않는다.

④ 乙이 甲소유의 토지를 점유한 상태에서 그 토지를 매수한 경우, 乙의 점유권은 혼동으로 소멸한다.

⑤ 근저당권자 甲이 근저당 목적물인 건물을 매수한 후 그 소유권 취득이 무효로 밝혀지면, 혼동으로 소멸하였던 근저당권은 부활한다.

17 甲소유 X토지에 대하여 乙이 점유취득시효를 완성하였으나 등기를 경료하지 않았다. 다음 설명으로 **틀린** 것은? (다툼이 있으면 판례에 따름)

> ㄱ. 甲이 丙에게 X토지를 매도하여 이전등기를 마치면, 乙은 甲에 대한 시효취득의 효력을 丙에게 주장할 수 없다.
>
> ㄴ. 乙이 점유를 상실하면 乙의 소유권이전등기청구권은 즉시 소멸한다.
>
> ㄷ. 乙의 X토지에 대한 취득시효의 주장에도 불구하고 甲이 악의로 丙에게 이를 매도한 경우, 乙은 甲에 대하여 손해배상을 청구할 수 있다.
>
> ㄹ. 만약 乙이 점유취득시효를 완성하기 전에 甲이 丙에게 X토지를 매도하여 이전등기를 마쳤다면, 乙은 丙에게 이전등기를 청구할 수 없다.

① ㄱ, ㄴ
② ㄴ, ㄷ
③ ㄱ, ㄷ
④ ㄱ, ㄹ
⑤ ㄴ, ㄹ

18 민법상 부동산의 공동소유에 관한 설명으로 **틀린** 것은? (다툼이 있으면 판례에 의함)

① 공유자는 자기지분을 원칙적으로 자유롭게 처분할 수 있다.

② 합유자는 전원의 동의 없이 합유물에 대한 지분을 처분하지 못한다.

③ 비법인사단인 교회의 재산에 대하여 각 교인은 지분권을 인정받을 수 있다.

④ 공유자 전원이 분할절차에 참가하지 않은 공유물분할은 효력이 없다.

⑤ 공유물의 관리에 관한 사항은 특약이 없는 한, 지분의 과반수로 결정한다.

19 법정지상권에 관한 설명 중 가장 **틀린** 것은? (다툼이 있으면 판례에 의함)

① 건물 소유를 위하여 법정지상권을 취득한 사람으로부터 경매에 의하여 그 건물의 소유권을 이전받은 매수인은 원칙적으로 지상권을 취득한다.

② 토지와 함께 공동근저당권이 설정된 건물이 그대로 존속함에도 사실과 달리 등기부에 멸실의 기재가 이루어지고 등기부가 폐쇄된 경우, 토지에 대하여만 경매절차가 진행되어 토지와 건물의 소유자가 다르게 되었다면 건물을 위한 법정지상권이 성립하지 않는다.

③ 관습상 법정지상권이 성립하기 위해서는 소유권이 변동될 당시에 동일인이 토지와 그 지상 건물을 소유하였던 것으로 족하다.

④ 법정지상권을 양도하기 위해서는 등기하여야 한다.

⑤ 근저당권 설정 당시 토지에 건물이 없었다면 근저당권자가 건물의 건축에 동의하였더라도 법정지상권이 성립하지 않는다.

20 지역권에 관한 설명으로 **틀린** 것은? (다툼이 있으면 판례에 의함)

① 공유자의 1인이 지역권을 취득한 때에는 다른 공유자도 이를 취득한다.

② 승역지의 점유가 침탈된 때에도 지역권자는 승역지의 반환을 청구할 수 없다.

③ 승역지는 1필의 토지이어야 하지만, 요역지는 1필의 토지 일부라도 무방하다.

④ 지역권에 저당권을 설정하는 계약은 무효이다.

⑤ 토지의 불법점유자는 통행지역권을 시효 취득할 수 없다.

21 전세권에 관한 설명으로 <u>틀린</u> 것은? (다툼이 있으면 판례에 의함)

① 전세권은 당사자의 합의에 의하여 무상으로 설정할 수 있다.

② 전세권이 성립한 후 전세목적물의 소유권이 이전되면, 전세금반환채무도 신소유자에게 이전된다.

③ 설정행위로 금지하지 않으면 전세권자는 전세권을 타인에게 양도할 수 있다.

④ 건물의 일부에 대한 전세권자는 건물 전체의 경매를 신청할 수 없다.

⑤ 전세권자가 그 목적물의 성질에 의하여 정하여진 용도에 따라 목적물을 사용·수익하지 않으면 전세권설정자는 전세권의 소멸을 청구할 수 있다.

22 유치권에 관한 설명으로 옳은 것은? (다툼이 있으면 판례에 의함)

① 채무자 소유의 건물 등 부동산에 경매개시결정의 기입등기가 경료되어 압류의 효력이 발생한 후에 채무자가 위 부동산에 관한 공사대금 채권자에게 그 점유를 이전함으로써 그로 하여금 유치권을 취득하게 한 경우 점유자로서는 위 유치권을 내세워 그 부동산에 관한 경매절차의 매수인에게 대항할 수 없다.

② 유치권자는 매수인에 대해서도 피담보채권의 변제를 청구할 수 있다.

③ 유치권자의 점유가 상실되면, 유치권에 기한 반환청구권이 인정된다.

④ 임대차종료 후 법원이 임차인의 유익비상환청구권에 유예기간을 인정한 경우에도, 임차인은 유익비상환청구권을 담보하기 위해 임차목적물을 유치할 수 있다.

⑤ 유치권자가 유치물인 주택에 거주하며 이를 사용하는 경우, 특별한 사정이 없는 한 채무자는 유치권소멸을 청구할 수 있다.

23 저당권에 관한 설명 중 옳은 것으로 묶인 것은? (다툼이 있으면 판례에 의함)

> ㄱ. 저당물의 소유권을 취득한 제3자라도 경매절차에서 매수인이 될 수 있다.
>
> ㄴ. 근저당부동산에 대하여 후순위 근저당권을 취득한 자는 민법 제364조에서 정한 권리를 행사할 수 있는 제3취득자에 해당한다.
>
> ㄷ. 나대지에 저당권이 설정된 후 설정자가 건물을 신축하여 소유하고 있는 경우, 저당권자는 일괄경매를 청구할 수 있다.
>
> ㄹ. 제3취득자는 채무자가 채권자에게 부담하는 채무 전부를 변제하여야만 저당권의 소멸을 청구할 수 있다.

① ㄱ, ㄷ   ② ㄴ, ㄹ

③ ㄱ, ㄴ   ④ ㄷ, ㄹ

⑤ ㄱ, ㄹ

24 저당권의 효력에 관한 설명으로 <u>틀린</u> 것은? (다툼이 있으면 판례에 의함)

① 저당권자에게는 저당물반환청구권이 인정되지 않는다.

② 건물에 저당권이 설정된 경우, 원칙적으로 그 건물에 부속된 창고에도 저당권의 효력이 미친다.

③ 저당권의 효력이 미치는 종물은 저당권 설정 전부터 존재하였던 것이어야 한다.

④ 건물에 대한 저당권의 효력은 원칙적으로 그 대지이용권인 지상권에도 미친다.

⑤ 피담보채권이 변제로 인하여 소멸하면 저당권도 소멸한다.

25 계약에 관한 설명으로 <u>틀린</u> 것은? (다툼이 있으면 판례에 의함)

① 청약의 의사표시는 구체적으로 하여야 한다.

② 당사자 사이에 동일한 내용의 청약이 서로 교차된 경우, 양 청약이 상대방에게 도달한 때에 계약은 성립한다.

③ 청약자의 의사표시나 관습에 의하여 승낙의 통지가 필요하지 않은 경우, 계약은 승낙의 의사표시로 인정되는 사실이 있는 때에 성립한다.

④ 청약자가 '일정한 기간 내에 회답이 없으면 승낙한 것으로 본다'고 표시한 경우, 특별한 사정이 없으면 상대방은 이에 구속된다.

⑤ 계약금 계약은 요물계약이다.

26 동시이행의 항변권에 관한 설명으로 옳은 것은? (다툼이 있으면 판례에 의함)

① 동시이행의 항변권을 배제하는 당사자 사이의 특약은 무효이다.

② 쌍무계약에서 선이행의무자가 선이행하여야 할 채무를 이행하지 않은 상태에서 상대방의 채무가 이행기에 도달한 경우, 선이행의무자는 동시이행의 항변을 행사할 수 없다.

③ 당사자 일방의 이행제공이 계속되지 않더라도 이미 과거에 유효한 이행의 제공이 있었던 경우, 상대방은 더 이상 동시이행의 항변권을 행사할 수 없다.

④ 동시이행관계에 있는 어느 일방의 채권이 양도되더라도 그 동일성이 인정되는 한 동시이행관계는 존속한다.

⑤ 임대인의 임대보증금의 반환의무와 주택임대차보호법 제3조의3 규정에 의한 임차권등기에 대한 임차인의 말소의무는 동시이행관계에 있다.

27 甲은 자신의 토지를 乙에게 매도하기로 하고, 매매대금을 자신의 채권자 丙에게 지급하도록 乙과 약정하였다. 다음 설명 중 <u>틀린</u> 것은? (다툼이 있으면 판례에 의함)

① 丙이 매매대금의 수령여부에 대한 의사를 표시하지 않는 경우, 乙은 상당한 기간을 정하여 丙에게 계약이익의 향수 여부에 대한 확답을 최고할 수 있다.

② 丙은 乙에게 수익의 의사표시를 하면 그에게 직접 매매대금의 지급을 청구할 수 있다.

③ 甲과 乙의 매매계약이 사기를 이유로 적법하게 취소된 경우, 선의의 丙의 급부청구권은 소멸하지 않는다.

④ 乙이 丙에게 매매대금을 지급하였는데 계약이 해제된 경우, 특별한 사정이 없는 한 乙은 丙에게 부당이득반환을 청구할 수 없다.

⑤ 甲이 소유권을 이전하지 않으면 乙은 특별한 사정이 없는 한 丙의 대금지급청구를 거절할 수 있다.

28 계약의 해제에 관한 설명으로 <u>틀린</u> 것은? (다툼이 있으면 판례에 의함)

① 해제의 의사표시가 상대방에게 도달하면 이를 철회하지 못한다.

② 해제 후 원상회복을 위해 금전을 반환할 자는 해제한 날로부터 이자를 가산하여야 한다.

③ 계약해제로부터 보호받는 제3자란 해제된 계약으로부터 생긴 법률적 효과를 기초로 해제 전에 새로운 이해관계를 가졌을 뿐만 아니라 등기·인도 등으로 완전한 권리를 취득한 자를 말한다.

④ 채무자의 책임 있는 사유로 이행불능이 된 경우, 채권자는 최고 없이 계약을 해제할 수 있다.

⑤ 계약이 합의해제된 경우, 특약이 없는 한 반환할 금전에 이자를 붙여 지급할 의무가 없다.

29 계약해제의 소급효로부터 보호될 수 있는 제3자에 해당하는 자를 모두 고르면? (다툼이 있으면 판례에 의함)

> ㄱ. 계약해제 전, 해제대상인 계약상의 채권 자체를 압류 또는 전부(轉付)한 채권자
>
> ㄴ. 해제대상 매매계약에 의하여 채무자명의로 이전 등기된 부동산을 가압류 집행한 가압류채권자
>
> ㄷ. 주택의 임대권한을 부여 받은 매수인으로부터 매매계약이 해제되기 전에 주택을 임차한 후, 대항요건을 갖춘 임차인
>
> ㄹ. 제3자를 위한 계약에서 수익자
>
> ㅁ. 부동산 매매계약의 해제 후 해제를 원인으로 하는 소유권이전등기의 말소등기가 있기 전에 해제사실을 모르고 저당권을 취득한 제3자

① ㄱ, ㄹ, ㅁ   ② ㄱ, ㄴ

③ ㄴ, ㅁ   ④ ㄴ, ㄷ, ㅁ

⑤ ㄱ, ㄴ, ㄹ

30 매매에 관한 설명 중 가장 **틀린** 것은? (다툼이 있는 경우 판례에 의함)

① 매매에 관한 규정은 매매 이외의 다른 유상계약에 준용될 수 있다.

② 매도인의 소유에 속하지 않은 부동산의 매매는 무효이다.

③ 민법은 해약금에 의한 해제의 경우에 손해배상청구권은 발생하지 않는다고 규정하고 있다.

④ 매매계약이 있은 후에도 인도하지 아니한 목적물로부터 생긴 과실은 매도인에게 속한다.

⑤ 부동산 매도인이 매매대금을 다 지급받지 않은 상태에서 매수인에게 소유권이전등기를 마쳐주었으나 부동산을 계속 점유하고 있더라도 매매대금채권을 피담보채권으로 유치권을 주장할 수 없다.

31 계약금에 관한 설명으로 가장 **틀린** 것은? (다툼이 있으면 판례에 의함)

① 매매계약의 성립 후에 교부된 계약금도 계약금으로서의 성질이 있다.

② 당사자가 계약금의 일부만을 먼저 지급하고 잔액은 나중에 지급하기로 약정하거나 계약금 전부를 나중에 지급하기로 약정한 경우, 교부자가 계약금의 잔금이나 전부를 약정대로 지급하지 않으면 상대방은 계약금 지급의무의 이행을 청구하거나 채무불이행을 이유로 계약금약정을 해제할 수 있다.

③ ②의 경우 교부자가 계약금의 잔금 또는 전부를 지급하지 아니하는 상태에서도 이미 계약금계약은 성립하였으므로 당사자가 임의로 주계약을 해제할 수 있다.

④ 매매계약금을 위약금으로 하기로 하는 특약이 없는 한, 채무불이행을 이유로 계약이 해제되더라도 실제 손해만을 배상받을 수 있다.

⑤ 계약금계약은 매매 기타 주된 계약의 종된 계약이다.

32 매도인의 담보책임에 관한 설명으로 옳은 것은? (다툼이 있으면 판례에 따름)

① 토지에 대한 법령상의 제한으로 건물신축이 불가능하다면 이는 권리의 하자에 해당한다.

② 저당권이 설정된 부동산의 매수인이 저당권의 행사로 그 소유권을 취득할 수 없는 경우, 악의의 매수인은 특별한 사정이 없는 한 계약을 해제하고 손해배상을 청구할 수 있다.

③ 타인의 권리를 매도한 자가 그 전부를 취득하여 매수인에게 이전할 수 없는 경우, 악의의 매수인은 계약을 해제할 수 없다.

④ 매매목적 부동산에 전세권이 설정된 경우, 악의의 매수인도 계약을 해제할 수 있다.

⑤ 권리의 일부가 타인에게 속한 경우, 선의의 매수인의 손해배상청구권은 계약일로부터 1년 내에 행사되어야 한다.

33 甲소유의 토지를 乙이 건물을 축조할 목적으로 임차하였다. 다음 설명 중 <u>틀린</u> 것은? (다툼이 있으면 판례에 의함)

① 乙이 토지임대차를 등기하지 않더라도 그 지상건물을 등기한 때에는 제3자에 대하여 토지임대차의 효력이 생긴다.

② 乙이 그 지상건물을 등기하기 전에 제3자가 그 토지에 관하여 소유권을 취득한 경우에는 乙이 그 지상건물을 등기하더라도 그 제3자에 대하여 임대차의 효력이 생기지 않는다.

③ 乙의 건물이 무허가 건물이라도 특별한 사정이 없는 한 乙은 지상물매수청구권을 행사할 수 있다.

④ 임대차 기간의 정함이 없는 경우 甲이 해지통고를 하면 乙은 지상물매수청구권을 행사할 수 없다.

⑤ 만약 甲에게 위 임대목적토지에 대한 소유권 기타 임대권한이 없더라도 임대차계약은 유효하게 성립할 수 있다.

34 건물임대인 甲의 동의를 얻어 임차인 乙이 丙과 전대차계약을 체결하고 그 건물을 인도해 주었다. 틀린 것으로 묶인 것은? (다툼이 있으면 판례에 따름)

> ㄱ. 甲과 乙의 합의로 임대차계약이 종료되어도 丙의 권리는 소멸하지 않는다.
> ㄴ. 丙은 직접 甲에 대하여 의무를 부담한다.
> ㄷ. 임대차와 전대차 기간이 모두 만료된 경우, 丙은 건물을 甲에게 직접 명도해도 乙에 대한 건물명도의무를 면하지 못한다.
> ㄹ. 乙의 차임연체액이 2기의 차임액에 달하여 甲이 임대차계약을 해지하는 경우, 甲은 丙에 대해 그 사유의 통지 없이도 해지로써 대항할 수 있다.

① ㄱ, ㄷ   ② ㄴ

③ ㄷ   ④ ㄴ, ㄹ

⑤ ㄱ, ㄹ

35 주택임대차보호법에 관한 내용 중 <u>틀린</u> 것은? (다툼이 있으면 판례에 의함)

① 주택 전부를 일시적으로 사용하기 위한 임대차인 것이 명백한 경우에는 주택임대차보호법이 적용되지 않는다.

② 주택임대인이 주택을 매도한 경우, 임차인은 그 매매대금으로부터 우선변제를 받을 수 있다.

③ 주택임대차보호법상 대항력을 갖춘 임차인의 보증금반환채권이 가압류된 상태에서 주택이 양도된 경우, 양수인은 채권가압류의 제3채무자 지위를 승계한다.

④ 대항력을 갖춘 임차권 있는 주택이 양도되어 양수인에게 임대인의 지위가 승계된 경우, 양도인의 임차보증금반환채무가 소멸된다.

⑤ 다세대주택의 임차인이 동·호수의 표시 없이 지번을 정확하게 기재하여 주민등록을 마쳤다면 대항력을 취득하지 못한다.

36 주택임대차보호법에 관한 다음 설명 중 <u>틀린</u> 것은? (다툼이 있으면 판례에 의함)

① 임대차기간이 종료된 경우라도 임차인이 보증금을 반환받지 못하였다면 임대차관계는 존속한다.

② 임차주택이 미등기인 경우에는 동법이 적용되지 않는다.

③ 임차인의 배우자나 자녀의 주민등록도 대항요건인 주민등록에 해당한다.

④ 임대차 성립 당시 임대인의 소유였던 대지가 타인에게 양도되어 임차주택과 대지의 소유자가 서로 달라지게 된 경우, 임차인은 대지의 환가대금에 대하여 우선변제권을 행사할 수 있다.

⑤ 기간을 정하지 아니한 경우에는 그 기간을 2년으로 본다.

37 상가건물임대차보호법에 관한 설명으로 **틀린** 것을 고르면?

> ㄱ. 권리금계약이란 신규임차인이 되려는 자가 임대인에게 권리금을 지급하기로 하는 계약을 말한다.
>
> ㄴ. 임차인의 차임연체액이 2기의 차임액에 달하는 때에는 임대인은 계약을 해지할 수 있다.
>
> ㄷ. 임차인이 권리금을 지급받는 것을 임대인이 방해하여 임차인에게 손해를 발생하게 한 때에는 임대인은 그 손해를 배상할 책임이 있다.
>
> ㄹ. ㄷ의 경우, 그 손해배상액은 신규임차인이 임차인에게 지급하기로 한 권리금과 임대차 종료 당시의 권리금 중 낮은 금액을 넘지 못한다.

① ㄴ, ㄷ 　　　　② ㄴ, ㄹ
③ ㄱ, ㄹ 　　　　④ ㄷ, ㄹ
⑤ ㄱ, ㄴ

38 집합건물의 소유 및 관리에 관한 법률에 대한 설명으로 **틀린** 것은? (다툼이 있으면 판례에 의함)

① 관리단은 구분소유관계가 성립하는 건물이 있는 경우, 특별한 조직행위가 없어도 당연히 구분소유자 전원을 구성원으로 하여 성립하는 단체이다.

② 주거용 집합건물을 철거하고 상가용 집합건물을 신축하기로 하는 재건축결의는 원칙적으로 허용된다.

③ 전유부분에 관하여 설정된 저당권의 효력은 특별한 사정이 없는 한 그 전유부분의 소유자가 사후에 취득한 대지사용권에는 미치지 않는다.

④ 공용부분 관리비에 대한 연체료는 전 구분소유자의 특별승계인에게 승계되는 공용부분 관리비에 포함되지 않는다.

⑤ 구분소유자는 규약으로 달리 정한 때에는 대지사용권을 전유부분과 분리하여 처분할 수 있다.

39 甲은 乙소유의 X토지를 매수하면서 자신과 명의신탁약정을 한 친구 丙 앞으로 소유권이전등기를 해 주기로 乙과 합의하였고, 그에 따라 X토지의 소유권이전등기가 丙명의로 마쳐졌다. 다음 설명 중 **틀린** 것은? (다툼이 있으면 판례에 의함)

① 丙명의의 소유권이전등기는 무효이다.

② 乙은 丙에게 진정명의회복을 원인으로 하는 소유권이전등기를 청구할 수 있다.

③ 甲은 乙을 대위하여 丙에게 소유권이전등기의 말소청구를 할 수 없다.

④ 乙은 甲에 대하여 소유권이전등기의무를 부담한다.

⑤ 丙으로부터 정당하게 X토지를 매수한 丁이 甲과 丙 사이의 명의신탁 약정사실을 알았더라도, 丁은 丙으로부터 X토지를 유효하게 취득할 수 있다.

40 가등기담보 등에 관한 법률에 관한 설명으로 **틀린** 것은? (다툼이 있으면 판례에 의함)

① 후순위권리자는 청산기간 내에 한하여 그 피담보채권의 변제기가 되기 전이라도 목적부동산의 경매를 청구할 수 있다.

② 공사대금채권을 담보하기 위한 가등기에는 이 법이 적용되지 않는다.

③ 청산절차를 거치지 않은 담보가등기에 기한 본등기는 원칙적으로 무효이다.

④ 목적부동산의 평가액이 채권액에 미달하여 청산금이 없다고 인정되는 때에는 채권자는 그 뜻을 채무자 등에게 통지하여야 한다.

⑤ 채권자가 나름대로 평가한 청산금의 액수가 객관적인 청산금의 평가액에 미치지 못한다면 담보권 실행의 통지로서의 효력이 없다.

12 물권적 청구권

철거청구의 상대방

39 3자간 등기명의신탁

乙매매　甲신탁자

공인중개사 1차
국가자격시험

교시	문제형별	시험과목	회차
2교시	B	② 민법 및 민사특별법	제10회

01 반사회질서의 법률행위에 관한 설명으로 옳은 것을 모두 고르면? (다툼이 있으면 판례에 따름)

> ㄱ. 반사회질서의 법률행위에 해당하는지 여부는 해당 법률행위의 효력이 발생하는 때를 기준으로 판단해야 한다.
>
> ㄴ. 반사회질서의 법률행위의 무효는 이를 주장할 이익이 있는 자는 누구든지 주장할 수 있다.
>
> ㄷ. 법률행위가 사회질서에 반한다는 판단은 부단히 변천하는 가치 관념을 반영한다.
>
> ㄹ. 다수의 보험계약을 통하여 보험금을 부정 취득할 목적으로 체결한 보험계약은 반사회질서의 법률행위에 해당하지 않는다.
>
> ㅁ. 대리인이 매도인의 배임행위에 적극 가담하여 이루어진 부동산의 이중매매는 본인인 매수인이 그러한 사정을 몰랐더라도 반사회질서의 법률행위가 된다.

① ㄱ, ㄴ　　　　　② ㄷ, ㄹ

③ ㄱ, ㄴ, ㄷ　　　④ ㄱ, ㄴ, ㅁ

⑤ ㄴ, ㄷ, ㅁ

02 통정허위표시에 관한 설명으로 옳은 것은? (다툼이 있으면 판례에 따름)

① 통정허위표시가 성립하기 위해서는 진의와 표시의 불일치에 관하여 상대방과 합의를 요하지 않는다.

② 통정허위표시로서 무효인 법률행위는 채권자취소권의 대상이 될 수 없다.

③ 당사자가 통정하여 증여를 매매로 가장한 경우, 증여는 유효이지만 매매는 무효이다.

④ 통정허위표시의 무효로 대항할 수 없는 제3자는 통정허위표시를 기초로 새로운 법률상 이해관계를 맺었을 뿐만 아니라 등기, 인도 등으로 완전한 권리를 갖춘 자를 의미한다.

⑤ 통정허위표시의 무효로 대항할 수 없는 제3자에 해당하는지의 여부를 판단할 때, 파산관재인은 파산채권자 중 1명이 악의라면 악의로 다루어진다.

03 조건과 기한에 관한 설명으로 틀린 것은? (다툼이 있으면 판례에 따름)

① 해제조건 있는 법률행위는 조건이 성취한 때로부터 그 효력을 상실한다.

② 기한이익 상실특약은 특별한 사정이 없는 한 형성권적 기한이익 상실특약으로 추정한다.

③ 조건이 법률행위 당시에 이미 성취할 수 없는 것인 경우, 그 조건이 정지조건이면 조건 없는 법률행위로 한다.

④ 불확정한 사실의 발생시기를 이행기한으로 정한 경우, 그 사실의 발생이 불가능하게 된 경우에도 이행기한이 도래한 것으로 볼 수는 있다.

⑤ 상계의 의사표시에는 시기(始期)를 붙일 수 없다.

04 甲은 乙과 체결한 매매계약에 대한 적법한 해제의 의사표시를 내용증명우편을 통하여 乙에게 발송하였다. 다음 설명 중 틀린 것은? (다툼이 있으면 판례에 따름)

① 甲이 의사표시를 발송한 후 사망하더라도 해제의 의사표시의 효력에 영향을 미치지 않는다.

② 乙이 甲의 해제의 의사표시를 실제로 알아야 해제의 효력이 발생하는 것은 아니다.

③ 甲은 내용증명우편이 乙에게 도달한 후에는 일방적으로 해제의 의사표시를 철회할 수 없다.

④ 甲의 내용증명우편이 반송되지 않았다면, 특별한 사정이 없는 한 그 무렵에 乙에게 송달되었다고 봄이 상당하다.

⑤ 甲의 내용증명우편이 乙에게 도달한 후 乙이 성년후견개시의 심판을 받은 경우, 甲의 해제의 의사표시는 효력을 잃는다.

05 甲은 자신의 X토지를 매도하기 위하여 乙에게 대리권을 수여하였다. 다음 설명 중 옳은 것은? (다툼이 있으면 판례에 따름)

① 乙이 한정후견개시의 심판을 받은 경우, 특별한 사정이 없는 한 乙의 대리권은 소멸한다.

② 乙이 甲의 허락에 의하여 甲을 대리하여 자신이 X토지를 매수하는 계약을 체결한 경우, 이러한 행위는 무권대리가 된다.

③ 甲은 특별한 사정이 없는 한 언제든지 乙에 대한 수권행위를 철회할 수 있다.

④ 甲의 수권행위는 명시적인 방법에 의하여야 한다.

⑤ 乙은 특별한 사정이 없는 한 대리행위를 통하여 체결된 X토지 매매계약에 따른 잔금을 수령할 권한이 없다.

06 복대리에 관한 설명으로 옳은 것은? (다툼이 있으면 판례에 따름)

① 복대리인은 대리인의 대리인이다.

② 임의대리인이 본인의 승낙을 얻어서 복대리인을 선임한 경우, 본인에 대하여 그 선임감독에 관한 책임이 없다.

③ 대리인이 복대리인을 선임한 후 사망한 경우, 특별한 사정이 없는 한 그 복대리권은 소멸하지 않는다.

④ 복대리인의 대리행위에 대하여는 원칙적으로 표현대리에 관한 규정이 적용될 수 없다.

⑤ 법정대리인은 부득이한 사유가 없더라도 복대리인을 선임할 수 있다.

07 대리권 없는 乙이 甲을 대리하여 甲의 토지에 대한 임대차계약을 丙과 체결하였다. 다음 설명 중 옳은 것은? (다툼이 있으면 판례에 따름)

① 위 임대차계약은 甲이 추인하지 아니하면, 특별한 사정이 없는 한 甲에 대하여 효력이 없다.

② 甲은 위 임대차계약을 묵시적으로 추인할 수 없다.

③ 丙이 계약 당시에 乙에게 대리권 없음을 알았던 경우에는 丙의 甲에 대한 최고권이 인정되지 않는다.

④ 甲이 임대기간을 단축하여 위 임대차계약을 추인한 경우, 丙의 동의가 없더라도 그 추인은 효력이 있다.

⑤ 甲이 추인하면, 특별한 사정이 없는 한 위 임대차계약은 추인한 때부터 효력이 생긴다.

08 임의대리에 관한 설명으로 옳은 것을 모두 고른 것은? (다툼이 있으면 판례에 따름)

> ㄱ. 대리인이 여러 명일 때에는 공동대리가 원칙이다.
> ㄴ. 권한을 정하지 아니한 대리인은 보존행위만을 할 수 있다.
> ㄷ. 유권대리에 관한 주장 속에는 표현대리의 주장이 포함되어 있다.

① 없다.　　　　　　　② ㄴ

③ ㄱ, ㄷ　　　　　　　④ ㄴ, ㄷ

⑤ ㄱ, ㄴ, ㄷ

09 법정추인이 인정되는 경우가 <u>아닌</u> 것을 모두 고르면? (단, 취소권자는 추인할 수 있는 상태이며, 행위자가 취소할 수 있는 법률행위에 관하여 이의보류 없이 한 행위임을 전제함)

> ㄱ. 취소권자가 상대방에게 채무를 이행한 경우
> ㄴ. 취소권자가 상대방에게 담보를 제공한 경우
> ㄷ. 상대방이 취소권자에게 이행을 청구한 경우
> ㄹ. 취소할 수 있는 행위로 취득한 권리를 상대방이 타인에게 양도한 경우
> ㅁ. 취소권자가 상대방과 경개계약을 체결한 경우

① ㄴ, ㄷ   ② ㄹ, ㅁ
③ ㄷ, ㄹ   ④ ㄱ, ㄴ
⑤ ㄴ, ㄷ, ㄹ

10 甲은 토지거래허가구역 내에 있는 그 소유 X토지에 관하여 乙과 매매계약을 체결하였다. 비록 이 계약이 토지거래허가를 받지는 않았으나 확정적으로 무효가 아닌 경우, 다음 설명 중 옳은 것은? (다툼이 있으면 판례에 따름)

① 甲은 토지거래허가의 협력절차에 협력할 의무가 없다.

② 乙이 계약내용에 따른 채무를 이행하지 않더라도 甲은 이를 이유로 위 계약을 해제할 수 없다.

③ 甲은 乙의 매매대금 이행제공이 없음을 이유로 토지거래허가 신청에 대한 협력의무의 이행을 거절할 수 있다.

④ 토지거래허가구역 지정기간이 만료되었으나 재지정이 없는 경우, 위 계약은 확정적으로 무효로 된다.

⑤ 乙이 丙에게 X토지를 전매하고 丙이 자신과 甲을 매매당사자로 하는 허가를 받아 甲으로부터 곧바로 등기를 이전받았다면 그 등기는 유효하다.

11 물권적 청구권에 관한 설명으로 옳은 것은? (다툼이 있으면 판례에 따름)

① 소유권에 기한 물권적 청구권은 원칙적으로 소멸시효에 걸린다.

② 상대방의 귀책사유는 물권적 청구권의 행사요건이다.

③ 물권적 방해배제청구권의 요건으로 요구되는 방해는 개념상 손해와 구별된다.

④ 임차인은 임차목적물에 관한 임대인의 소유권에 기한 물권적 청구권을 대위행사할 수 없다.

⑤ 유치권자는 점유권에 기한 물권적 청구권을 행사할 수 없다.

12 부동산 물권변동에 관한 설명으로 옳은 것은? (다툼이 있으면 판례에 따름)

① 부동산 물권변동 후 그 등기가 원인 없이 말소되면 그 물권변동의 효력에 영향을 미친다.

② 등기를 요하지 않은 물권취득의 원인인 판결이란 이행판결을 의미한다.

③ 소유권이전등기청구권의 보전을 위한 가등기에 기하여 본등기가 행해지면 물권변동의 효력은 가등기를 한 때 발생한다.

④ 매수한 토지를 인도받아 점유하고 있는 미등기 매수인으로부터 그 토지를 다시 매수한 자는 특별한 사정이 없는 한 최초 매도인에 대하여 직접 자신에게로의 소유권이전등기를 청구할 수 없다.

⑤ 강제경매로 인해 성립한 관습상 법정지상권을 법률행위에 의해 양도하기 위해서는 등기가 필요하지 않다.

13 등기의 추정력에 관한 설명으로 <u>틀린</u> 것을 모두 고른 것은? (다툼이 있으면 판례에 따름)

> ㄱ. 사망자 명의로 신청하여 이루어진 이전등기에는 특별한 사정이 없는 한 추정력이 인정되지 않는다.
> ㄴ. 대리에 의한 매매계약을 원인으로 소유권이전등기가 이루어진 경우, 대리권의 존재는 추정되지 않는다.
> ㄷ. 근저당권등기가 행해지면 피담보채권뿐만 아니라 그 피담보채권을 성립시키는 기본계약의 존재도 추정된다.
> ㄹ. 건물 소유권보존등기 명의자가 전(前)소유자로부터 그 건물을 양수하였다고 주장하는 경우, 전(前)소유자가 양도사실을 부인하면 그 보존등기의 추정력은 깨어진다.

① ㄱ
② ㄷ
③ ㄴ, ㄷ
④ ㄴ, ㄷ, ㄹ
⑤ ㄱ, ㄴ, ㄷ

14 간접점유에 관한 설명으로 옳은 것은? (다툼이 있으면 판례에 따름)

① 주택임대차보호법상의 대항요건인 인도(引渡)는 임차인이 주택의 간접점유를 취득하는 경우에는 인정될 수 없다.
② 점유취득시효의 기초인 점유에는 간접점유는 포함되지 않는다.
③ 직접점유자가 그 점유를 임의로 양도한 경우, 그 점유 이전이 간접점유자의 의사에 반한다면 간접점유가 침탈된 것이다.
④ 간접점유자에게도 점유보호청구권이 인정된다.
⑤ 점유매개관계를 발생시키는 법률행위가 무효라면 간접점유는 인정될 수 없다.

15 점유취득시효에 관한 설명으로 <u>틀린</u> 것은? (다툼이 있으면 판례에 따름)

① 부동산에 대한 악의의 무단점유가 입증되면 자주점유의 추정력이 깨어진다.
② 집합건물의 공용부분은 별도로 취득시효의 대상이 되지 않는다.
③ 1필의 토지 일부에 대한 점유취득시효도 인정될 수 있다.
④ 아직 등기하지 않은 시효완성자는 그 완성 전에 이미 설정되어 있던 가등기에 기하여 시효완성 후에 소유권 이전의 본등기를 마친 자에 대하여 시효완성을 주장할 수 있다.
⑤ 부동산에 대한 압류 또는 가압류는 점유취득시효의 중단사유가 될 수 없다.

16 등기청구권에 관한 설명으로 <u>틀린</u> 것은? (다툼이 있으면 판례에 따름)

① 점유취득시효의 완성으로 점유자가 소유자에 대해 갖는 소유권이전등기청구권은 통상의 채권양도 법리에 따라 양도될 수 있다.
② 부동산을 매수하여 인도받아 사용·수익하는 자의 매도인에 대한 소유권이전등기청구권은 소멸시효에 걸리지 않는다.
③ 부동산 매수인이 매도인에 대해 갖는 소유권이전등기청구권은 채권적 청구권이다.
④ 가등기에 기한 소유권이전등기청구권이 시효완성으로 소멸된 후 그 부동산을 취득한 제3자가 가등기권자에 대해 갖는 등기말소청구권은 채권적 청구권이다.
⑤ 등기청구권과 등기신청권은 서로 다른 내용의 권리이다.

17 부합에 관한 설명으로 옳은 것은? (다툼이 있으면 판례에 따름)

> ㄱ. 부동산 간에도 부합이 인정될 수 있다.
> ㄴ. 부동산에 부합된 동산의 가격이 부동산의 가격을 초과하면 부동산의 소유권은 원칙적으로 동산의 소유자에게 귀속된다.
> ㄷ. 부합으로 인하여 소유권을 상실한 자는 부당이득의 요건이 충족되는 경우에 보상을 청구할 수 있다.
> ㄹ. 토지소유자와 지상권설정계약을 맺은 자가 자신 소유의 수목을 그 토지에 식재한 경우, 그 수목의 소유권자는 토지소유자이다.

① ㄴ, ㄹ   ② ㄱ, ㄴ
③ ㄱ, ㄷ   ④ ㄷ, ㄹ
⑤ ㄴ, ㄷ

18 공유에 관한 설명으로 틀린 것은? (다툼이 있으면 판례에 따름)

① 공유자 전원이 임대인으로 되어 공유물을 임대한 경우, 그 임대차계약을 해지하는 것은 특별한 사정이 없는 한 공유물의 관리행위이다.

② 개별 채권자들이 같은 기회에 특정 부동산에 관하여 하나의 근저당권을 설정 받은 경우, 그들은 해당 근저당권을 준공유한다.

③ 공유부동산에 대해 공유자 중 1인의 단독명의로 원인무효의 소유권이전등기가 행해졌다면 다른 공유자는 등기명의인인 공유자를 상대로 등기 전부의 말소를 청구할 수 있다.

④ 과반수지분권자가 단독으로 공유토지를 임대한 경우, 소수지분권자는 과반수지분권자에게 부당이득반환을 청구할 수 있다.

⑤ 부동산 공유자 중 1인의 공유지분 포기에 따른 물권변동은 그 포기의 의사표시가 다른 공유자에게 도달하더라도 등기를 하지 않으면 그 효력이 발생하지 않는다.

19 甲은 乙은행에 대한 채무의 이행을 담보하고자 그 소유 토지(X)에 乙명의의 저당권과 함께 X의 담보가치 유지만을 위한 乙명의의 지상권을 설정하였다. 이후 甲과 丙은 X에 건축물(Y)을 축조하였다. 다음 설명 중 틀린 것은? (다툼이 있으면 판례에 따름)

① 乙의 甲에 대한 위 채권이 시효로 소멸하면 乙명의의 지상권도 소멸한다.

② 乙이 지상권침해를 이유로 丙에 대하여 Y의 철거를 청구할 경우, 특별한 사정이 없는 한 丙은 甲에 대한 채권을 이유로 乙에게 대항할 수 없다.

③ 乙은 丙에게 X의 사용·수익을 이유로 부당이득의 반환을 청구할 수 있다.

④ Y의 축조로 X의 교환가치가 피담보채권액 미만으로 하락하면 乙은 甲에게 저당권침해를 이유로 손해배상을 청구할 수 있다.

⑤ 乙의 지상권은 용익물권이므로 그 피담보채무의 범위 확인을 구하는 청구는 부적법하다.

20 지역권에 관한 설명으로 옳은 것은? (다툼이 있으면 판례에 따름)

① 요역지는 1필의 토지 일부라도 무방하다.

② 요역지의 지상권자는 자신의 용익권 범위 내라도 지역권을 행사할 수 없다.

③ 공유자 중 1인이 지역권을 취득하더라도 다른 공유자는 지역권을 취득할 수 없다.

④ 요역지의 불법점유자도 통행지역권을 시효 취득할 수 있다.

⑤ 통행지역권을 시효 취득하였다면, 특별한 사정이 없는 한 요역지 소유자는 도로설치로 인해 승역지 소유자가 입은 손실을 보상하여야 한다.

21 甲은 그 소유 X건물의 일부에 관하여 乙명의의 전세권을 설정하였다. 다음 설명 중 옳은 것은? (다툼이 있으면 판례에 따름)

① 乙의 전세권이 법정 갱신되는 경우, 그 존속기간은 정함이 없는 것으로 본다.

② 존속기간 만료 시 乙이 전세금을 반환받지 못하면 乙은 전세권에 기하여 X건물 전체에 대한 경매를 신청할 수 있다.

③ 존속기간 만료 시 乙은 특별한 사정이 없는 한 전세금반환채권을 타인에게 양도할 수 없다.

④ 甲이 X건물의 소유권을 丙에게 양도한 후 존속기간이 만료되면 乙은 甲에 대하여 전세금반환을 청구할 수 있다.

⑤ 乙은 특별한 사정이 없는 한 전세목적물의 현상유지를 위해 지출한 통상필요비의 상환을 甲에게 청구할 수 있다.

22 X물건에 대한 甲의 유치권 성립에 영향을 미치는 것을 모두 고르면? (다툼이 있으면 판례에 따름)

ㄱ. X의 소유권자가 甲인지 여부

ㄴ. X에 관하여 생긴 채권의 변제기가 도래하였는지 여부

ㄷ. X에 대한 甲의 점유가 채무자를 매개로 한 간접점유가 아닌 한, 직접점유인지 간접점유인지 여부

ㄹ. X에 대한 甲의 점유가 불법행위에 의한 것인지 여부

ㅁ. X에 관하여 생긴 채권에 기한 유치권을 배제하기로 한 채무자와의 약정이 있는지 여부

① ㄴ, ㄷ   ② ㄱ, ㄹ
③ ㄱ, ㄴ, ㄹ   ④ ㄱ, ㄴ, ㄹ, ㅁ
⑤ ㄱ, ㄴ, ㄷ, ㅁ

23 甲은 그 소유 나대지(X)에 乙에 대한 채무담보를 위해 乙명의의 저당권을 설정하였다. 이후 丙은 X에 건물(Y)을 신축하여 소유하고자 甲으로부터 X를 임차하여 Y를 완성한 후, Y에 丁명의의 저당권을 설정하였다. 다음 설명 중 옳은 것은? (다툼이 있으면 판례에 따름)

① 乙은 甲에 대한 채권과 분리하여 자신의 저당권을 타인에게 양도할 수 있다.

② 乙이 X에 대한 저당권을 실행하는 경우, Y에 대해서 일괄경매를 청구할 수 없다.

③ 丁의 Y에 대한 저당권 실행으로 戊가 경락을 받아 그 대금을 완납하면, 특별한 사정이 없는 한 丙의 X에 관한 임차권은 戊에게 이전되지 않는다.

④ 丁의 Y에 대한 저당권이 실행되더라도 乙의 저당권은 소멸한다.

⑤ 甲이 X를 매도하는 경우, 乙은 그 매매대금에 대해 물상대위권을 행사할 수 있다.

24 법률상 특별한 규정이나 당사자 사이에 다른 약정이 없는 경우, 저당권의 효력이 미치지 <u>않는</u> 것을 모두 고른 것은? (다툼이 있으면 판례에 따름)

ㄱ. 저당권 설정 이전의 저당부동산의 종물로서 분리·반출되지 않은 것

ㄴ. 저당권 설정 이후의 저당부동산의 부합물로서 분리·반출되지 않은 것

ㄷ. 저당부동산에 대한 압류 이전에 저당부동산으로부터 발생한 저당권설정자의 차임채권

① ㄴ   ② ㄷ
③ ㄱ, ㄷ   ④ ㄴ, ㄷ
⑤ ㄱ, ㄴ, ㄷ

25 계약금에 관한 설명으로 옳은 것을 모두 고른 것은? (다툼이 있으면 판례에 따름)

> ㄱ. 계약금은 별도의 약정이 없는 한 위약금의 성질을 가진다.
> ㄴ. 매수인이 이행기 전에 중도금을 지급한 경우, 매도인은 특별한 사정이 없는 한 계약금의 배액을 상환하여 계약을 해제할 수 있다.
> ㄷ. 매도인이 계약금의 배액을 상환하여 계약을 해제하는 경우, 그 이행의 제공을 하였는데 매수인이 수령하지 않으면 이를 공탁하여야 한다.

① ㄱ
② ㄱ, ㄴ
③ ㄱ, ㄷ
④ ㄴ, ㄷ
⑤ 없다.

26 甲(요약자)과 乙(낙약자)은 丙을 수익자로 하는 제3자를 위한 계약을 체결하였다. 다음 설명 중 옳은 것은? (다툼이 있으면 판례에 따름)

① 甲은 대가관계의 부존재를 이유로 자신이 기본관계에 기하여 乙에게 부담하는 채무의 이행을 거부할 수 있다.
② 甲과 乙 간의 계약이 해제된 경우, 乙은 丙에게 급부한 것이 있다면 丙을 상대로 부당이득반환을 청구할 수 있다.
③ 丙이 수익의 의사표시를 한 후 甲이 乙의 채무불이행을 이유로 계약을 해제하면, 丙은 乙에게 그 채무불이행으로 자기가 입은 손해의 배상을 청구할 수 없다.
④ 甲과 乙 간의 계약이 甲의 착오로 취소된 경우, 丙은 착오취소로써 대항할 수 없는 제3자의 범위에 속하지 않는다.
⑤ 수익의 의사표시를 한 丙은 甲에게 그 이행을 청구할 수 있다.

27 계약해제 시 보호되는 제3자에 해당하는 자를 모두 고른 것은? (다툼이 있으면 판례에 따름)

> ㄱ. 계약해제 전 그 계약상의 채권을 양수하고 이를 피보전권리로 하여 처분금지가처분결정을 받은 채권자
> ㄴ. 매매계약에 의하여 매수인 명의로 이전등기 된 부동산을 계약해제 전에 가압류 집행한 자
> ㄷ. 계약해제 전 그 계약상의 채권을 압류한 자

① ㄱ
② ㄴ
③ ㄱ, ㄷ
④ ㄴ, ㄷ
⑤ ㄱ, ㄴ, ㄷ

28 합의해제·해지에 관한 설명으로 옳은 것은? (다툼이 있으면 판례에 따름)

① 계약을 합의해제할 때에 원상회복에 관하여 반드시 약정해야 한다.
② 계약이 합의해제된 경우, 다른 사정이 없는 한 채무불이행으로 인한 손해배상을 청구할 수 있다.
③ 합의해지로 인하여 반환할 금전에 대해서는 특약이 없는 한 그 받은 날로부터 이자를 가산하여야 할 의무가 없다.
④ 계약의 합의해제에 관한 청약에 대하여 상대방이 변경을 가하여 승낙한 때에는 그 청약은 효력을 잃지 않는다.
⑤ 합의해제의 경우에는 법정해제의 경우와 달리 제3자의 권리가 보호되지 않는다.

29 매매계약에 관한 설명으로 옳은 것은? (다툼이 있으면 판례에 따름)

① 매매계약은 낙성계약이다.
② 매매계약은 유상·편무계약이다.
③ 매도인의 담보책임은 과실책임이다.
④ 타인의 권리는 매매의 대상이 될 수 없다.
⑤ 매매계약에 관한 비용은 당사자 간에 다른 약정이 있더라도 당사자 쌍방이 균분하여 부담한다.

30 甲은 그 소유의 X토지에 대하여 乙과 매매계약을 체결하였다. 다음 설명 중 옳은 것은? (다툼이 있으면 판례에 따름)

① X토지가 인도되지 않고 대금도 완제되지 않은 경우, 특별한 사정이 없는 한 乙은 인도의무의 지체로 인한 손해배상을 청구할 수 있다.

② 乙이 대금지급을 거절할 정당한 사유가 있는 경우라도, X토지를 미리 인도받았다면 그 대금에 대한 이자를 지급할 의무가 있다.

③ X토지가 인도되지 않았더라도, 특별한 사정이 없는 한 乙이 잔대금지급을 지체하였다면 甲은 잔대금의 이자상당액의 손해배상청구를 할 수 있다.

④ X토지를 아직 인도받지 못한 乙이 미리 소유권이전등기를 경료했다면 매매대금을 완제하지 않았더라도 X토지에서 발생하는 과실은 乙에게 귀속된다.

⑤ X토지가 인도되지 않았더라도 乙이 대금을 완제하였다면 특별한 사정이 없는 한 X토지에서 발생한 과실은 乙에게 귀속된다.

31 위험부담에 관한 설명으로 옳은 것은? (다툼이 있으면 판례에 따름)

① 후발적 불능이 당사자에게 책임 있는 사유로 생긴 때에는 위험부담의 문제가 발생한다.

② 편무계약의 경우에도 원칙적으로 위험부담의 법리가 적용된다.

③ 당사자 일방이 대상청구권을 행사하려면 상대방에 대하여 반대급부를 이행할 의무가 없다.

④ 당사자 쌍방의 귀책사유 없는 이행불능으로 매매계약이 종료된 경우, 매도인은 이미 지급받은 계약금을 반환하여야 한다.

⑤ 우리 민법은 채권자위험부담주의를 원칙으로 한다.

32 부동산 매매에서 환매특약을 한 경우에 관한 설명으로 옳은 것은? (다툼이 있으면 판례에 따름)

① 매매등기와 환매특약등기가 경료된 이후, 그 부동산 매수인은 그로부터 다시 매수한 제3자에 대하여 환매특약의 등기사실을 들어 소유권이전등기절차 이행을 거절할 수 있다.

② 환매기간을 정한 때에도 다시 이를 연장할 수 있다.

③ 매도인이 환매기간 내에 환매의 의사표시를 한 경우, 그는 그 환매에 의한 권리취득의 등기를 하지 않았다면 그 부동산을 가압류 집행한 자에 대하여 권리취득을 주장할 수 없다.

④ 환매기간에 관한 별도의 약정이 없으면 그 기간은 3년이다.

⑤ 환매특약은 매매계약과 동시에 해야 하는 것은 아니다.

33 건물전세권자와 건물임차권자 모두에게 인정될 수 있는 권리를 모두 고른 것은?

> ㄱ. 유익비상환청구권
> ㄴ. 부속물매수청구권
> ㄷ. 필요비상환청구권
> ㄹ. 전세금 또는 차임의 증감청구권

① ㄷ 　　　　　　② ㄱ, ㄴ

③ ㄱ, ㄹ 　　　　④ ㄴ, ㄷ

⑤ ㄱ, ㄴ, ㄹ

34 임차인 甲이 임대인 乙에게 지상물매수청구권을 행사하는 경우에 관한 설명으로 틀린 것은? (다툼이 있으면 판례에 따름)

① 甲의 매수청구가 유효하기 위하여 乙의 승낙을 요하는 것은 아니다.

② 건축허가를 받은 건물이 아니라도 甲은 매수청구를 할 수 있다.

③ 甲소유 건물이 乙이 임대한 토지와 제3자 소유의 토지 위에 걸쳐서 건립된 경우, 甲은 건물 전체에 대하여 매수청구를 할 수는 없다.

④ 임대차가 甲의 채무불이행 때문에 기간 만료 전에 종료되었더라도 지상물이 현존한다면 甲은 매수청구를 할 수 있다.

⑤ 甲은 매수청구권의 행사에 앞서 임대차계약의 갱신을 청구하여야 한다.

35 임차인의 부속물매수청구권에 관한 설명으로 옳은 것은? (다툼이 있으면 판례에 따름)

① 건물의 임차인에게 인정된다.

② 임대인으로부터 매수한 부속물에는 인정되지 않는다.

③ 적법한 전차인에게는 인정되지 않는다.

④ 이를 인정하지 않는 약정은 임차인에게 불리한 것이더라도 그 효력이 있다.

⑤ 오로지 임차인의 특수목적을 위해 부속된 물건도 매수청구의 대상이 된다.

36 甲이 그 소유의 X주택에 거주하려는 乙과 존속기간 1년의 임대차계약을 체결한 경우에 관한 설명으로 옳은 것은?

① 乙은 2년의 임대차 존속기간을 주장할 수 없다.

② 甲은 1년의 존속기간이 유효함을 주장할 수 있다.

③ 乙이 2기의 차임액에 달하도록 차임을 연체한 경우, 묵시적 갱신이 인정된다.

④ 임대차계약이 묵시적으로 갱신된 경우, 甲은 언제든지 乙에게 계약해지를 통지할 수 있다.

⑤ X주택의 경매로 인한 환가대금에서 乙이 보증금을 우선변제받기 위해서 X주택을 양수인에게 인도할 필요가 있다.

37 상가건물 임대차보호법에 관한 설명으로 틀린 것은?

① 임대차계약을 체결하려는 자는 임대인의 동의 없이는 관할 세무서장에게 해당 상가건물의 임대차에 관한 정보제공을 요구할 수 없다.

② 임차인이 임차한 건물을 중대한 과실로 전부 파손한 경우에도 임대인은 권리금 회수의 기회를 보장할 필요가 있다.

③ 임차인은 임대인에게 계약갱신을 요구할 수 있으나 전체 임대차 기간이 10년을 초과해서는 안 된다.

④ 임대차가 종료한 후 보증금이 반환되지 않은 때에는 임차인은 임차건물의 소재지를 관할하는 법원에 임차권등기명령을 신청할 수 있다.

⑤ 임대차계약이 묵시적으로 갱신된 경우, 임차인의 계약해지의 통고가 있으면 임대인이 통고를 받은 날로부터 3개월이 지나야 해지의 효력이 발생한다.

38 가등기담보 등에 관한 법률의 설명으로 <u>틀린</u> 것은? (다툼이 있으면 판례에 따름)

① 가등기가 담보가등기인지, 청구권보전을 위한 가등기인지의 여부는 등기부상 표시를 보고 구별하기 어렵다.

② 채권자가 담보권실행을 통지함에 있어서, 청산금이 없다고 인정되더라도 통지의 상대방에게 그 뜻을 통지하여야 한다.

③ 청산금은 담보권실행의 통지 당시 담보목적부동산의 가액에서 피담보채권액을 뺀 금액이며, 그 부동산에 선순위담보권이 있으면 위 피담보채권액에 선순위담보로 담보한 채권액을 포함시킨다.

④ 통지한 청산금액이 객관적으로 정확하게 계산된 액수와 맞지 않으면, 채권자는 정확하게 계산된 금액을 다시 통지해야 한다.

⑤ 채권자가 채무자에게 청산금을 지급하고 난 후부터는 담보목적물에 대한 과실수취권은 채권자에게 귀속한다.

39 집합건물의 소유 및 관리에 관한 법률의 설명으로 옳은 것은?

① 규약 및 관리단 집회의 결의는 구분소유자의 특별승계인에 대하여는 효력이 없다.

② 구분소유건물의 공용부분에 관한 물권의 득실변경은 등기를 하여야 효력이 생긴다.

③ 관리인은 구분소유자이어야 한다.

④ 재건축 결의는 구분소유자 및 의결권의 각 5분의 3 이상의 결의에 의한다.

⑤ 재건축 결의 후 재건축 참가 여부를 서면으로 촉구받은 재건축반대자가 법정기간 내에 회답하지 않으면 재건축에 참가하지 않겠다는 회답을 한 것으로 본다.

40 X부동산을 매수하고자 하는 甲은 乙과 무효인 명의신탁약정을 하고 乙명의로 소유권이전등기를 하기로 하였다. 그 후 甲은 丙에게서 그 소유의 X부동산을 매수하고 대금을 지급하였으며, 丙은 甲의 부탁에 따라 乙 앞으로 이전등기를 해 주었다. 다음 설명 중 옳은 것은? (다툼이 있으면 판례에 따름)

① 甲과 乙 사이의 명의신탁약정은 유효이다.

② 甲은 乙을 상대로 부당이득반환을 원인으로 한 소유권이전등기를 구할 수 있다.

③ 甲은 丙을 상대로 소유권이전등기청구를 할 수 없다.

④ 甲은 丙을 대위하여 乙명의 등기의 말소를 구할 수 없다.

⑤ 甲과 乙 간의 명의신탁약정 사실을 알고 있는 丁이 乙로부터 X부동산을 매수하고 이전등기를 마쳤다면, 丁은 특별한 사정이 없는 한 그 부동산을 취득한다.

19 담보지상권

40 3자간 등기명의신탁

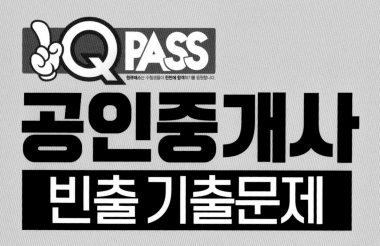

공인중개사 1차 합격을 위한

원큐패스 공인중개사 빈출 기출문제 시리즈

원큐패스 공인중개사 빈출 기출문제 1차 부동산학개론

원큐패스 공인중개사 빈출 기출문제 1차 민법 및 민사특별법

QPASS

원큐패스는 수험생들이 **한번에 합격**하기를 응원합니다.

공인중개사
빈출 기출문제

김화현 저

정답 및 해설

1차

민법 및
민사특별법

다락원

원큐패스는 수험생들이 **한번에 합격**하기를 응원합니다.

공인중개사
빈출 기출문제

김화현 저

1차

민법 및 민사특별법
정답 및 해설

다락원

제2과목 민법 및 민사특별법 제1회 정답 및 해설

1	⑤	2	③	3	④	4	③	5	②	6	⑤	7	⑤	8	③	9	③	10	④
11	②	12	⑤	13	④	14	⑤	15	③	16	⑤	17	④	18	②	19	④	20	③
21	①	22	①	23	④	24	②	25	②	26	①	27	④	28	③	29	②	30	②
31	①	32	①	33	①	34	⑤	35	③	36	②	37	①	38	④	39	①	40	②

★ 초급   ★★ 중급   ★★★ 고급으로 문제의 난이도를 표시한 것임.

01 ★★
⑤ 부동산에 대한 강제집행을 면할 목적으로 그 부동산에 허위의 근저당권을 설정하는 행위는 반사회적 법률행위에 해당하지 않는다.

02 ★
③ 미성년자의 법률행위의 취소권은 취소의 의사표시만으로 그 효력이 생기는 형성권이다.

03 ★★
④ 진의 아닌 의사표시에 있어서의 진의란 특정한 내용의 의사표시를 하고자 하는 표의자의 생각을 말하는 것이지 표의자가 진정으로 마음 속에서 바라는 사항을 뜻하는 것은 아니므로, 표의자가 의사표시의 내용을 진정으로 마음 속에서 바라지는 아니하였다고 하더라도 당시의 상황에서는 그것을 최선이라고 판단하여 그 의사표시를 하였을 경우에는 이를 내심의 효과의사가 결여된 진의 아닌 의사표시라고 할 수 없다(대판 2000.4.25, 99다34475).
⑤ 공법행위에는 「민법」 제107조가 적용되지 않는다. 따라서 비진의 표시임을 이유로 무효를 주장할 수 없다.

04 ★★★
③ 상대방 있는 의사표시에 관하여 제3자가 사기나 강박을 행한 경우에는 상대방이 그 사실을 알았거나 알 수 있었을 경우에 한하여 취소할 수 있다(제110조 제2항).
⑤ 강박에 의한 법률행위가 하자 있는 의사표시로서 취소되는 것에 그치지 않고 나아가 무효로 되기 위해서는, 강박의 정도가 단순한 불법적 해악의 고지로 상대방으로 하여금 공포를 느끼도록 하는 정도가 아니고, 의사표시자로 하여금 의사결정을 스스로 할 수 있는 여지를 완전히 박탈한 상태에서 의사표시가 이루어져 단지 법률행위의 외형만이 만들어진 것에 불과한 정도이어야 한다(대판 2002다73708).

05 ★★
② 통정허위표시에서 제3자가 보호받기 위해서는 선의이면 족하고 무과실까지 요하는 것은 아니다(제108조).

06 ★★
⑤ 본인을 대리하여 매매계약을 체결하였다 하여 곧바로 그 제3자가 본인을 대리하여 매매계약의 해제 등 일체의 처분권까지 가지고 있다고 볼 수는 없다(대판 85다카971).

07 ★★★
④ ⑤ 乙이 甲을 단독상속한 경우, 乙은 소유자의 지위에서 丙 명의의 소유권이전등기의 말소를 청구하거나 丙에 대하여 토지의 점유로 인한 부당이득반환을 청구할 수 없다(판례).

08 ★★
③ 기본대리권이 등기신청행위라 할지라도 표현대리인이 그 권한을 유월하여 대물변제라는 사법행위를 한 경우에는 표현대리의 법리가 적용된다(대판 78다282).

09 ★★
③ 무효인 법률행위를 추인하면 그때부터 유효로 된다(제139조).

10 ★★
④ 조건성취의 효력은 원칙적으로 조건이 성취한 때부터 발생한다. 즉, 소급효가 없다.

11 ★★★
② 소유권을 상실한 자는 소유권에 기한 물권적 청구권으로서의 방해배제를 청구할 수 없다(대법원 68다725 전원합의체 판결). 따라서 甲은 乙에게 건물의 철거를 청구할 수 없다.

12 ★★
⑤ 피담보채권이 소멸하면 저당권의 말소등기가 없어도 저당권이 소멸한다.

13 ★

① 건물 소유권보존등기의 명의자가 이를 신축한 것이 아니라면 그 등기의 권리추정력은 깨어진다.

② 부동산에 관하여 소유권이전등기가 경료되어 있는 경우에는 그 등기명의자는 제3자에 대해서 뿐만 아니라 그 전소유자에 대하여서도 적법한 등기원인에 의하여 소유권을 취득한 것으로 추정된다(대판 91다26379).

③ 등기된 부동산에 관하여 점유의 추정력이 인정되지 않는다.

④ 등기는 물권의 효력 발생 요건이고 존속 요건은 아니어서 등기가 원인 없이 말소된 경우에는 그 물권의 효력에 아무런 영향이 없고, 그 회복등기가 마쳐지기 전이라도 말소된 등기의 등기명의인은 적법한 권리자로 추정되므로 원인 없이 말소된 등기의 효력을 다투는 쪽에서 그 무효 사유를 주장·입증하여야 한다(대판 95다39526).

⑤ 소유권이전등기청구권의 보전을 위한 가등기에 기하여 본등기가 행해지면 물권변동의 효력은 본등기가 행해진 때 발생한다.

14 ★★

⑤ 사회통념상 건물은 그 부지를 떠나서는 존재할 수 없는 것이므로 건물의 부지가 된 토지는 그 건물의 소유자가 점유하는 것으로 볼 것이고, 이 경우 건물소유자가 현실적으로 건물이나 그 부지를 점거하고 있지 않더라도 그 건물의 소유를 위하여 그 부지를 점유한다고 보아야 한다(대판 95다47282).

15 ★★

③ 악의의 점유자도 필요비 상환을 청구할 수 있다.

16 ★★

① 부동산명의수탁자는 타주점유자이므로 신탁부동산을 점유시효취득할 수 없다.

② 취득시효로 인한 소유권취득의 효과는 점유를 개시한 때에 소급한다.

③ 간접점유로도 취득시효를 완성할 수 있다.

④ 점유취득시효 완성자는 등기하여야 소유권을 취득한다.

17 ★★★

① 공유물의 분할은 공유자 전원의 동의를 요한다.

② 공유자가 그 지분을 포기하거나 상속인 없이 사망한 때에는 그 지분은 다른 공유자에게 각 지분의 비율로 귀속한다(제267조).

③ 공유자 중 1인이 다른 공유자의 지분권을 대외적으로 주장하는 행위는 공유물의 보존행위로 볼 수 없다(대판).

⑤ 공유자 중 1인의 지분 위에 설정된 담보물권은 특별한 사정이 없는 한 공유물분할이 된 뒤에도 종전의 지분비율대로 공유물 전부의 위에 그대로 존속하고 설정자 앞으로 분할된 부분에 당연히 집중되는 것은 아니다(대판).

18 ★

① 지상권자는 지상권을 유보한 채 지상물 소유권만을 양도할 수도 있고 지상물 소유권을 유보한 채 지상권만을 양도할 수도 있는 것이어서 지상권자와 그 지상물의 소유권자가 반드시 일치하여야 하는 것은 아니다(대판 2006다6126).

③ 민법상 지상권의 존속기간은 최단기만이 규정되어 있을 뿐 최장기에 관하여는 아무런 제한이 없으며, 존속기간이 영구인 지상권을 인정할 실제의 필요성도 있으므로 지상권의 존속기간을 영구로 약정하는 것도 허용된다(대판 99다66410).

④ 지상권은 타인의 토지에서 건물 기타의 공작물이나 수목을 소유하는 것을 본질적 내용으로 하는 것이 아니라 타인의 토지를 사용하는 것을 본질적 내용으로 하고 있으므로 지상권 설정계약 당시 건물 기타의 공작물이나 수목이 없더라도 지상권은 유효하게 성립할 수 있고, 또한 기존의 건물 기타의 공작물이나 수목이 멸실되더라도 존속기간이 만료되지 않는 한 지상권이 소멸되지 아니한다(대판 95다49318).

⑤ 민법 제283조 제2항 소정의 지상물매수청구권은 지상권이 존속기간의 만료로 인하여 소멸하는 때에 지상권자에게 갱신청구권이 있어 그 갱신청구를 하였으나 지상권설정자가 계약갱신을 원하지 아니할 경우 행사할 수 있는 권리이므로, 지상권자의 지료연체를 이유로 토지소유자가 그 지상권소멸청구를 하여 이에 터잡아 지상권이 소멸된 경우에는 매수청구권이 인정되지 않는다(대판 93다10781).

19 ★

ㄱ. 지역권에 저당권을 설정하는 계약은 무효이다.

ㄷ. 통행지역권은 토지소유자뿐만 아니라 지상권자, 전세권자 등에게도 인정된다(대판 76다1694).

20 ★★

③ 상린관계에 관한 규정은 지상권, 전세권에 준용된다.

21 ★★

① 건물전세권의 최단존속기간은 1년이다. 반면 토지전세권은 최단존속기간이 없다.

22 ★★★

① 丙의 외상대금채권 즉, 건축자재대금채권은 '매매대금채권'에 불과할 뿐 건물 자체에 관하여 생긴 채권이라고 할 수 없으므로 유치권을 행사할 수 없다.

23 ★★★

④ 건물에 대한 저당권이 실행되어 경락인이 그 건물의 소유권을 취득하였다면 경락 후 건물을 철거한다는 등의 매각조건 하에서 경매되었다는 등 특별한 사정이 없는 한 그 건물 소유를 위한 지상권도 민법 제187조의 규정에 따라 등기 없이 당연히 경락인이 취득한다(대판 92다527).

24 ★★★

① 근저당권은 당사자 사이의 계속적인 거래관계로부터 발생하는 불특정채권을 어느 시기에 계산하여 잔존하는 채무를 일정한 한도액 범위 내에서 담보하는 저당권으로서 보통의 저당권과 달리 발생 및 소멸에 있어 피담보채무에 대한 부종성이 완화되어 있는 관계로 피담보채무가 확정되기 이전이라면 채무의 범위나 또는 채무자를 변경할 수 있는 것이고, 채무의 범위나 채무자가 변경된 경우에는 당연히 변경 후의 범위에 속하는 채권이나 채무자에 대한 채권만이 당해 근저당권에 의하여 담보되고, 변경 전의 범위에 속하는 채권이나 채무자에 대한 채권은 그 근저당권에 의하여 담보되는 채무의 범위에서 제외된다(대판 97다15777).

③ 경락대금완납 시에 확정된다(대판 1999. 9. 21).

④ 수반성에 반하므로 허용되지 않는다. 즉 개개의 채권에는 수반하지 않으나 피담보채권이나 기본계약에는 수반된다.

⑤ 채무자는 실제 채무액 전액을 변제하여야 한다(대판).

25 ★★

② 청약자가 그 통지를 발송한 후 도달 전에 사망한 경우, 청약은 원칙적으로 효력을 상실하지 않는다(제111조 제2항).

26 ★

② 임대차계약은 유상·쌍무계약이다.

③ 증여계약은 무상·불요식계약이다.

④ 사용대차계약은 낙성·편무계약이다.

⑤ 매매계약은 유상·낙성계약이다.

27 ★★★

④ ③의 경우 乙의 채권자지체 중에 주택이 멸실되었더라도 甲은 자기의 채무를 면함으로써 얻은 이익을 乙에게 상환할 필요가 있다(제538조 제2항).

28 ★★

③ 보증금반환의무가 임차권등기명령에 의해 등기된 임차권등기말소의무보다 선이행의무이다.

29 ★★★

② 제3자를 위한 계약관계에서 낙약자와 요약자 사이의 법률관계(이른바 기본관계)를 이루는 계약이 무효이거나 해제된 경우 그 계약관계의 청산은 계약의 당사자인 낙약자와 요약자 사이에 이루어져야 하므로, 특별한 사정이 없는 한 낙약자가 이미 제3자에게 급부한 것이 있더라도 낙약자는 계약해제 등에 기한 원상회복 또는 부당이득을 원인으로 제3자를 상대로 그 반환을 구할 수 없다(대판 2010다31860).

30 ★★

① 채무의 이행지체를 이유로 하는 계약해제에 있어서 그 전제요건인 이행최고는 반드시 미리 일정한 기간을 명시하여 최고하여야 하는 것은 아니고 최고한 때로부터 상당한 기간이 경과하면 해제권이 발생한다고 볼 것이다(대판 89다카14110).

③ 채무불이행을 이유로 계약을 해제하려면, 당해 채무가 주된 채무이어야 하고 그렇지 아니한 부수적 채무를 불이행한 데에 지나지 아니한 경우에는 계약을 해제할 수 없다(대판 2001다20394).

④ 매수인은 매매목적물에 대하여 가압류집행이 되었다고 하여 매매에 따른 소유권이전등기가 불가능한 것도 아니므로, 이러한 경우 매수인으로서는 신의칙 등에 의해 대금지급채무의 이행을 거절할 수 있음은 별론으로 하고, 매매목적물이 가압류되었다는 사유만으로 매도인의 계약 위반을 이유로 매매계약을 해제할 수는 없다(대판 99다11045).

⑤ 계약당사자의 일방이 상대방에게 대하여 일정한 기간을 정하여 그 기간 내에 이행이 없을 때 계약을 해제하겠다는 의사표시를 한 경우에는 위의 기간경과로 그 계약은 해제된 것으로 해석하여야 할 것이다(대판 70다1508).

31 ★

① 당사자 일방이 수인인 경우, 그 중 1인에 대하여 해지권이 소멸한 때에는 다른 당사자에 대하여도 소멸한다.

32 ★★

① 계약서에 명문으로 위약시의 법정해제권의 포기 또는 배제를 규정하지 않은 이상 계약당사자 중 어느 일방에 대한 약정해제권의 유보 또는 위약벌에 관한 특약의 유무 등은 채무불이행으로 인한 법정해제권의 성립에 아무런 영향을 미칠 수 없다(대판 89다카14110).

② 매도인이 매매계약의 이행에는 전혀 착수한 바가 없다 하더라도 매수인이 중도금을 지급하여 이미 이행에 착수한 이상 매수인은 민법 제565조에 의하여 계약금을 포기하고 매매계약을 해제할 수 없다(대판 99다62074).

③ 해약금해제는 채무불이행을 원인으로 하는 것이 아니므로 매도인이 계약금의 배액을 상환하고 계약을 해제한 경우, 매수인은 매도인에게 손해배상을 청구할 수 없다.

④ 제565조의 해약금은 다른 약정이 없으면 교부자는 이를 포기하고 교부받은 자는 그 배액을 상환하여 계약을 해제할 수 있으므로, 당사자가 합의로 해제권을 배제할 수 있다.

⑤ 매도인이 매수인에 대하여 매매계약의 이행을 최고하고 매매잔대금의 지급을 구하는 소송을 제기한 것만으로는 이행에 착수하였다고 볼 수 없다(대판 2007다72274). 따라서 매도인이 매수인에게 이행을 최고하고 대금지급을 구하는 소송을 제기한 후에도 매수인은 계약금을 포기하고 계약을 해제할 수 있다.

33 ★

① 권리의 일부가 타인에게 속하는 경우에 매수인은 그의 선의·악의를 묻지 아니하고 그 권리가 타인에게 속하는 부분의 비율에 따라 대금의 감액을 청구할 수 있다(제572조 1항).

34 ★★

⑤ 부속물매수청구권에 관한 규정은 강행규정이므로 부속물매수청구권을 배제하는 당사자의 약정은 원칙적으로 무효이다.

35 ★★★

③ 주택임대차보호법 제3조 제3항은 같은 조 제1항이 정한 대항요건을 갖춘 임대차의 목적이 된 임대주택의 양수인은 임대인의 지위를 승계한 것으로 본다고 규정하고 있는바, 이는 법률상의 당연승계 규정으로 보아야 하므로, 임차인의 임대차보증금반환채권이 가압류된 상태에서 임대주택이 양도되면 양수인이 채권가압류의 제3채무자의 지위도 승계하고, 가압류권자 또한 임대주택의 양도인이 아니라 양수인에 대하여만 위 가압류의 효력을 주장할 수 있다고 보아야 한다(대판 2011다49523).

36 ★★★

② 점포 및 사무실로 사용되던 건물에 근저당권이 설정된 후 그 건물이 주거용 건물로 용도 변경되어 이를 임차한 소액임차인도 특별한 사정이 없는 한 주택임대차보호법 제8조에 의하여 보증금 중 일정액을 근저당권자보다 우선하여 변제받을 권리가 있다(대판 2009다26879).

37 ★

② 사업자등록의 대상이 되지 않는 건물에 대해서는 위 법이 적용되지 않는다.

③ 동법의 최단기간은 1년이다.

④ 임대차계약이 묵시적으로 갱신된 경우, 임차인의 계약해지 통고가 있으면 임대인이 통고를 받은 날로부터 3개월이 지나면 해지의 효력이 발생한다.

⑤ '임대차가 종료한 날'부터 3년 이내에 행사하지 않으면 시효의 완성으로 소멸한다.

38 ★★

④ 양도담보권자가 담보목적 부동산을 임의로 처분한 경우, 그 부동산의 양수인이 선의라면 소유권을 취득할 수 있다.

39 ★★★

① 대지사용권과는 달리, 공용부분의 지분은 규약으로 정한 경우에도 전유부분과 분리하여 절대 처분할 수 없다.

40 ★★★

① 甲과 乙의 명의신탁약정은 무효이다.

③ 신탁자의 매수자금 상당의 부당이득반환청구권은 부동산에서 발생한 채권이 아니므로 신탁자는 유치권을 행사할 수 없다(대판).

④ 乙의 이전등기는 유효이므로 丙은 특별한 사정이 없는 한 乙명의의 등기말소를 청구할 수 없다.

⑤ 명의수탁자 乙이 제3자에게 부동산을 처분한 경우, 그 제3자는 선의·악의를 불문하고 소유권을 취득한다.

1	③	2	①	3	④	4	⑤	5	⑤	6	①	7	⑤	8	②	9	⑤	10	⑤
11	④	12	①	13	①	14	④	15	③	16	⑤	17	②	18	①	19	②	20	③
21	③	22	④	23	⑤	24	⑤	25	②	26	④	27	②	28	⑤	29	③	30	⑤
31	①	32	④	33	⑤	34	①	35	①	36	⑤	37	⑤	38	⑤	39	⑤	40	③

★ 초급 ★★ 중급 ★★★ 고급으로 문제의 난이도를 표시한 것임.

01 ★★

① 법률행위의 일부에 착오가 있는 경우 원칙적으로 그 전부를 취소하여야 한다.

② 법률행위의 내용에 관한 표의자의 착오 여부는 표의자(착오자)가 입증하여야 하고, 표의자의 중과실 여부는 상대방이 입증해야 한다.

④ 표의자가 동기의 착오를 이유로 의사표시를 취소하려면 동기가 상대방에게 표시되어야 하고 표의자에게 중대한 과실이 없어야 한다.

⑤ 착오가 표의자의 중대한 과실로 인한 것이라도 상대방이 표의자의 착오를 알고 이를 이용한 경우라면 표의자는 그 의사표시를 취소할 수 있다(대판).

02 ★★

② 조건의 성취로 인하여 불이익을 받을 당사자가 신의성실에 반하여 조건의 성취를 방해한 때에는 상대방은 그 조건이 성취한 것으로 주장할 수 있다(제150조 제1항).

③ 단독행위나 가족법 상의 법률행위에는 원칙적으로 조건을 붙일 수 없다.

④ 조건이 법률행위 당시 이미 성취한 것인 경우에는 그 조건이 정지조건이면 조건 없는 법률행위로 한다(제151조 제2항).

⑤ 조건이 법률행위 당시 이미 성취할 수 없는 것인 경우에는 그 조건이 정지조건이면 그 법률행위는 무효로 한다(제151조 제3항).

03 ★★★

④ 상대방이 진의 아님을 몰랐더라도 과실이 있었다면 비진의 의사표시는 무효이다.

04 ★★★

⑤ 甲은 乙에게 불법행위를 이유로 손해배상을 청구하거나 부당이득의 반환을 청구할 수 있다.

05 ★★★

⑤ 형사사건에 관한 성공보수약정은 선량한 풍속 기타 사회질서에 위배되는 것으로 평가할 수 있다.

06 ★★

① 상대방 있는 의사표시에 관하여 제3자가 사기를 행한 경우에 표의자는 상대방이 그 사실을 알았거나 알 수 있었을 경우에 한하여 그 의사표시를 취소할 수 있다.

07 ★★★

① 丙이 甲에게 상당한 기간을 정하여 매매계약의 추인여부의 확답을 최고하였으나 甲의 확답이 없었던 경우, 甲이 추인을 거절한 것으로 본다(제131조).

② 乙이 甲을 단독상속한 경우, 乙은 본인 甲의 지위에서 추인을 거절할 수 없다(대판).

③ 甲이 매매계약의 내용을 변경하여 추인한 경우, 丙의 동의가 있어야 추인의 효력이 있다.

④ 무권대리인의 상대방에 대한 책임은 무과실책임으로서 무권대리행위가 제3자의 기망이나 문서위조 등 위법행위로 야기된 경우에도 그 책임은 부정되지 않는다(대판).

08 ★

② 정당한 이유의 유무는 대리행위 당시를 기준으로 판단하고 그 이후의 사정은 고려하지 않는다(대판).

09 ★

⑤ 어떠한 법률행위가 불공정한 법률행위에 해당하는지는 법률행위 시를 기준으로 판단하여야 한다.

10 ★

①② 취소권은 추인할 수 있는 날로부터 3년 내에, 법률행위를 한 날로부터 10년 내에 행사하여야 한다(제146조).

③ 사회질서의 위반으로 무효인 법률행위는 무효행위의 추인 대상이 되지 않는다.

④ 법정대리인 추인하는 경우에는 취소의 원인이 소멸되기 전이라도 추인할 수 있다(제144조 제2항).

11 ★★

① 소유권에 기한 물권적 청구권은 소멸시효에 걸리지 않는다.

② 온천에 관한 권리는 관습법상의 물권이 아니다.

③ 타인의 토지에 대한 통행권 즉 사도통행권은 관습법상의 물권이 아니다.

⑤ 미등기 무허가건물의 양수인은 소유권이전등기를 경료 받지 않은 경우 소유권에 준하는 관습법상의 물권을 취득할 수 없다.

12 ★

① 공유물분할의 소송절차 또는 조정절차에서 공유자 사이에 공유토지에 관한 현물분할의 협의가 성립하여 조정이 성립하였다고 하더라도, 공유자들이 협의한 바에 따라 각 단독소유로 하기로 한 부분에 관하여 '등기를 마침으로써' 비로소 그 부분에 대한 소유권을 취득하게 된다고 보아야 한다(대판 2011두1917).

13 ★★

② 소유권이전등기 명의자는 제3자 뿐만 아니라 그 전(前) 소유자에 대하여도 적법한 등기원인에 의해 소유권을 취득한 것으로 추정된다.

③ 소유권보존등기는 원시취득의 사실만 추정되므로, 신축된 건물의 소유권보존등기 명의자가 실제로 그 건물을 신축한 자가 아니라면 적법한 권리자로 추정되지 않는다.

④ 등기는 효력발생요건이고 효력존속요건은 아니므로, 등기가 원인 없이 말소된 경우, 그 회복등기가 마쳐지기 전이라도 말소된 등기의 등기명의인은 적법한 권리자로 추정된다.

⑤ 허무인(虛無人)으로부터 이어받은 소유권이전등기의 경우, 그 등기명의자의 소유권은 추정되지 않는다.

14 ★★★

④ 매도인 甲, 중간매수인 乙, 최후매수인 丙이 甲으로부터 丙으로 이전등기를 해주기로 전원 합의한 경우라도 乙이 대금을 지급하지 않는다면 甲은 丙에게 소유권이전등기를 거절할 수 있다.

15 ★★

③ 실제 면적이 등기된 면적을 상당히 초과하는 토지를 매수하여 인도받은 때에는 특별한 사정이 없으면 초과부분의 점유는 타주점유이다.

16 ★★

① 선의의 점유자는 과실을 취득하면 통상의 필요비의 상환을 청구할 수 없다(제203조 제1항).

② 유익비비상환청구권에 대하여 회복자는 법원에 상환기간의 허여를 청구할 수 있다.

③ 악의의 점유자가 책임 있는 사유로 점유물을 훼손한 경우, 손해의 전부를 배상해야 한다(제202조).

④ 점유자가 유익비를 지출한 경우, 회복자의 선택에 좇아 그 지출금액이나 증가액의 상환을 청구할 수 있다(제203조).

⑤ 점유자가 점유물에 비용을 지출한 경우, 지출할 당시의 소유자가 누구였는지 관계없이 점유회복 당시의 소유자에 대하여 비용상환청구권을 행사할 수 있다(대판).

17 ★★

② 무상의 주위토지통행권은 직접 분할자 당사자 사이에만 적용되고 포위된 토지 또는 피통행지의 특정승계인에게는 적용되지 않는다(대판 96다34333).

18 ★★★

① 시효취득자가 원소유자에 의하여 그 토지에 설정된 근저당권의 피담보채무를 변제하는 것은 시효취득자가 용인하여야 할 그 토지상의 부담을 제거하여 완전한 소유권을 확보하기 위한 것으로서 그 자신의 이익을 위한 행위라 할 것이니, 위 변제액 상당에 대하여 원소유자에게 대위변제를 이유로 구상권을 행사하거나 부당이득을 이유로 그 반환청구권을 행사할 수는 없다(대판 2005다75910).

19 ★

② 공유자는 자신이 소유하고 있는 지분이 과반수에 미달되더라도 공유물을 불법으로 점유하고 있는 제3자에 대하여 공유물의 보존행위로서 공유물 전부의 인도를 청구할 수 있다.

20 ★★★

ㄱ. 甲의 토지 위에 乙이 1번 저당권, 丙이 2번 저당권을 가지고 있다가 乙이 증여를 받아 토지 소유권을 취득하면 1번 저당권은 소멸하지 않는다.

ㄴ. 乙이 甲의 토지 위에 지상권을 설정받고, 丙이 그 지상권 위에 저당권을 취득한 후 乙이 甲으로부터 그 토지를 매수한 경우, 乙의 지상권은 소멸하지않는다.

21 ★

③ 지상권의 양도는 절대적으로 보장되므로, 지상권자는 토지소유자의 의사에 반하여 지상권을 타인에게 양도할 수 있다.

22 ★★★

① 민법 제366조는 가치권과 이용권의 조절을 위한 공익상의 이유로 지상권의 설정을 강제하는 것이므로 저당권설정 당사자 간의 특약으로 저당목적물인 토지에 대하여 법정지상권을 배제하는 약정을 하더라도 그 특약은 효력이 없다(대판 87다카1564).

② 법정지상권자가 지상건물을 제3자에게 양도한 경우, 제3자는 그 건물과 함께 법정지상권을 등기하여야 취득한다(제186조).

③ 건물을 위한 법정지상권이 성립한 경우, 그 건물에 대한 저당권이 실행되면 경락인은 등기 없이도 법정지상권을 취득한다(제187조).

⑤ 동일인 소유의 건물과 토지가 매매로 인하여 서로 소유자가 다르

게 되었으나, 당사자가 그 건물을 철거하기로 합의한 때에는 관습법상 법정지상권이 성립하지 않는다.

23 ★★
⑤ 종전의 승역지 사용이 무상으로 이루어졌다는 등의 다른 특별한 사정이 없다면 통행지역권을 취득시효한 경우, 요역지 소유자는 승역지에 대한 도로 설치 및 사용에 의하여 승역지 소유자가 입은 손해를 보상하여야 한다고 해석함이 타당하다(대판 2012다17479).

24 ★
⑤ 전세권이 용익물권적인 성격과 담보물권적인 성격을 모두 갖추고 있는 점에 비추어 전세권 존속기간이 시작되기 전에 마친 전세권설정등기도 특별한 사정이 없는 한 유효한 것으로 추정된다(대결 2017마1093).

25 ★
ㄱ, ㄴ. 보증금반환청구권이나 권리금반환청구권은 채권과 목적물 간의 견련성이 없으므로 유치권의 대상이 되는 채권이 될 수 없다.
ㄹ. 유익비상환청구권에 관한 규정은 임의규정이므로 당사자 간의 원상회복약정 [비용포기특약]이 있는 경우에는 유익비를 청구할 수 없으므로 유치권이 성립되지 않는다.

26 ★★
④ 저당권이 설정된 토지가 「공익사업을 위한 토지 등의 취득 및 보상에 관한 법률」에 따라 협의취득된 경우, 저당권자는 그 보상금에 대하여 물상대위권을 행사할 수 없다.

27 ★★
② 제3취득자나 물상보증인은 채권최고액만 변제하고 근저당권설정등기의 말소를 청구할 수 있다.

28 ★★
① 불특정 다수인에 대한 청약도 유효하다.
② 승낙의 기간을 정하지 아니한 계약의 청약은 청약자가 상당한 기간 내에 승낙의 통지를 받지 못한 때에는 그 효력을 잃는다(제529조). 따라서 청약으로서의 효력이 있다.
③ 토지매매계약 체결 후 그 토지가 강제수용된 경우, 이는 후발적 불능이므로 그 토지매매계약은 무효가 되지 않는다.
④ 甲이 X토지를 乙에게 매도의사로 청약하였는데 乙이 승낙한 후 사망하였더라도 乙의 승낙의 의사표시는 유효하다(제111조).

29 ★★
③ 쌍무계약에서 甲과 乙의 채무가 동시이행관계에 있는 경우, 甲은 乙의 이행제공이 없다면 이행기에 채무를 이행하지 않더라도 이행지체책임이 없다(대판 2001다3764).

30 ★★★
ㄴ. 제3자를 위한 유상 쌍무계약의 경우 요약자는 낙약자의 채무불이행을 이유로 제3자의 동의 없이 계약을 해제할 수 있다(대판 69다1410).
ㄷ. 제3자를 위한 계약의 당사자가 아닌 수익자는 계약의 해제권이나 해제를 원인으로 한 원상회복청구권이 있다고 볼 수 없다(대판 92다41559).

31 ★★★
ㄴ. 민법 제565조 제1항에서 말하는 당사자의 일방이라는 것은 매매 쌍방 중 어느 일방을 지칭하는 것이고, 상대방이라 국한하여 해석할 것이 아니므로, 비록 상대방인 매도인이 매매계약의 이행에는 전혀 착수한 바가 없다 하더라도 매수인이 중도금을 지급하여 이미 이행에 착수한 이상 매수인은 민법 제565조에 의하여 계약금을 포기하고 매매계약을 해제할 수 없다(대판 99다62074).
ㄷ. 매매당사자 간에 계약금을 수수하고 계약해제권을 유보한 경우에 매도인이 계약금의 배액을 상환하고 계약을 해제하려면 계약해제 의사표시 이외에 계약금 배액의 이행 제공이 있으면 족하고 상대방이 이를 수령하지 아니한다. 하여 이를 공탁하여야 유효한 것은 아니다(대판 91다2151).
ㅁ. 유상계약을 체결함에 있어서 계약금이 수수된 경우 계약금은 해약금의 성질을 가지고 있어서, 이를 위약금으로 하기로 하는 특약이 없는 이상 계약이 당사자 일방의 귀책사유로 인하여 해제되었다 하더라도 상대방은 계약불이행으로 입은 실제 손해만을 배상받을 수 있을 뿐 계약금이 위약금으로서 상대방에게 당연히 귀속되는 것은 아니다(대판 95다54693). 따라서 위 사안에서는 위약금 특약이 없으므로 甲은 계약금을 乙에게 반환하고 자기가 입은 손해를 입증하여 그 손해를 배상청구할 수 있을 뿐이다.

32 ★★★
④ 강제경매절차의 기초가 된 채무자 명의의 소유권이전등기가 원인 무효의 등기여서 경매 부동산에 대한 소유권을 취득하지 못하게 된 경우, 이와 같은 강제경매는 무효라고 할 것이므로 경락인은 경매 채권자에게 경매대금 중 그가 배당받은 금액에 대하여 일반 부당이득의 법리에 따라 반환을 청구할 수 있고, 「민법」 제578조 제1항, 제2항에 따른 경매의 채무자나 채권자의 담보책임은 인정될 여지가 없다(대판 2003다59259).

33 ★★
⑤ 매도인이 미리 이행하지 아니할 의사를 명백히 표시한 경우, 매수인은 소유권이전등기의무 이행기일에 잔대금의 이행제공을 하지 않더라도 즉시 매매계약을 해제할 수 있다.

34 ★★
① 임차인의 비용상환청구권에 관한 민법의 규정은 임의규정이다.

35 ★★★

② 매수인 戊는 경매의 목적인 권리를 취득하고 임대인의 지위를 승계하지 않는다. 乙과 丁의 저당권은 경매로 소멸하고, 후순위 임차인 甲은 매수인 戊에게 대항할 수 없다.

③ 임차인 甲은 乙의 저당권보다 후순위이므로 乙보다 우선변제를 받을 수 없다.

④ 임차인 甲은 말소기준권리인 乙의 저당권보다 후순위이므로 매수인 戊에게 대항할 수 없다. 따라서 甲은 戊에게 임대차관계의 존속을 주장할 수 없고 X주택을 戊에게 인도하여야 한다.

⑤ 乙이 1순위, 甲이 2순위, 丁이 3순위이므로, 丁은 甲보다 우선변제를 받을 수 없다.

36 ★

ㄴ. 임차주택의 일시사용이 명백한 임대차인 경우에는 동법이 적용되지 않는다.

37 ★★★

①, ③ 서울특별시의 경우, 환산보증금이 9억 원을 초과하는 상가임대차의 경우에도 계약갱신요구권이 인정된다.

② 서울특별시의 경우, 환산보증금이 9억 원을 초과하는 상가임대차의 경우에는 최단기간 1년이 보장되지 않는다. 따라서 甲과 乙 사이에 임대차 기간을 6개월로 정한 경우, 약정기간인 6개월이 유효하므로 甲, 乙 모두 그 기간이 유효함을 주장할 수 있다.

④ 서울특별시의 경우, 환산보증금이 9억 원을 초과하는 상가임대차의 경우에는 임차권등기명령 규정이 인정되지 않는다.

⑤ 서울특별시의 경우, 환산보증금이 9억 원을 초과하는 상가임대차의 경우, 대항력은 인정되지만 우선변제권은 인정되지 않는다. 따라서 X건물이 경매로 매각된 경우, 甲은 특별한 사정이 없는 한 보증금에 대해 일반채권자보다 우선하여 변제받을 수 없다.

38 ★

③ 전유부분에 관하여 설정된 저당권의 효력은 특별한 사정이 없는 한 그 전유부분의 소유자가 사후에 취득한 대지사용권에까지 미친다(대판 2004다58611).

39 ★★

⑤ 채권자가 나름대로 평가한 청산금의 액수가 객관적인 청산금의 평가액에 미치지 못한다고 하더라도 담보권 실행의 통지로서의 효력이나 청산기간의 진행에는 아무런 영향이 없다(대판 96다6974).

40 ★★★

③ 양자 간 등기명의신탁에서 명의수탁자가 신탁부동산을 처분하여 제3취득자가 유효하게 소유권을 취득하고 이로써 명의신탁자가 신탁부동산에 대한 소유권을 상실하였다면, 명의신탁자의 소유권에 기한 물권적 청구권, 즉 말소등기청구권이나 진정명의회복을 원인으로 한

이전등기청구권도 더 이상 그 존재 자체가 인정되지 않는다. 그 후 명의수탁자가 우연히 신탁부동산의 소유권을 다시 취득하였다고 하더라도 명의신탁자가 신탁부동산의 소유권을 상실한 사실에는 변함이 없으므로, 여전히 물권적 청구권은 그 존재 자체가 인정되지 않는다(대판 2010다89814).

1	④	2	①	3	④	4	②	5	①	6	①	7	④	8	①	9	③	10	④
11	①	12	③	13	⑤	14	④	15	⑤	16	③	17	②	18	⑤	19	②	20	④
21	⑤	22	③	23	④	24	①	25	②	26	③	27	③	28	①	29	④	30	③
31	②	32	③	33	④	34	④	35	③	36	③	37	⑤	38	③	39	④	40	①

★ 초급 ★★ 중급 ★★★ 고급으로 문제의 난이도를 표시한 것임.

01 ★★
④ 법률행위의 표시된 동기가 사회질서에 반하는 경우, 그 법률행위는 반사회적 법률행위에 해당한다.

02 ★★
② 상대방이 불법적인 해악의 고지 없이 각서에 서명 날인할 것을 강력히 요구하는 것만으로도 강박이 되지 않는다(대판).
③ 상대방 있는 의사표시에 관하여 제3자가 사기를 행한 경우에 표의자는 상대방이 그 사실을 알았거나 알 수 있었을 경우에 한하여 그 의사표시를 취소할 수 있다(제110조 제2항).
④ 피기망자에게 손해를 가할 의사는 사기에 의한 의사표시의 성립요건이 아니다.
⑤ 교환계약의 일방 당사자가 자기 소유의 목적물의 가액을 시가보다 높게 허위로 고지하였더라도 특별한 사정이 없는 한, 기망행위에 해당하지 않는다(대판).

03 ★★★
④ 甲이 채권자의 강제집행을 면하기 위하여 乙과 짜고 그의 부동산을 매매 형식을 빌려 乙에게 소유권이전등기를 마친 경우, 이는 반사회적 법률행위에 해당하지 않으므로 甲은 乙에게 그 이전등기의 말소를 청구할 수 있다.

04 ★★
ㄴ. 경과실로 인해 착오에 빠진 표의자가 착오를 이유로 의사표시를 취소한 경우라도 이는 위법성이 없으므로 상대방에 대하여 불법행위로 인한 손해배상책임을 지지 않는다.
ㄹ. 매도인이 매수인의 채무불이행을 이유로 계약을 적법하게 해제한 후에도 매수인은 착오를 이유로 취소권을 행사할 수 있다.

05 ★
① 무경험이란 어느 특정영역에서의 경험부족을 말하는 것이 아니라 거래일반에서의 경험부족을 말한다.

06 ★
① 복대리인은 본인의 이름으로 법률행위를 한다.

07 ★★
④ 정지조건부 법률행위에 있어서 조건이 성취되었다는 사실은 이에 의하여 권리를 취득하고자 하는 측에서 그 입증책임이 있다 할 것이므로, 정지조건부 채권양도에 있어서 정지조건이 성취되었다는 사실은 채권양도의 효력을 주장하는 자에게 그 입증책임이 있다(대판 1983. 4. 12, 81다카692).

08 ★★
② 표현대리가 성립하는 경우, 상대방에게 과실이 있더라도 과실상계의 법리를 유추적용하여 본인의 책임을 경감할 수 없다.
③ 대리권수여의 표시에 의한 표현대리가 해당하여 대리행위의 효과가 본인에게 귀속하기 위해서는 대리행위 상대방의 선의 이외에 무과실까지 요구된다.
④ 권한을 넘은 표현대리 규정은 법정대리에도 적용된다.
⑤ 등기신청의 대리권을 수여받은 자가 그 권한을 유월하여 대물변제라는 사법행위를 한 경우에도 권한을 넘은 표현대리가 성립할 수 있다.

09 ★
ㄴ. 甲은 채무불이행을 이유로 계약을 해제할 수 없다.
ㄷ. 계약이 유동적 무효 상태에서는 乙은 이미 지급한 계약금 등을 부당이득으로 반환청구할 수 없고, 확정적 무효 상태에서 이미 지급한 계약금 등을 부당이득으로 반환청구할 수 있다.

10 ★★★
④ 丙이 계약 당시에 乙에게 대리권이 없음을 알았던 경우, 丙은 무권대리행위를 철회할 수는 없으나, 甲에게 그 추인 여부의 확답을 최고할 수는 있다(제131조, 제132조).

11 ★

① 민법 제214조의 규정에 의하면, 소유자가 침해자에 대하여 방해제거 행위 또는 방해예방 행위를 하는 데 드는 "비용"을 청구할 수 있는 권리는 위 규정에 포함되어 있지 않으므로, 소유자가 민법 제214조에 기하여 방해배제 '비용' 또는 방해예방 '비용'을 청구할 수는 없다(대판 2014다52612).

② 불법원인으로 급여를 한 사람은 그 원인행위가 법률상 무효라 하여 상대방에게 부당이득반환청구를 할 수 없음은 물론 급여한 물건의 소유권은 여전히 자기에게 있다고 하여 소유권에 기한 반환청구도 할 수 없고 따라서 급여한 물건의 소유권은 급여를 받은 상대방에게 귀속된다(대판 79다483).

③ 물권적 청구권은 물권과 분리하여 양도할 수 없다.

④ 소유권에 기한 방해배제청구권에 있어서 '방해'라 함은 현재에도 지속되고 있는 침해를 의미하고, 법익 침해가 과거에 일어나서 이미 종결된 경우에 해당하는 '손해'의 개념과는 다르다 할 것이어서, 소유권에 기한 방해배제청구권은 "방해결과의 제거"를 내용으로 하는 것이 되어서는 아니 되며(이는 손해배상의 영역에 해당한다 할 것이다) 현재 계속되고 있는 방해의 원인을 제거하는 것을 내용으로 한다(대판 2003다5917).

⑤ 일단 소유권을 상실한 전소유자는 제3자인 불법점유자에 대하여 물권적 청구권에 의한 방해배제를 청구할 수 없다(대판 68다725). 즉 물권적 청구권은 현재 물권자만 행사할 수 있다.

12 ★★

③ 선의의 점유자가 본권에 관한 소에서 패소한 경우 "그 소가 제기된 때부터" 악의의 점유자로 보므로(제197조 제2항), 소제기된 이후에 취득한 과실은 반환할 의무가 있다.

13 ★★

⑤ 요역지 소유권이 이전되면 지역권은 그 이전등기를 할 필요 없이 함께 이전한다(부종성, 제292조 제1항).

14 ★★★

④ 부동산의 매수인이 그 부동산을 인도받은 이상 이를 사용·수익하다가 그 부동산에 대한 보다 적극적인 권리 행사의 일환으로 다른 사람에게 그 부동산을 처분하고 그 점유를 승계하여 준 경우에도 그 이전등기청구권의 행사 여부에 관하여 그가 그 부동산을 스스로 계속 사용·수익만 하고 있는 경우와 특별히 다를 바 없으므로 위 두 어느 경우에나 이전등기청구권의 소멸시효는 진행되지 않는다고 보아야 한다(대판 98다32175).

15 ★

① 이행판결을 받더라도 등기를 하여야 소유권을 취득한다(제186조).

② 상속인은 피상속인 사망시 등기 없이도 소유권을 취득한다(제187조).

③ 피담보채권이 소멸하면 저당권의 말소등기가 없어도 저당권이 소멸한다.

④ 경매의 매수인은 등기가 없이도 매각대금 완납시 소유권을 취득한다.

16 ★★

③ 공유물의 소수지분권자가 다른 공유자와의 협의 없이 자신의 지분 범위를 초과하여 공유물의 일부를 배타적으로 점유하고 있는 경우, 다른 소수지분권자는 물권적방해배제청구권을 행사할 수 있으나 공유물의 인도를 청구할 수 없다.

17 ★★

ㄴ. 기간만료로 지상권이 소멸하면 지상권자는 갱신청구권을 행사할 수 있다.

ㄹ. 채권담보를 위하여 토지에 저당권과 함께 무상의 담보지상권을 취득한 채권자는 특별한 사정이 없는 한 제3자가 토지를 불법점유하더라도 임료상당의 손해배상청구를 할 수 없다.

18 ★

⑤ 승역지에 관하여 통행지역권을 시효취득한 경우, 특별한 사정이 없는 한 요역지 소유자는 승역지 소유자에게 승역지의 사용으로 입은 손해를 보상해야 한다.

19 ★

① 주위토지통행권자는 담장과 같은 축조물이 통행에 방해가 되면 그 철거를 청구할 수 있다.

③ 소유 토지의 용도에 필요한 통로가 이미 있다면 그 통로를 사용하는 것보다 더 편리하다는 이유만으로 다른 장소로 통행할 권리가 인정되는 것은 아니다.

④ 기존의 통로가 있더라도 그것이 당해 토지의 이용에 부적합하여 실제로 통로로서의 충분한 기능을 하지 못할 때에도 주위토지통행권은 인정된다.

⑤ 주위토지통행권은 나중에 그 토지에 접하는 공로가 개설되어 그 통행권을 인정할 필요가 없어지면 소멸한다.

20 ★★

④ 전세권의 존속기간이 만료되면 전세권의 용익물권적 권능은 소멸하기 때문에 전세권 자체에 대하여는 저당권을 실행할 수 없다. 다만 저당권자는 전세금반환채권을 압류하는 등 물상대위권을 행사할 수 있다.

21 ★★

⑤ 전세권 존속기간은 10년을 넘지 못한다(제312조).

22 ★★★

③ 근저당권이 설정된 후에 그 부동산의 소유권이 제3자에게 이전된 경우에는 현재의 소유자가 자신의 소유권에 기하여 피담보채무의 소멸을 원인으로 그 근저당권설정등기의 말소를 청구할 수 있음은 물론이지만, 근저당권설정자인 종전의 소유자도 근저당권설정계약의 당사자로서 근저당권소멸에 따른 원상회복으로 근저당권자에게 근저당권설정등기의 말소를 구할 수 있는 계약상 권리가 있으므로 이러한 계약상 권리에 터잡아 근저당권자에게 피담보채무의 소멸을 이유로 하여 그 근저당권설정등기의 말소를 청구할 수 있다(대판 93다16338). 따라서 丙의 피담보채권이 변제된 경우, 甲 및 乙 모두 丙 명의의 근저당권설정등기의 말소를 청구할 수 있다.

23 ★★★

ㄴ. 토지저당권 설정자의 소유건물에 대하여 일괄경매청구권이 인정되므로, 토지저당권이 설정된 후 저당권설정자가 건물을 축조하였으나 경매 당시 제3자가 소유하고 있는 경우에는 일괄경매청구권이 인정되지 않는다.

ㄹ. 저당권자에게 일괄경매청구권이 인정되는 경우에도 저당권자는 토지만 경매를 청구하는 것도 허용된다.

24 ★★

① 유치권자에게는 우선변제권이 인정되지 않는다.

25 ★

② 쌍무계약은 모두 유상계약이지만, 유상계약이 모두 쌍무계약인 것은 아니다(현상광고계약은 유상계약이지만 편무계약이다).

26 ★★

③ 쌍무계약의 당사자 일방의 채무가 쌍방의 책임 없는 사유로 이행할 수 없게 된 때에는 채무자는 이행을 청구할 수 없지만(제537조), 채권자의 수령지체 중에 당사자 쌍방의 책임 없는 사유로 이행할 수 없게 된 때에는 채무자는 상대방의 이행을 청구할 수 있다(제538조).

27 ★★★

③ 쌍무계약에서 선이행의무자가 선이행하여야 할 채무를 이행하지 않은 상태에서 상대방의 채무가 이행기에 도달한 경우, 선이행의무자는 동시이행의 항변을 행사할 수 있다(대판).

28 ★★★

② 甲·乙 사이의 매매계약이 해제되면, 丙은 원상회복의무가 없으므로 특별한 사정이 없는 한 乙은 계약해제 등에 기한 원상회복을 원인으로 丙에게 이미 지급한 잔금의 반환을 청구할 수 없다.

③ 丙에게 잔금을 지급하기로 한 약정이 체결된 이후, 甲·丙 사이의 금전소비대차계약이 취소되었더라도 이러한 대가관계의 흠은 제3자를 위한 계약에 아무런 영향을 미치지 않으므로 乙은 丙에 대하여 잔금의 지급을 거절할 수 없다.

④ 낙약자는 요약자와의 계약에 기한 항변으로 제3자에게 대항할 수 있으므로(제542조), 甲이 乙에게 매매계약에 따른 이행을 하지 않으면 乙은 丙에게 대금지급을 거절할 수 있다.

⑤ 취소권이나 해제권은 계약당사자인 甲의 고유한 권리이므로, 丙의 권리가 확정된 후에도 甲이 착오를 이유로 매매계약을 취소할 수 있다.

29 ★★

④ 계약해제의 소급효로부터 보호될 수 있는 제3자에 해당하는 자는 등기, 인도 등 완전한 권리를 갖춘 자이다. 따라서 계약해제 전, 해제 대상인 계약상의 채권 자체를 압류 또는 전부(轉付)한 채권자는 계약의 해제의 소급효로부터 보호될 수 있는 제3자에 해당하지 않는다.

30 ★

③ 매매의 목적이 된 권리가 타인에게 속한 경우에는 매도인은 그 권리를 취득하여 매수인에게 이전하여야 한다(제569조). 즉 유효이다.

31 ★★★

② 甲이 해제권을 행사하는 경우, 해제의 의사표시 외에 계약금 배액의 이행제공이 있어야 한다.

32 ★★★

③ 타인의 권리를 매도한 자가 그 전부를 취득하여 매수인에게 이전할 수 없는 경우, 악의의 매수인은 계약을 해제할 수 있다(제570조).

33 ★★

④ 임차인의 채무불이행으로 임대차계약이 해지된 경우에는 임차인의 부속물매수청구권은 인정되지 않는다.

34 ★★★

④ 만약 乙이 甲의 동의를 얻어 丙에게 전대한 경우, 전대차 종료 시에 丙은 건물 사용의 편익을 위해 임대인 甲의 동의를 얻어 부속한 물건의 매수를 甲에게 청구할 수 있다.

35 ★★

③ 대항력 있는 임차권보다 선순위의 저당권이 존재하는 주택이 경매로 매각된 경우, 임차권의 대항력은 소멸하므로 경매의 매수인은 임대인의 지위를 승계하지 않는다.

36 ★★

③ 주택임대차보호법 제3조 제3항은 같은 조 제1항이 정한 대항요건을 갖춘 임대차의 목적이 된 임대주택(이하 '임대주택'은 주택임대차보호법의 적용대상인 임대주택을 가리킨다)의 양수인은 임대인의 지위를 승계한 것으로 본다고 규정하고 있는바, 이는 법률상의 당연승계 규정으로 보아야 하므로, 임차인의 임대차보증금반환채권이 가압

류된 상태에서 임대주택이 양도되면 양수인이 채권가압류의 제3채무자의 지위도 승계하고, 가압류권자 또한 임대주택의 양도인이 아니라 양수인에 대하여만 위 가압류의 효력을 주장할 수 있다고 보아야 한다(대판 2011다49523).

37 ★★

⑤ 임차인이 임차한 건물을 중대한 과실로 전부 파손한 경우, 임대인은 권리금 회수의 기회를 보장할 필요가 없다(제10조의4 제1항 단서).

38 ★★★

② 甲이 청산금의 평가액을 통지한 후에는 청산금 평가액이 객관적인 평가액을 넘더라도 甲은 청산금액이 통지한 평가액에 미달하는 것임을 주장하지 못한다. 즉 다툴 수 없다.

39 ★★★

① 甲과 乙의 명의신탁약정은 무효하다.

② 乙명의의 등기는 유효이다.

③ 甲은 乙을 상대로 부당이득반환으로 자신이 제공한 매수자금을 청구할 수 있을 뿐 X부동산의 등기이전을 청구할 수 없다(대판 2002다66922).

⑤ 乙이 소유자이므로 丙은 특별한 사정이 없는 한 乙명의의 등기말소를 청구할 수 없다.

40 ★

① 각 구분소유자의 공용부분에 대한 지분은 그가 가지는 전유부분의 면적비율에 의한다.

제2과목 민법 및 민사특별법 제4회 정답 및 해설

1	④	2	①	3	①	4	⑤	5	②	6	⑤	7	③	8	②	9	②	10	②
11	⑤	12	⑤	13	⑤	14	①	15	④	16	④	17	⑤	18	④	19	④	20	③
21	②	22	⑤	23	④	24	②	25	③	26	②	27	①	28	⑤	29	③	30	③
31	④	32	④	33	⑤	34	⑤	35	④	36	①	37	④	38	③	39	④	40	⑤

★ 초급   ★★ 중급   ★★★ 고급으로 문제의 난이도를 표시한 것임.

01 ★★★
④ 무권대리행위는 본인과의 관계에서는 효력이 없으므로 甲은 무권대리임을 주장하여 丙으로부터 되돌려 받을 수 있다.
①, ②, ③, ⑤ 민법 제107조~제110조의 비정상적 의사표시는 무효 또는 취소문제로서 거래안전을 위해 선의 제3자 보호규정을 두고 있다.

02 ★★
① 추인은 명시적으로 뿐만 아니라 묵시적으로 할 수 있다.

03 ★★
① 취소할 수 있는 법률행위 추인은 취소원인 종료 후에 하여야 하므로 강박상태에서 추인한 경우 추인의 효과가 발생하지 않으므로 강박상태에서 추인한 경우에도 그 의사표시를 취소할 수 있다.

04 ★★★
④ 법률행위에 무효사유나 취소사유가 있다는 사실은 그 사유를 주장하는 자가 증명하여야 한다. 즉 丙은 선의로 추정되므로 甲이 자신의 소유권을 주장하려면 丙의 악의를 증명해야 한다.
⑤ 허위표시에서 제3자는 선의이면 보호되는 것이지 무과실을 요하지 않는다.

05 ★★
① 불공정한 법률행위는 무효행위의 추인이 인정되지 않는다.
③ 무경험이란 거래일반에 관한 경험 및 지식의 결여이다.
④ 현저하게 대가적 균형을 잃었다고 해서 곧 그것이 궁박·경솔하게 이루어진 것으로 추정되지 않는다.
⑤ 폭리자가 폭리의 악의를 가지고 있어야 한다.

06 ★
⑤ 증여는 계약이다.

07 ★
① 복대리인은 대리인이 자신의 이름으로 선임한 본인의 임의대리인이다.
② 임의대리인은 본인의 승낙이 있거나 부득이한 사유가 있는 경우에 복대리인을 선임할 수 있다.
④ 법정대리인은 복대리인을 선임 시 원칙적으로 무과실책임을 지며, 부득이한 사유로 인한 때에는 선임·감독책임을 진다.
⑤ 무권대리행위를 추인한 경우 다른 의사표시가 없는 때에는 계약 시에 소급하여 그 효력이 생긴다(제133조).

08 ★★
② 강제집행을 면할 목적으로 부동산에 허위의 근저당권설정등기를 경료하는 행위는 허위표시로서 무효이다.

09 ★★
② 폭리행위로 무효가 된 법률행위는 무효행위의 추인은 인정되지 않지만 다른 법률행위로 전환될 수 있다.

10 ★★
② 불능조건을 해제조건으로 한 경우 그 법률행위는 조건 없는 법률행위로 본다.

11 ★★★
⑤ 부동산 소유권 보존등기가 경료되어 있는 이상 그 보존등기 명의자에게 소유권 있음이 추정된다 하더라도 그 보존등기 명의자가 보존등기하기 이전의 소유자로부터 부동산을 양수한 것이라고 주장하고 전 소유자는 양도사실을 부인하는 경우에는 그 보존등기의 추정력은 깨어진다.

12 ★★★
① 부동산 매수인이 갖는 소유권이전등기청구권은 채권적 청구권이나, 매수인이 점유하고 있거나 더 적극적인 권리행사로 제3자에게 목적물을 처분하여 점유를 승계해 준 경우에는 소멸시효에 걸리지 않는

다(대판).

② 丙에게는 적법한 점유권원이 인정되므로 甲이 소유물반환을 청구하는 경우에도 丙은 이를 거부할 수 있다(제213조).

③ 등기를 갖추지 않은 부동산 매수인은 소유권을 취득할 수도 없고, 소유권에 준하는 관습상의 물권도 인정되지 않는다(대판).

④ 3자 합의 후에도 甲과 乙은 계약을 적법하게 합의해제할 수 있고, 합의해제로 甲의 의무가 소멸하였으므로 甲은 丙의 소유권이전등기 청구를 거절할 수 있다.

⑤ 3자 간의 합의 유무를 불문하고 丙은 乙을 대위하여 甲에게 이전 등기를 할 것을 청구할 수 있다.

13 ★★

⑤ 경매로 인해 성립한 관습상 법정지상권을 법률행위에 의해 양도하기 위해서는 등기가 필요하다.

14 ★

① 점유자의 점유는 무과실은 추정되지 않는다(제197조).

15 ★★

토지의 점유자가 토지 소유자를 상대로 그 토지에 관하여「매매」를 원인으로 소유권이전등기청구소송을 제기하였다가 패소하였다 하더라도 그 사정만 들어서는 자주점유의 추정이 번복되어 타주점유로 전환되는 것은 아니다(대판 1997. 12. 12 97다30288).

16 ★

④ 중복등기로 인해 무효인 소유권보존등기에 기한 등기부 취득시효는 부정된다.

17 ★★★

④ 제3자가 권원 없이 자기명의로 공유토지의 소유권이전등기를 한 경우, 소수지분권자는 공유물의 보존행위로 원인무효 등기 전부의 말소를 청구할 수 있다.

18 ★

④ 지상권이 저당권의 목적인 때 또는 그 토지에 있는 건물, 수목이 저당권의 목적이 된 때에는 지상권의 소멸청구는 저당권자에게 통지한 후 상당한 기간이 경과함으로써 그 효력이 생긴다(제288조).

19 ★★★

ㄱ. 저당권설정 당시 동일인의 소유에 속하고 있던 토지와 지상 건물이 경매로 인하여 소유자가 다르게 된 경우에 건물소유자는 건물의 소유를 위한 민법 제366조의 법정지상권을 취득한다. 그리고 건물 소유를 위하여 법정지상권을 취득한 사람으로부터 경매에 의하여 건물의 소유권을 이전받은 매수인은 매수 후 건물을 철거한다는 등의 매각조건 하에서 경매되는 경우 등 특별한 사정이 없는 한 건물의 매

수취득과 함께 위 지상권도 당연히(등기 없이) 취득한다(대판 2012다73158).

ㄴ. 건물공유자의 1인이 그 건물의 부지인 토지를 단독으로 소유하면서 그 토지에 관하여만 저당권을 설정하였다가 위 저당권에 의한 경매로 인하여 토지의 소유자가 달라진 경우에도, 위 토지 소유자는 자기뿐만 아니라 다른 건물공유자들을 위하여도 위 토지의 이용을 인정하고 있었다고 할 것인 점 등에 비추어 위 건물공유자들은 민법 제366조에 의하여 토지 전부에 관하여 건물의 존속을 위한 법정지상권을 취득한다고 보아야 한다(대판 2010다67159).

ㄷ. 동일인의 소유에 속하는 토지 및 그 지상건물에 관하여 공동저당권이 설정된 후 지상 건물이 철거되고 새로 건물이 신축된 경우에, 특별한 사정이 없는 한, 저당물의 경매로 인하여 토지와 신축건물이 다른 소유자에게 속하게 되더라도 신축건물을 위한 법정지상권은 성립하지 않는다(대판 2011다73038,73045).

ㄹ. 민법 제366조의 법정지상권은 저당권설정 당시부터 저당권의 목적되는 토지 위에 건물이 존재할 경우에 한하여 인정되며, 토지에 관하여 저당권이 설정될 당시 그 지상에 토지소유자에 의한 건물의 건축이 개시되기 이전이었다면, 건물이 없는 토지에 관하여 저당권이 설정될 당시 근저당권자가 토지소유자에 의한 건물의 건축에 동의하였다고 하더라도 법정지상권이 성립되지 않는다(대판 2003다26051).

20 ★★

① 지상권, 전세권과 달리 지역권에는 저당권을 설정할 수 없다.

② 모든 공유자에 대한 취득시효 중단 사유가 아니면 그 효력이 없다(제295조 제2항).

③ 제292조 제1항

④ 소유자 외에 지상권자, 전세권자, 임차인 등도 지역권을 시효취득할 수 있다. 다만 불법점유자는 시효취득을 할 수 없다.

⑤ 지역권은 점유를 수반하지 않는 권리이므로 반환청구권은 인정되지 않는다.

21 ★

② 전세금 지급은 전세권의 성립요건이지만 목적 부동산의 인도는 성립요건이 아니다.

22 ★★★

① 유치권은 물권이므로 모든 사람에게 대항할 수 있으므로 틀리다.

② 乙은 수리대금 전부를 받을 때까지 시계를 반환하지 않아도 된다(불가분성).

③ 유치권자는 선량한 관리자의 주의로 유치물을 점유하여야 한다(제324조 제2항).

④ 목적물을 유치하고 있더라도 채권의 소멸시효는 진행된다(제326조).

⑤ 유치권자는 목적물의 과실을 수취하여 자기 채권의 변제에 충당할 수 있다(제323조).

23 ★★

④ 건물에 대한 저당권이 실행되어 경락인이 그 건물의 소유권을 취득하였다면 경락 후 건물을 철거한다는 등의 매각조건하에서 경매되었다는 등 특별한 사정이 없는 한 그 건물 소유를 위한 지상권도 민법 제187조의 규정에 따라 등기 없이 당연히 경락인이 취득한다(대판 92다527).

24 ★

② 피담보채권이 확정되기 이전이라면 후순위권리자의 승낙이 없어도 채무자나 채무원인을 변경할 수 있다.

25 ★

③ 격지자 간의 승낙은 승낙의 통지를 발송한 때에 효력이 생긴다(제531조).

26 ★★

② 동시이행의 항변권은 원칙적으로 쌍무계약에서만 인정되므로 증여와 사용대차와 같은 편무계약에서는 인정되지 않는다.

27 ★★

⑤ 위험부담은 일방의 채무가 그의 과실 없는「후발적 불능」으로 소멸한 경우에 문제된다.

28 ★★

③ 낙약자는 요약자와의 계약에 기한 항변으로 제3자에게 대항할 수 있으므로(제542조), 요약자가 낙약자에게 계약에 따른 이행을 하지 않으면 낙약자는 특별한 사정이 없는 한 수익자에게 대금지급을 거절할 수 있다.

29 ★★

ㄱ. 계약해제 전 그 계약상의 채권을 양수하고 이를 피보전권리로 하여 처분금지가처분결정을 받은 채권자는 해제로 인하여 보호받는 제3자에 해당하지 않는다(대판).

ㄷ. 계약해제 전 그 계약상의 채권을 압류한 자는 해제로 인하여 보호받는 제3자에 해당하지 않는다(대판).

30 ★★

③ 합의해지로 인하여 반환할 금전에 대해서는 특약이 없는 한 그 받은 날로부터 이자를 가산하여야 할 의무가 없다.

31 ★

④ 매매계약은 쌍무·낙성계약이다.

32 ★★

④ 특별한 사정이 없는 한 계약금은 해약금의 성질을 갖지만 손해배상액의 예정의 성질을 갖는 것은 아니다. 위약금 약정이 있는 경우에만 손해배상액의 예정의 성질을 갖는다.

33 ★★★

⑤ 강제경매절차의 기초가 된 채무자 명의의 소유권이전등기가 원인무효의 등기이어서 경매 부동산에 대한 소유권을 취득하지 못하게 된 경우, 이와 같은 강제경매는 무효라고 할 것이므로 경락인은 경매 채권자에게 부당이득반환청구를 할 수 있을 뿐, 채무자나 채권자의 담보책임은 인정될 여지가 없다(대판 2004. 6. 24 2003다59259).

34 ★★

⑤ 적법한 전대의 경우 임대인과 임차인의 합의로 임대차계약을 종료한 때에도 전차인의 권리는 소멸하지 않으므로(제631조), 甲이 乙과 임대차계약을 합의해지하더라도 丙의 전차권은 소멸하지 않는다.

35 ★★

④ 일시사용을 위한 임대차임이 명백한 경우에는 부속물매수청구권이 인정되지 않는다(제646조, 제653조).

36 ★★

① 경매절차에서 주택을 매각(경락)받았으나 아직 매각대금을 납부하지 않은 최고가매수신고인에 불과한 자로부터 임차한 경우에는 이 법에 의한 보호를 받을 수 없다. 이러한 경우에는 임차인이 주택을 인도받아 전입신고를 마치고 임대차계약서에 확정일자를 받았다 하더라도 우선변제권을 취득할 수 없다(대판 2014. 02. 27 2012다93794).

② 기존 채권을 임대차 보증금으로 전환하여 임대차계약을 체결하여도 대항력을 인정한다(대판 2002. 01. 08 2001다47535).

37 ★

④ 상가건물임대차보호법 제10조의4 제4항.

38 ★★

③ 집합건축물대장에 등록되지 않더라도 구분소유가 성립할 수 있다.

39 ★★

④ 채무자의 채무변제의무와 담보권말소의무의 경우, 채무자의 채무변제의무가 선이행의무이다.

40 ★★

ㄱ. 법률혼의 경우에만 허용된다.

ㄴ. 이 법에서 허용되는 상호명의신탁의 경우, 공유물분할청구의 소를 제기하여 구분소유적 공유관계를 해소할 수 없다.

ㄷ. 명의신탁약정은 그 자체로 선량한 풍속 기타 사회질서에 위반하는 경우에 해당하지 않으므로, 무효인 명의신탁약정에 기하여 타인명의의 등기가 마쳐졌다는 이유만으로 그것이 당연히 불법원인급여에 해당한다고 볼 수 없다(대판).

ㄹ. 명의수탁자가 제3자에게 부동산을 처분한 경우, 그 제3자는 선의·악의를 불문하고 소유권을 취득하는 것이 원칙이다.

제2과목 민법 및 민사특별법 제5회 정답 및 해설

1	③	2	②	3	④	4	⑤	5	④	6	⑤	7	②	8	③	9	①	10	⑤
11	②	12	①	13	④	14	②	15	①	16	③	17	③	18	⑤	19	③	20	④
21	⑤	22	④	23	⑤	24	③	25	②	26	①	27	⑤	28	②	29	③	30	①
31	④	32	⑤	33	④	34	⑤	35	⑤	36	②	37	②	38	①	39	②	40	②

★ 초급 ★★ 중급 ★★★ 고급으로 문제의 난이도를 표시한 것임.

01 ★
③ 강제집행을 면한 목적으로 허위의 근저당권을 설정하는 행위는 민법 제108조 통정허위표시로서 무효이지만 민법 제103조 반사회질서의 법률행위로서는 무효가 아니다.

02 ★★
② 의사표시의 상대방이 의사표시를 받은 때에 제한능력자인 경우에는 그 상대방의 법정대리인이 의사표시가 도달한 사실을 안 후에는 표의자는 그 의사표시로써 대항할 수 있다(제112조).

03 ★★
④ 도박채무를 변제하기 위해 채무자로부터 부동산의 처분을 위임받은 채권자가 그 부동산을 제3자에게 매도한 경우, 부동산 처분에 관한 대리권을 도박 채권자에게 수여한 행위 부분까지 사회질서 위반으로 무효라고 볼 수는 없으므로 위와 같은 사정을 알지 못하는 거래 상대방인 제3자가 도박 채무자부터 그 대리인인 도박 채권자를 통하여 위 부동산을 매수한 행위까지 무효가 된다고 할 수는 없다.

04 ★★
ㄱ. 상대방이 표의자의 착오를 알고 이용한 경우, 표의자는 착오가 중대한 과실로 인한 것이라도 의사표시를 취소할 수 있다.

ㄷ. 매도인의 하자담보책임이 성립하더라도, 착오를 이유로 한 매수인의 취소권은 배제되지 않는다.

05 ★★★
ㄱ. 甲의 이러한 행위는 무효이지만 반사회적인 행위가 아니므로 甲의 乙에 대한 반환청구는 허용된다.

ㄹ. 丙이 甲과 乙 사이의 통정사실에 대해 선의라면 과실이 있더라도 보호되므로, 甲은 丙에게 허위표시의 무효를 주장할 수 없다.

06 ★★
⑤ 상가를 분양하면서 그 곳에 첨단 오락타운을 조성하고 전문경영인에 의한 위탁경영을 통하여 일정 수익을 보장한다는 취지의 광고를 하였다고 상대방을 기망하여 분양계약을 체결하게 하였다거나 상대방이 계약의 중요부분에 관하여 착오를 일으켜 분양계약을 체결한 것이라고 볼 수 없다(대판99다55601).

07 ★
① 사회질서의 위반을 이유로 하는 법률행위의 무효는 절대적 무효이므로 선의의 제3자에게 대항할 수 있다.

③ 계약이 체결된 후 매매목적인 건물이 전소된 경우는 후발적 불능에 해당하므로 그 매매계약은 유효이다.

④ 계약의 해제는 상대방 있는 단독행위이다.

⑤ 타인소유의 부동산은 매매의 목적물이 될 수 있다(제569조).

08 ★★★
③ 저당권의 피담보채권 소멸 후 그 말소등기 전에 피담보채권의 전부명령을 받아 저당권이전등기가 이루어진 때에도 그 저당권은 효력이 없다(대판 2002다27910).

09 ★
② 수권행위의 철회는 임의대리권의 특유한 소멸사유이다(제128조).

③ 강제경매절차에서의 경매입찰대리권에는 채권자의 강제경매신청 취하에 동의할 권한은 포함되지 않는다(대판 83마201).

④ 대리인이 본인을 위한 것임을 표시하지 아니한 때에는 그 의사표시는 자기를 위한 것으로 본다. 그러나 상대방이 대리인으로서 한 것임을 알았거나 알 수 있었을 때에는 본인에게 대하여 효력이 생긴다(제115조).

⑤ 대리인은 행위능력자임을 요하지 않으므로(제117조), 피성년후견인도 대리인이 될 수 있다.

10 ★★
① 법정대리인은 취소원인이 소멸하기 전에도 취소할 수 있는 법률행위를 추인할 수 있다(제144조 제2항).

② 무효등기의 유용에 관한 합의 내지 추인은 묵시적으로도 이루어질 수 있으나, 위와 같은 묵시적 추인을 인정하려면 무효등기 사실을 알

면서 장기간 이의를 제기하지 아니하고 방치한 것만으로는 부족하고 그 등기가 무효임을 알면서도 유효함을 전제로 기대되는 행위를 하거나 용태를 보이는 등 무효등기를 유용할 의사에서 비롯되어 장기간 방치된 것이라고 볼 수 있는 특별한 사정이 있어야 한다(대판 2006다50055).

③ 무효인 가등기를 유효한 등기로 전용키로 한 약정은 그때부터 유효하고 이로써 위 가등기가 소급하여 유효한 등기로 전환될 수 없다(대판 91다26546).

④ 매매계약이 약정된 매매대금의 과다로 말미암아 민법 제104조에서 정하는 '불공정한 법률행위'에 해당하여 무효인 경우에도 무효행위의 전환에 관한 민법 제138조가 적용될 수 있다(대판 2009다50308).

11 ★
② 형성판결에 기한 부동산물권의 변동시기는 확정판결시이다(제187조). 반면 이행판결에 의한 물권변동은 등기하여야 효력이 생긴다.

12 ★★★
① 진정 소유자가 자신의 소유권을 주장하여 점유자를 상대로 소유권이전등기의 말소등기청구소송을 제기하여 점유자의 패소로 확정된 경우, 그 소송의 제기시부터는 점유자의 점유가 악의점유로 전환되고 패소판결확정시부터 타주점유로 전환된다.

13 ★★★
① 乙은 甲에 대해 소유권이전등기청구권을 갖는다.

② 甲, 乙, 丙 전원의 합의가 없다면 丙은 직접 甲을 상대로 이전등기를 청구할 수 없다.

③ 甲, 乙, 丙 전원의 합의가 있더라도 甲은 乙의 매매대금 미지급을 이유로 丙 명의로의 소유권이전등기의무 이행을 거절할 수 있다.

⑤ 乙이 甲에 대한 등기청구권을 丙에게 양도하고 이를 甲에게 통지하였더라도 그 양도에 관해 甲의 동의나 승낙이 없다면 丙은 甲을 상대로 직접 소유권이전등기를 청구할 수 없다(대판).

14 ★
② 저당권설정등기청구권은 채권적 청구권이므로 이를 보전하기 위한 가등기는 인정된다.

15 ★★
① 등기부상 권리변동의 당사자 사이에서도 등기의 추정력을 원용할 수 있다.

16 ★★★
③ 乙이 점유를 상실하면, 이를 시효이익의 포기로 볼 수 있는 경우가 아닌 한, 취득한 소유권이전등기청구권은 곧바로 소멸하지 않고 점유를 상실한 때부터 10년의 소멸시효가 진행된다(대판).

17 ★★
③ 공유물을 손괴한 자에 대하여 공유자 중 1인은 특별한 사유가 없는 한 자기 지분의 범위 내에서 손해배상을 청구할 수 있다.

18 ★★
① 지상권의 존속기간을 정하지 않은 경우, 지상권은 최단존속기간으로 된다(280조).

② 지상권은 양도할 수 있으며, 그 존속기간 내에서 당해 토지를 임대할 수 있다(제282조).

③ 지상권을 저당권의 목적으로 할 수 있다(제371조 제1항).

④ 민법에 지상권의 최장존속기간에 관한 규정은 없으므로 존속기간을 영구로 정하는 것도 인정된다.

19 ★★
③ 전세권의 존속기간 중 전세목물의 소유권이 이전된 경우 구(舊) 소유자의 전세권자에 대한 전세금반환의무는 소멸하고 신소유자가 부담한다.

20 ★★★
ㄷ. 저당권은 그 담보한 채권과 분리하여 타인에게 양도하거나 다른 채권의 담보로 하지 못한다(제361조). 따라서 丙의 전세권저당권은 피담보채권을 수반한다면 양도할 수 있다.

21 ★★
① 소유자는 여전히 매도인이지만 매수인은 정당한 점유권원이 있으므로, 매도인은 당해 부동산을 점유하고 있는 매수인을 상대로 소유권에 기한 반환청구를 할 수 없다.

② 매수인으로부터 다시 위 토지를 매수한 자 또한 역시 정당한 점유권원이 있으므로, 매도인은 토지 소유권에 기한 물권적 청구권을 행사할 수 없다.

③ 부동산의 매수인이 목적물을 인도받아 계속 점유하는 경우, 매수인의 매도인에 대한 소유권이전등기청구권은 채권적 청구권이지만 소멸시효가 진행되지 않는다(대판).

④ 부동산 매수인이 부동산을 인도받아 사용·수익하다가 제3자에게 그 부동산을 처분하고 점유를 승계하여 준 경우, 점유를 상실하였더라도 매수인의 소유권이전등기청구권은 여전히 소멸시효가 진행되지 않는다(대판).

22 ★★
④ 유치권의 행사는 채권의 소멸시효의 진행에 영향을 미치지 아니하므로(제326조), 유치권 행사로서의 점유가 계속되더라도 피담보채권의 소멸시효는 진행한다.

23 ★★
① 건물의 소유자는 당해 건물을 현실적으로 점유하고 있지 아니하더라도 특별한 사정이 없는 한 그 부지인 토지를 점유하고 있다고 보아

야 한다(대판).

② 건물로서의 요건을 갖추고 있는 이상 무허가건물이거나 미등기건물에 대해서도 관습상의 법정지상권이 인정된다(대판 1988. 4. 12).

③ 토지와 함께 공동근저당권이 설정된 건물이 그대로 존속함에도 불구하고 사실과 달리 등기부에 멸실의 기재가 이루어지고 이를 이유로 등기부가 폐쇄된 경우, 그 후 토지에 대하여만 경매절차가 진행된 결과 토지와 건물의 소유자가 달라지게 되었다면 그 건물을 위한 법정지상권은 성립한다(대판 2013. 3. 14).

④ 구분소유적 공유관계에 있는 대지 중 乙이 매수하지 아니한 부분과 지상에 있는 乙 소유의 건물부분은 당초부터 건물과 토지의 소유자가 서로 다른 경우에 해당되어 그에 관하여는 관습상의 법정지상권이 성립될 여지가 없다(대판 1994. 1. 28).

⑤ 대판[전합] 2012. 10. 18

24 ★

③ 건물 저당권자는 건물의 차임, 매매대금에 대해서는 물상대위를 할 수 없다.

25 ★★

② 제3취득자나 물상보증인은 채권최고액만 변제하고 근저당권설정등기의 말소를 청구할 수 있다.

26 ★

① 쌍무계약은 모두 유상계약이지만, 유상계약이 모두 쌍무계약인 것은 아니다. 즉 현상광고계약은 유상계약이지만 편무계약이다.

27 ★★

⑤ 쌍무계약의 당사자 일방의 채무가 쌍방의 책임 없는 사유로 이행할 수 없게 된 때에는 채무자는 이행을 청구하지 못한다(제537조 - 채무자위험부담주의). 다만 쌍무계약 당사자 일방의 채무가 채권자의 책임 있는 사유로 이행할 수 없게 된 때(채권자의 수령지체)에는 채무자는 상대방의 이행을 청구할 수 있다(제538조 제1항 - 채권자위험부담주의).

28 ★★★

② 동시이행의 항변권이 있는 채무의 이행기가 도래한 경우, 그 채무자는 반대채무의 이행의 제공이 없는 한 동시이행의 항변권을 행사하지 않더라도 지체책임을 지지 않는다(대판).

29 ★★★

ㄴ. 제3자를 위한 계약의 당사자가 아닌 수익자는 계약의 해제권이나 해제를 원인으로 한 원상회복청구권이 있다고 볼 수 없다(대판 92다41559).

ㄹ. 낙약자는 요약자와 수익자 사이의 법률관계에 기한 항변으로 수익자에게 대항할 수 없으며, 요약자도 자신과 수익자와의 관계인 대

가관계의 부존재나 효력의 상실을 이유로 자신의 기본관계에 기하여 낙약자에게 부담하는 채무의 이행을 거부할 수 없다.

30 ★★

① 토지가 수용된 것은 매도인에게 귀책사유가 없으므로 위험부담의 문제이다. 따라서 매수인은 매도인에게 채무불이행을 이유로 손해배상을 청구할 수 없다.

31 ★★

④ 미등기 무허가건물에 관한 매매계약이 해제되기 전에 매수인으로부터 무허가건물을 다시 매수하고 무허가건물관리대장에 소유자로 등재된 자는 민법 제548조 제1항 단서에서 말하는 제3자에 해당하지 않는다(대판).

32 ★★

⑤ 토지거래허가를 받은 것은 이행의 착수에 해당하지 않으므로, 甲은 계약금 배액을 상환하고 해제할 수 있다.

33 ★

④ 법원 경매의 경우에는 물건의 하자로 인한 담보책임이 적용되지 않지만 권리의 하자로 인한 담보책임은 적용된다.

34 ★

③ 임차인의 차임연체액이 2기의 차임액에 달한다는 이유로 임대인이 임대차계약을 해지하는 경우, 그 사유를 전차인에게 통지하지 않더라도 해지로써 전차인에게 대항할 수 있다.

35 ★

⑤ 오로지 임차인의 특수목적을 위해 부속된 물건은 매수청구의 대상이 아니다.

36 ★★★

② 양자간 등기명의신탁에서 명의수탁자가 신탁부동산을 처분하여 제3취득자가 유효하게 소유권을 취득하고 이로써 명의신탁자가 신탁부동산에 대한 소유권을 상실하였다면, 명의신탁자의 소유권에 기한 물권적 청구권, 즉 말소등기청구권이나 진정명의회복을 원인으로 한 이전등기청구권도 더 이상 그 존재 자체가 인정되지 않는다. 그 후 명의수탁자가 우연히 신탁부동산의 소유권을 다시 취득하였다고 하더라도 명의신탁자가 신탁부동산의 소유권을 상실한 사실에는 변함이 없으므로, 여전히 물권적 청구권은 그 존재 자체가 인정되지 않는다(대판 2010다89814).

37 ★★

② 구분소유자 중 일부가 정당한 권원 없이 집합건물의 복도, 계단 등과 같은 공용부분을 배타적으로 점유·사용한 경우, 해당 공용부분이

구조상 이를 별개 용도로 사용하거나 다른 목적으로 임대할 수 있는 대상이 아닌 경우에도 해당 공용부분을 점유·사용함으로써 얻은 이익을 부당이득으로 반환할 의무가 있다.

38 ★★★

① 채권자가 채무자에게 청산금을 지급하고 난 후부터는 담보목적물에 대한 과실수취권은 채권자에게 귀속한다.

② 채권자가 담보권실행을 통지함에 있어서, 청산금이 없다고 인정되더라도 통지의 상대방에게 그 뜻을 통지하여야 한다.

④ 통지한 청산금액이 객관적으로 정확하게 계산된 액수와 맞지 않아도 실행통지로서의 효력이 있다.

⑤ 가등기가 담보가등기인지, 청구권보전을 위한 가등기인지의 여부는 등기부상 표시를 보고 구별하기 어렵다.

39 ★★

① 일시사용을 위한 것임이 명백한 임대차에는 이 법이 적용되지 않는다.

③ 임차인은 임대인에게 계약갱신을 요구할 수 있으나 전체 임대차 기간이 10년을 초과해서는 안 된다.

④ 임대차가 종료한 후 보증금이 반환되지 않은 때에는 임차인은 관할 법원에 임차권등기명령을 신청할 수 있다.

⑤ 임대차계약이 묵시적으로 갱신된 경우, 임차인의 계약해지의 통고가 있으면 3개월 후 해지의 효력이 발생한다.

40 ★★

② 이미 저당권이 설정된 주택을 임차하여 대항력을 갖춘 경우라면, 후순위저당권이 실행되더라도 매수인이 된 자에게 대항할 수 없다.

제2과목 민법 및 민사특별법 제6회 정답 및 해설

1	①	2	①	3	④	4	②	5	②	6	③	7	④	8	②	9	⑤	10	④
11	③	12	④	13	①	14	⑤	15	②	16	④	17	④	18	③	19	⑤	20	②
21	③	22	②	23	⑤	24	⑤	25	④	26	③	27	③	28	①	29	⑤	30	⑤
31	②	32	⑤	33	④	34	④	35	④	36	③	37	③	38	④	39	①	40	⑤

★ 초급 ★★ 중급 ★★★ 고급으로 문제의 난이도를 표시한 것임.

01 ★★

① 기성조건이 정지조건이면 조건 없는 법률행위가 되고, 기성조건이 해제조건이면 무효가 된다(제152조 제2항).

② 의사표시가 발송된 후라도 도달하기 전이라면 표의자는 그 의사표시를 철회할 수 있다.

③ 어떤 해악의 고지 없이 단순히 각서에 서명·날인할 것만을 강력히 요구한 행위는 강박에 의한 의사표시의 강박행위가 아니다.

④ 표의자가 과실 없이 상대방의 소재를 알지 못한 경우에는 민사소송법의 공시송달규정에 의하여 의사표시를 송달할 수 있다.

⑤ 농지취득자격증명은 농지취득의 원인이 되는 매매계약의 효력발생요건이 아니다.

02 ★★

① 무효인 가등기를 유효한 가등기로 전용하기로 한 약정은 그때부터 유효하고 이로써 그 가등기가 소급하여 유효가 되는 것은 아니다(대판).

② 취소권은 추인할 수 있는 날로부터 3년 내에, 법률행위를 한 날로부터 10년 내에 행사하여야 한다.

③ 무효인 법률행위를 사후에 적법하게 추인한 때에는 다른 정함이 없으면 그때부터 새로운 법률행위를 한 것으로 보아야 한다.

④ 무권리자가 甲의 권리를 자기의 이름으로 처분한 경우, 甲이 그 처분을 추인하면 처분행위의 효력이 甲에게 미친다.

⑤ 무효행위의 추인은 그 무효원인이 소멸한 후에 하여야 그 효력이 있다.

03 ★★

① 대리행위가 강행법규에 위반하여 무효가 된 경우에는 표현대리가 적용되지 아니한다.

② 본인의 허락이 없는 자기계약은 무권대리가 되며, 본인이 추인하면 유효한 대리행위로 될 수 있다.

③ 상대방 없는 단독행위(예 유증, 재단법인 설립행위)의 무권대리는 절대적 무효이므로 추인하여도 무효이다.

④ 대리인이 자기의 이익을 위한 배임적 의사표시를 하였고(대리권

남용) 상대방도 이를 알았거나 알 수 있었던 경우, 본인은 그 대리인의 행위에 대하여 책임이 없다(제107조 유추적용).

⑤ 권한을 정하지 아니한 임의대리인은 본인의 미등기부동산에 관한 보존등기를 할 수 있다(118조).

04 ★★★

① 乙이 甲을 단독상속한 경우, 乙은 본인의 지위에서 추인거절권을 행사할 수 없다.

② 무권대리행위의 추인은 무권대리인, 상대방, 상대방의 승계인에게도 할 수 있다(대판).

③ 甲의 추인은 그 무권대리행위가 있음을 알고 이를 추인하여야 그 행위의 효과가 甲에게 귀속된다.

④ 甲이 乙에게 추인한 경우에 丙이 추인이 있었던 사실을 알지 못한 때에는 甲은 丙에게 추인의 효과를 주장하지 못한다(제132조).

⑤ 만약 乙이 미성년자라면, 甲이 乙의 대리행위에 대해 추인을 거절하더라도 丙은 乙에 대해 계약의 이행이나 손해배상을 청구할 수 없다(제135조).

05 ★

ㄴ. 주택법의 전매제한 규정은 단순한 단속규정에 불과할 뿐 효력규정이라고 할 수는 없어 당사자가 이에 위반한 약정을 하였다고 하더라도 약정이 당연히 무효가 되는 것은 아니다(대판 2010다102991).

06 ★★

① 상대방이 동의하거나 상대방에게 불리하지 않은 경우에는 예외적으로 채무면제와 같은 단독행위에 조건을 붙일 수 있다.

② 정지조건부 법률행위는 조건이 불성취로 확정되면 무효로 된다.

③ 조건부 법률행위에 있어 조건의 내용 자체가 불법적인 것이어서 무효일 경우 또는 조건을 붙이는 것이 허용되지 않는 법률행위에 조건을 붙일 경우, 그 조건만을 분리하여 무효로 할 수는 없고 법률행위 전부가 무효가 된다(대판 2005마541).

④ 당사자가 조건성취의 효력을 그 성취 전에 소급하게 할 의사를 표시한 때에는 그 의사에 의한다(제147조 제3항).

⑤ 정지조건의 경우에는 권리를 취득한 자가 조건성취에 대한 증명책임을 부담한다.

07 ★

① 경매에는 적용되지 않는다.

② 무상계약에는 적용되지 않는다.

③ 불공정한 법률행위에 무효행위 전환의 법리가 적용될 수 있다.

④ 대리인의 법률행위의 경우, 궁박은 본인을 기준으로 판단하고, 경솔과 무경험은 대리인을 기준으로 판단한다(대판 1932. 4. 25 71다2255).

⑤ 매매계약이 불공정한 법률행위에 해당하는지는 법률행위가 이루어진 때를 기준으로 판단하여야 한다.

08 ★

① 저당권의 설정 – 설정적 승계

③ 유언 – 요식행위

④ 무주물의 선점 – 원시취득

⑤ 타인권리매매 – 유효

09 ★★★

① 乙은 丙에게 소유권이전등기를 직접 청구할 수 없다.

② 乙은 丙에 대하여 불법행위를 이유로 손해배상을 청구할 수 있다.

③ 甲은 계약금 배액을 상환하고 乙과 체결한 매매계약을 해제할 수 없다.

④ 丙명의의 등기는 甲이 추인하더라도 유효가 될 수 없다.

⑤ 부동산의 이중매매에서 제2매수인이 적극 가담한 경우에는 사회질서 위반으로 무효가 되고, 사회질서 위반은 절대적 무효이므로 선의의 제3자라도 보호되지 않는다. 따라서 丁은 선의이더라도 甲과 丙의 이중매매가 유효라고 주장할 수 없다(대판).

10 ★★

① 당사자가 착오를 이유로 의사표시를 취소하지 않기로 약정한 경우, 표의자는 의사표시를 취소할 수 없다.

② 건물과 그 부지를 현상대로 매수한 경우에 부지의 지분이 미미하게 부족하다면, 그 매매계약의 중요부분의 착오가 되지 아니한다.

③ 제3자의 기망에 의하여 부동산거래계약서에 서명·날인한다는 착각에 빠진 상태로 연대보증의 서면에 서명·날인한 경우에는 표시상의 착오에 해당하므로 사기에 의한 법리가 적용될 것이 아니라 착오에 의한 법리를 적용하여 취소권 행사의 가부를 가려야 한다.

④ 표의자에게 중대한 과실이 있다 하더라도 상대방이 표의자의 착오를 알면서 이용한 경우에는 표의자의 취소권이 인정된다(대판 2013다49794).

⑤ 상대방에 의해 유발된 동기의 착오는 동기가 표시되지 않았더라도 중요부분의 착오가 될 수 있다.

11 ★★

③ 토지전세권의 존속기간을 정하지 않은 경우에는 각 당사자는 언제든지 소멸통고를 할 수 있다. 다만 소멸통고의 효력이 6월이 지나야 발생한다(제313조).

12 ★★

① 선의의 점유자는 점유물의 과실을 취득한다.

② 점유자가 점유물반환청구권을 행사하는 경우, 그 침탈된 날로부터 1년 내에 행사하여야 한다.

③ 점유자가 유익비를 지출한 경우, 그 가액의 증가가 현존한 경우에 한하여 상환을 청구할 수 있다.

⑤ 점유물이 점유자의 책임 있는 사유로 멸실된 경우, 소유의 의사가 없는 점유자는 선의인 경우에도 손해의 전부를 배상해야 한다.

13 ★

① 토지 소유자뿐만 아니라 지상권자, 전세권자 임차인 등 정당한 토지 사용권을 갖는 자들도 요건을 갖추면 지역권의 시효취득이 가능하다. 다만 토지의 불법점유자는 통행지역권의 시효취득이 허용되지 않는다(대판 1936. 10. 29 76다1694).

② 승역지는 반드시 1필의 토지일 필요는 없으나 요역지는 1필의 토지이어야 한다.

③ 지역권은 요역지와 분리하여 양도하거나 다른 권리의 목적으로 하지 못한다.

④ 요역지가 수인의 공유인 경우에 그 1인에 의한 지역권소멸시효의 정지는 다른 공유자를 위하여 효력이 있다.

⑤ 토지공유자의 1인은 지분에 관하여 그 토지를 위한 지역권을 소멸하게 하지 못한다.

14 ★

① 점유권에 기인한 소는 본권에 관한 이유로 재판하지 못한다(제208조 제2항).

② 점유자는 소유의 의사로 선의, 평온 및 공연하게 점유한 것으로 추정한다.

③ 전후양시에 점유한 사실이 있는 때에는 그 점유는 계속한 것으로 추정한다.

④ "점유자가 점유물에 대하여 행사하는 권리는 적법하게 보유한 것으로 추정한다"는 제200조 규정은 부동산물권에는 적용되지 않는다(대판).

⑤ 전세권, 임대차, 기타의 관계로 타인으로 하여금 물건을 점유하게 한 자는 간접으로 점유권이 있다.

15 ★★

① 상속에 의하여 피상속인의 점유권은 상속인이 상속의 개시를 알지 못한 경우라도 상속인에게 이전된다.

③ 신축건물의 보존등기를 건물 완성 전에 하였더라도 그 후 그 건물

이 곧 완성된 이상 등기를 무효라고 볼 수 없다.

④ 부동산 공유자의 1인은 당해 부동산에 관하여 제3자 명의로 원인무효의 소유권이전등기가 경료되어 있는 경우 공유물에 관한 보존행위로서 제3자에 대하여 그 등기 전부의 말소를 구할 수 있다(대판 92다52870).

⑤ 부동산에 관하여 적법·유효한 등기를 하여 소유권을 취득한 사람이 부동산을 점유하는 경우, 사실상태를 권리관계로 높여 보호할 필요가 없다면 그 점유는 취득시효의 기초가 되는 점유라고 할 수 없다.

16 ★★
① 지상권설정계약 당시 건물 기타 공작물이 없더라도 지상권은 유효하게 성립할 수 있다.

② 지상권자는 토지소유자의 의사에 반하여도 자유롭게 타인에게 지상권을 양도할 수 있다.

③ 지상의 공간은 상하의 범위를 정하여 공작물을 소유하기 위한 지상권의 목적으로 할 수 있다.

⑤ 지상권의 소멸 시 지상권설정자가 상당한 가액을 제공하여 공작물 등의 매수를 청구한 때에는 지상권자는 정당한 이유 없이 이를 거절하지 못한다.

17 ★★★
① 甲이 乙과 협의 없이 X토지를 丙에게 임대한 경우, 乙은 丙에게 X토지의 인도를 청구할 수 없다.

② 甲이 乙과 협의 없이 X토지를 丙에게 임대한 경우, 丙은 乙의 지분에 상응하는 차임 상당액을 乙에게 부당이득으로 반환할 의무가 없다.

③ 乙이 甲과 협의 없이 X토지를 丙에게 임대한 경우, 甲은 丙에게 X토지의 인도를 청구할 수 있다.

④ 공유물의 관리에 관한 사항은 공유자 지분의 과반수로써 결정하므로(제265조), 과반수 지분권자인 甲의 동의 없이는 乙은 자신 지분의 범위 내이더라도 공유물의 특정 부분을 배타적으로 사용·수익할 수 없다.

⑤ 甲이 X토지 전부를 乙의 동의 없이 매도하여 매수인 명의로 소유권이전등기를 마친 경우, 매매계약은 전부 유효하지만 등기는 甲의 지분 범위 내에서 유효하다.

18 ★★★
① 乙은 관습상의 법정지상권을 등기 없이 취득한다.

② 甲은 丙에게 토지의 사용에 대한 부당이득반환청구를 할 수 있다.

③ 관습상의 법정지상권의 취득은 법률규정에 의한 물권취득이므로 관습상의 법정지상권자는 그 지상권에 관한 등기가 없어도 토지소유자(甲)나 새로운 토지 소유자(丁)에게 관습상의 법정지상권을 주장할 수 있다(대판).

④ 甲의 丙에 대한 건물철거 및 토지인도청구는 신의성실의 원칙상 허용될 수 없다.

⑤ 만약 丙이 경매에 의하여 건물의 소유권을 취득한 경우라면, 특별한 사정이 없는 한 丙은 등기 없이도 관습상의 법정지상권을 취득한다.

19 ★★
ㄱ. 지상권자가 지상권에 기하여 토지에 부속시킨 물건은 지상권자의 소유로 된다.

ㄴ. 적법한 권원 없이 타인의 토지에 경작한 성숙한 배추의 소유권은 경작자에게 속한다.

ㄷ. 적법한 권원 없이 타인의 토지에 식재한 수목의 소유권은 토지소유자에게 속한다.

ㄹ. 건물임차인이 권원에 의하여 부속한 경우에도 그 증축부분이 구조상, 이용상의 독립성이 없어 기존 건물의 구성부분이 된 경우에는 그 증축부분의 소유권은 부동산의 소유자에게 귀속된다(대판 84다카2428).

20 ★
① 지상권은 저당권의 객체가 될 수 있다.

② 저당권은 그 담보한 채권과 분리하여 타인에게 양도하거나 다른 채권의 담보로 하지 못한다(제361조).

③ 저당권으로 담보한 채권이 시효완성으로 소멸하면 저당권도 소멸한다.

④ 저당권의 효력은 특별한 사정이 없는 한 저당부동산의 종물에도 미친다.

⑤ 저당물의 제3취득자가 그 부동산에 유익비를 지출한 경우, 저당물의 경매대가에서 우선상환을 받을 수 있다(제367조).

21 ★★
① 인접지의 수목뿌리가 경계를 넘은 때에는 임의로 제거할 수 있다.

② 주위토지통행권자는 통행에 필요한 통로를 개설한 경우 그 통로개설이나 유지비용을 부담해야 한다.

③ 통행지 소유자가 주위토지통행권에 기한 통행에 방해가 되는 담장을 설치한 경우, 통행지 소유자가 그 철거의무를 부담한다.

④ 경계에 설치된 담이 상린자의 공유인 경우, 상린자는 공유를 이유로 공유물분할을 청구하지 못한다.

⑤ 경계선 부근의 건축 시 경계로부터 반 미터 이상의 거리를 두지 않은 건물에 대해서는 인접지 소유자는 그 건물의 철거를 청구할 수 있다. 그러나 건축에 착수한 후 1년을 경과하거나 건물이 완성된 후에는 손해배상만을 청구할 수 있다(제242조).

22 ★
② 근저당권자가 스스로 경매를 신청하면 경매신청시에 그 근저당권의 피담보채권액이 확정되고(대판 97다26104), 후순위권리자가 경매를 신청하면 선순위 근저당권의 피담보채권은 매각대금완납시에 확정된다(대판 99다26085).

23 ★

ㅁ. 소유자가 변경되더라도 피담보채권의 변제가 없는 한 유치권은 소멸하지 않는다.

24 ★★

① 불가분성은 인정되지만 물상대위가 인정되지 않는다.

② 유치권의 성립을 배제하는 특약은 유효하다.

③ 유치권은 채무자 이외의 제3자 소유물에도 성립할 수 있다.

④ 채무자가 유치물을 직접 점유하고 있는 경우, 채권자는 자신의 간접점유를 이유로 유치권을 행사할 수 없다.

25 ★★

① 청약은 그에 대한 승낙만 있으면 계약이 성립하는 구체적·확정적 의사표시이어야 한다.

② 아파트 분양광고는 청약의 유인의 성질을 갖는 것이 일반적이다.

③ 당사자 간에 동일한 내용의 청약이 상호교차된 경우에는 양 청약이 상대방에게 도달한 때에 계약이 성립한다(제533조).

⑤ 청약자가 미리 정한 기간 내에 이의를 하지 아니하면 승낙한 것으로 본다는 뜻을 청약 시 표시하였더라도 이는 특별한 사정이 없는 한 상대방을 구속하지 않는다.

26 ★★★

ㄱ. 乙은 丙에게 甲의 동의를 받아 줄 의무가 있다.

ㄴ. 임대인의 동의 없는 임차권의 양도나 임차물의 전대도 유효하다.

ㄷ. 아직 임대차계약을 해지하지 않았으므로 甲은 乙에게 차임의 지급을 청구할 수 있다.

ㄹ. 만약 丙이 乙의 배우자이고 X건물에서 동거하면서 함께 가구점을 경영하고 있다면, 甲은 임대차계약을 해지할 수 없다.

ㅁ. 만약 乙이 甲의 동의를 받아 임차권을 丙에게 양도하였다면, 이미 발생된 乙의 연체차임채무는 특약이 없는 한 丙에게 이전되지 않는다.

27 ★★

① 수익자는 계약의 해제권이나 해제를 원인으로 한 원상회복청구권이 없다.

② 수익의 의사표시를 한 수익자는 "낙약자"에게 직접 그 이행을 청구할 수 있다.

③ 채무자는 제3자를 위한 계약에 기한 항변으로 그 계약의 이익을 받을 제3자에게 대항할 수 있다(제542조).

④ 채무자와 인수인의 계약으로 체결되는 병존적 채무인수는 제3자를 위한 계약으로 볼 수 있다.

⑤ 계약당사자가 제3자에 대하여 가진 채권에 관하여 그 채무를 면제하는 계약도 제3자를 위한 계약에 준하는 것으로서 유효하다.

28 ★★★

ㄱ. 수량지정매매의 경우, 수량이 부족한 경우 선의의 매수인은 대금감액, 계약해제, 손해배상을 청구할 수 있다(제574조, 제572조).

ㄴ. 악의의 매수인은 손해배상을 청구할 수 없다.

ㄷ. 담보책임에 대한 권리행사기간은 매수인이 그 사실을 안 날로부터 1년 이내이다.

ㄹ. 미달부분의 원시적 불능을 이유로 계약체결상의 과실책임에 따른 책임의 이행을 구할 수 없다.

ㅁ. 잔존한 부분만이면 매수인이 이를 매수하지 않았을 경우, 선의의 매수인은 계약 전부를 해제할 수 있다.

29 ★★★

ㄱ, ㄴ. 건축을 목적으로 매매된 토지에 대하여 건축허가를 받을 수 없어 건축이 불가능한 경우, 위와 같은 법률적 제한 내지 장애는 매매 목적물의 하자에 해당한다 할 것이나, 다만 위와 같은 하자의 존부는 매매계약 성립시를 기준으로 판단하여야 할 것이다(대판).

ㄷ. 해제권은 형성권이므로 그 행사기간은 제척기간이다.

ㄹ. 제584조

30 ★

⑤ 임대차계약은 쌍무, 불요식계약이다.

31 ★★★

ㄱ. 위험부담법리는 쌍무계약에 적용된다. 따라서 교환계약은 유상, 쌍무계약이므로 위험부담법리가 적용된다.

ㄴ, ㄷ. 교환계약은 유상계약이므로 매매에 관한 규정이 준용된다(제567조). 따라서 교환계약 당사자도 상대방에게 담보책임을 부담하고, 甲의 채무불이행으로 乙은 계약을 해제할 수 있다.

ㄹ. 시가보다 높은 가액을 시가라고 고지하더라도 이는 상대방의 의사결정에 불법적인 간섭을 한 것이라고 볼 수 없으므로 사기에 해당되지 않아 불법행위가 성립하지 않는다(대판 99다38583).

32 ★★

① 계약금 포기에 의한 계약해제의 경우, 상대방은 채무불이행을 이유로 손해배상을 청구할 수 없다.

② 계약금계약은 계약에 부수하여 행해지는 종된 계약이다. 다만 계약의 체결과 동시에 계약금을 지급하여야 하는 것은 아니고 사후에 지급하여도 계약금으로서 효력이 있다.

③ 계약금을 위약금으로 하는 당사자의 특약이 있어야 계약금은 위약금의 성질이 있다.

④ 계약금을 포기하고 행사할 수 있는 해제권은 당사자의 합의로 배제할 수 있다.

⑤ 계약금 일부만 지급된 경우 수령인인 매도인이 매매계약을 해제할 수 있다고 하더라도 해약금의 기준이 되는 금원은 '실제 교부받은 계약금'이 아니라 '약정 계약금'이라고 봄이 타당하다(대판 2014다231378).

33 ★★

③ 제척기간 도과 여부는 법원의 직권조사 사항이므로 당사자 주장이 없더라도 법원은 당연히 직권으로 조사하여 재판에 고려하여야 한다 (대판 99다18725).

34 ★★

① 이행의 최고는 반드시 미리 일정기간을 명시하여 최고하여야 하는 것은 아니다.

② 계약의 해제는 손해배상의 청구에 영향을 미치지 않는다.

③ 당사자 일방이 정기행위를 일정한 시기에 이행하지 않으면 상대방은 이행의 최고 없이 계약을 해제할 수 있다.

④ 당사자의 일방 또는 쌍방이 수인인 경우에는 계약의 해지나 해제는 그 전원으로부터 또는 전원에 대하여 하여야 한다(제547조 제2항).

⑤ 쌍무계약에서 당사자의 일방이 이행을 제공하더라도 상대방이 채무를 이행할 수 없음이 명백한지의 여부는 계약해제 시를 기준으로 판단하여야 한다.

35 ★★★

① 서울특별시의 경우, 환산보증금이 9억 원을 초과하는 상가임대차의 경우에도 계약갱신요구권이 인정된다.

② 서울특별시의 경우, 환산보증금이 9억 원을 초과하는 상가임대차의 경우에는 최단기간 1년이 보장되지 않는다. 따라서 甲과 乙 사이에 임대차기간을 6개월로 정한 경우, 약정기간인 6개월이 유효하므로 甲, 乙 모두 그 기간이 유효함을 주장할 수 있다.

③ 서울특별시의 경우, 환산보증금이 9억 원을 초과하는 상가임대차의 경우에도 대항력이 인정된다. 따라서 임대차기간이 만료되기 전에 乙이 X상가건물을 丙에게 매도하고 소유권이전등기를 마친 경우, 甲은 丙에게 임차권을 주장할 수 있다.

④ 서울특별시의 경우, 환산보증금이 9억 원을 초과하는 상가임대차의 경우에는 임차권등기명령 규정이 인정되지 않는다.

⑤ 서울특별시의 경우, 환산보증금이 9억 원을 초과하는 상가임대차의 경우, 대항력은 인정되지만 우선변제권이 인정되지 않는다. 따라서 X건물이 경매로 매각된 경우, 甲은 특별한 사정이 없는 한 보증금에 대해 일반채권자보다 우선하여 변제받을 수 없다.

36 ★★★

② 매수인 戊는 경매의 목적인 권리를 취득하고 임대인의 지위를 승계하지 않는다. 乙과 丁의 저당권은 경매로 소멸하고, 후순위 임차인 甲은 매수인 戊에게 대항할 수 없다.

37 ★★★

① 명의신탁이 유효인 경우, 대내적 소유자는 신탁자 甲이다. 따라서 乙은 甲에 대해 X토지의 소유권을 주장할 수 없다.

② 조세포탈·강제집행의 면탈 또는 법령상 제한의 회피를 목적으로 하지 않는 배우자 간의 명의신탁은 유효하므로 대외적 소유자는 수탁

자인 乙이다. 따라서 戊가 乙명의의 등기를 위조하여 자신 명의로 소유권이전등기를 한 경우, 甲은 직접 戊에 대해 무효등기의 말소를 청구할 수 없으며 乙을 대위하여 행사할 수 있을 뿐이다.

③ 조세포탈·강제집행의 면탈 또는 법령상 제한의 회피를 목적으로 하지 않는 배우자 간의 명의신탁은 유효하므로 대외적 소유자는 수탁자인 乙이다. 따라서 신탁자 甲은 불법점유자인 丁에 대하여 직접 소유물반환청구권을 행사할 수 없으며 乙을 대위하여 행사할 수 있을 뿐이다.

④ 乙로부터 X토지를 매수한 丙이 乙의 甲에 대한 배신행위에 적극 가담한 경우, 乙과 丙 사이의 계약은 무효이다.

⑤ 명의신탁이 유효인 경우, 대외적 소유자는 수탁자 乙이다. 따라서 丙이 乙과의 매매계약에 따라 X토지에 대한 소유권이전등기를 마친 경우, 특별한 사정이 없는 한 丙이 선의·악의를 불문하고 X토지의 소유권을 취득한다.

38 ★★

① 임차권은 상속인에게 상속될 수 있다.

② 임차인의 우선변제권은 대지의 환가대금에도 미친다.

③ 임대차가 묵시적으로 갱신된 경우, 그 존속기간은 2년으로 본다.

④ 대항력을 갖춘 임차인이 당해 주택을 양수한 때에는 임대인의 보증금반환채무는 소멸하고 양수인인 임차인이 임대인의 자신에 대한 보증금반환채무를 인수하게 되어, 결국 임차인의 보증금반환채권은 혼동으로 인하여 소멸하게 된다(대판 96다38216).

⑤ 임차인의 보증금반환채권이 가압류된 상태에서 그 주택이 양도된 경우, 양수인의 제3채무자의 지위를 승계하므로 가압류채권자는 양수인에 대하여만 가압류의 효력을 주장할 수 있다.

39 ★

① 동법 제47조.

40 ★★★

① 피담보채무의 변제의무는 담보가등기의 말소의무(저당권등기 말소의무 등)보다 먼저 이행하여야 할 의무이며 동시이행관계가 아니다.

③ 채무자가 청산기간이 지나기 전에 청산금에 관한 권리를 양도하거나 처분한 경우 후순위 권리자에게 대항하지 못한다.

④ 후순위권리자는 청산기간 내에는 자기 채권의 변제기가 도래하기 전이라도 목적부동산에 대해 경매청구를 할 수 있다(제12조 제3항).

⑤ 경매의 경우, 담보가등기(가등기담보)는 저당권과 동일하게 선순위이든 후순위이든 모두 소멸한다.

제2과목 민법 및 민사특별법 제7회 정답 및 해설

1	④	2	①	3	①	4	②	5	⑤	6	⑤	7	③	8	④	9	③	10	④
11	④	12	②	13	③	14	②	15	②	16	②	17	⑤	18	④	19	②	20	⑤
21	③	22	①	23	④	24	①	25	③	26	⑤	27	④	28	①	29	④	30	①
31	③	32	②	33	③	34	③	35	⑤	36	④	37	①	38	②	39	①	40	④

★ 초급 ★★ 중급 ★★★ 고급으로 문제의 난이도를 표시한 것임.

01 ★
④ 임차권은 채권이다.

02 ★★
① 강제집행을 면할 목적으로 부동산에 허위의 근저당권설정등기를 경료하는 행위는 민법 제103조의 선량한 풍속 기타 사회질서에 위반한 사항을 내용으로 하는 법률행위로 볼 수 없다(대판 2003다70041).

03 ★
① 민법 제104조의 불공정한 법률행위가 성립하기 위하여는 법률행위의 당사자 일방이 궁박, 경솔 또는 무경험의 상태에 있고, 상대방이 이러한 사정을 알고서 이를 이용하려는 의사가 있어야 하며, 나아가 급부와 반대급부 사이에 현저한 불균형이 있어야 하는 바, 위 당사자 일방의 궁박, 경솔, 무경험은 모두 구비하여야 하는 요건이 아니고 그 중 어느 하나만 갖추어져도 충분하다(대판 93다19924).

04 ★★
② 매도인이 매수인의 중도금 지급채무불이행을 이유로 매매계약을 적법하게 해제한 후라도 매수인으로서는 상대방이 한 계약해제의 효과로서 발생하는 손해배상책임을 지거나 매매계약에 따른 계약금의 반환을 받을 수 없는 불이익을 면하기 위하여 착오를 이유로 한 취소권을 행사하여 위 매매계약 전체를 무효로 돌리게 할 수 있다(대판 91다11308).

05 ★★
⑤ 상대방의 대리인 등 상대방과 동일시할 수 있는 자의 사기나 강박은 제3자의 사기·강박에 해당하지 아니한다(대판 98다60828). 따라서 대리인의 기망행위로 계약을 체결한 상대방은 본인이 선의·무과실이라도 계약을 취소할 수 있다.

06 ★★★
⑤ 부동산의 소유자로부터 매매계약을 체결할 대리권을 수여받은 대리인은 특별한 다른 사정이 없는 한 그 매매계약에서 약정한 바에 따라 중도금이나 잔금을 수령할 수도 있다고 보아야 하고, 매매계약의 체결과 이행에 관하여 포괄적으로 대리권을 수여받은 대리인은 특별한 다른 사정이 없는 한 상대방에 대하여 약정된 매매대금 지급기일을 연기하여 줄 권한도 가진다고 보아야 할 것이다(대판 91다43107).

07 ★★★
③ 대리권한 없이 타인의 부동산을 매도한 자가 그 부동산을 상속한 후 소유자의 지위에서 자신의 대리행위가 무권대리로 무효임을 주장하여 등기말소 등을 구하는 것은 금반언원칙이나 신의칙상 허용될 수 없다(대판 94다20617).

08 ★
④ 법률행위가 취소되면 그 법률행위는 법률행위시로 소급하여 무효가 된다.

09 ★
① 조건성취가 미정한 권리의무는 일반규정에 의하여 처분, 상속, 보존 또는 담보로 할 수 있다(제149조).
② 시기(始期) 있는 법률행위는 기한이 도래한 때부터 그 효력이 생긴다(제152조 제1항).
④ 조건이 선량한 풍속 기타 사회질서에 위반한 경우, 그 조건뿐만 아니라 그 법률행위 전부가 무효이다(대판).
⑤ 불능조건이 해제조건이면 조건 없는 법률행위이다(제151조 제3항).

10 ★★★
④ 甲과 乙 사이의 매매계약은 통정허위표시로서 무효이다. 그러나 甲과 乙 사이에 진정하게 이루어진 증여계약은 유효이다(은닉행위). 따라서 甲에게서 乙 앞으로 된 이전등기는 유효이고, 이를 전득한 丙은 선의·악의를 불문하고 유효하게 소유권을 취득한다. 결국 甲은 악의의 丙을 상대로 등기말소를 청구할 수 없다.

11 ★★

④ ㄹ. 물상대위성과 ㅁ. 우선변제권이 인정되지 않는다.

12 ★★

② 피담보채권이 소멸하면 저당권의 말소등기를 하지 않아도 저당권이 소멸한다.

13 ★★★

③ 중간생략등기절차에 있어서 이미 중간생략등기가 이루어진 경우에는, 그 관계 계약당사자 사이에 적법한 원인행위가 성립되어 이행된 이상, 다만 중간생략등기에 관한 합의가 없었다는 사유만으로써는 그 등기를 무효라고 할 수는 없다(대판 79다847). 따라서 계약당사자 사이에 적법한 원인행위가 성립되어 이행된 이상, 甲, 乙, 丙 전원의 합의 없이 甲에서 직접 丙 앞으로 이전등기가 되었더라도 丙의 등기는 유효하다. 그러므로 甲은 丙의 등기의 말소를 청구할 수 없다.

14 ★

② 물권적 청구권은 물권과 분리하여 양도할 수 없다.

15 ★★

② 점유자는 무과실은 추정되지 않는다(제197조 제1항).

16 ★★★

② 선의의 자주점유자인 경우에만 현존이익의 한도에서 배상책임을 진다. 따라서 乙이 선의의 타주점유자라면 손해 전부를 배상하여야 한다.

17 ★★

⑤ 미등기 부동산의 경우라도 점유자가 취득시효완성 후 등기하여야 소유권을 취득한다.

18 ★★

① 제3자가 공유물을 불법점유한 경우, 소수지분의 공유자라도 보존행위로서 단독으로 공유물 전부의 반환을 청구할 수 있다.

② 공유자가 그 지분을 포기하거나 상속인 없이 사망한 때에는 그 지분은 다른 공유자에게 각 지분의 비율로 귀속한다(제267조).

③ 공유물의 분할은 공유자 전원의 동의를 요한다.

⑤ 공유자 중 1인의 지분 위에 설정된 담보물권은 특별한 사정이 없는 한 공유물분할이 된 뒤에도 종전의 지분비율대로 공유물 전부의 위에 그대로 존속하고 설정자 앞으로 분할된 부분에 당연히 집중되는 것은 아니다(대판).

19 ★★★

② 강제경매의 목적이 된 토지 또는 그 지상 건물의 소유권이 강제경매로 인하여 그 절차상의 매수인에게 이전된 경우에 건물의 소유를 위한 관습상 법정지상권이 성립하는가 하는 문제에 있어서는 그 매수인이 소유권을 취득하는 '매각대금의 완납 시'가 아니라 '그 압류의 효력이 발생하는 때'를 기준으로 하여 토지와 그 지상 건물이 동일인에 속하였는지가 판단되어야 한다. 한편 경매의 목적이 된 부동산에 대하여 가압류가 있고 그것이 본압류로 이행되어 경매절차가 진행된 경우에는, 애초 '가압류가 효력을 발생하는 때'를 기준으로 토지와 그 지상 건물이 동일인에 속하였는지를 판단하여야 한다(대판 2010다52140 전원합의체 판결).

20 ★

⑤ 종전의 승역지 사용이 무상으로 이루어졌다는 등의 다른 특별한 사정이 없다면 통행지역권을 취득시효한 경우, 요역지 소유자는 승역지에 대한 도로 설치 및 사용에 의하여 승역지 소유자가 입은 손해를 보상하여야 한다고 해석함이 타당하다(대판 2012다17479).

21 ★★

③ 전세권의 존속기간 중 전세적물의 소유권이 이전된 경우 구(舊) 소유자의 전세권자에 대한 전세금반환의무는 소멸하고 신소유자가 부담한다.

22 ★★

② 건물의 임대차에 있어서 임차인의 임대인에게 지급한 임차보증금반환청구권이나 임대인이 건물시설을 아니하기 때문에 임차인에게 건물을 임차목적대로 사용 못한 것을 이유로 하는 손해배상청구권은 모두 민법 제320조 소정 소위 그 건물에 관하여 생긴 채권이라 할 수 없다(대판 75다1305).

③ 유치권의 행사는 채권의 소멸시효의 진행에 영향을 미치지 않으므로(제326조), 유치권자가 유치권을 행사하고 있는 동안에도 피담보채권의 소멸시효는 진행된다.

④ 유치권자는 채권 전부의 변제를 받을 때까지 유치물 전부에 대하여 그 권리를 행사할 수 있다(제321조, 불가분성).

⑤ 어떠한 물건을 점유하는 자는 소유의 의사로 선의 평온 및 공연하게 점유한 것으로 추정될 뿐만 아니라 점유자가 점유물에 대하여 행사하는 권리는 적법하게 보유하는 것으로 추정되므로, 점유물에 대한 유익비상환청구권을 기초로 하는 유치권의 주장을 배척하려면 적어도 그 점유가 불법행위로 인하여 개시되었거나 유익비 지출 당시 이를 점유할 권원이 없음을 알았거나 이를 알지 못함이 중대한 과실에 기인하였다고 인정할 만한 사유의 상대방 당사자의 주장입증이 있어야 한다(대판 66다600).

23 ★★

ㄷ. 저당권은 그 담보한 채권과 분리하여 타인에게 양도하거나 다른 채권의 담보로 하지 못한다(제361조). 따라서 丙의 전세권저당권은 피담보채권을 수반한다면 양도할 수 있다.

24 ★★★

① 근저당권자가 피담보채무의 불이행을 이유로 경매신청을 한 경우에는 경매신청시에 근저당 채무액이 확정되고, 그 이후부터 근저당권은 부종성을 가지게 되어 보통의 저당권과 같은 취급을 받게 되는 바, 위와 같이 경매신청을 하여 경매개시결정이 있은 후에 경매신청이 취하되었다고 하더라도 채무확정의 효과가 번복되는 것은 아니다(대판 2001다73022).

25 ★

③ 격지자 간의 계약은 승낙의 통지를 발송한 때에 성립한다(제531조).

26 ★★

⑤ 쌍무계약의 당사자 일방의 채무가 채권자의 책임 있는 사유로 이행할 수 없게 된 때에는 채무자는 상대방의 이행을 청구할 수 있다. 이 경우 채무자는 자기의 채무를 면함으로써 이익을 얻은 때에는 이를 채권자에게 상환하여야 한다. 한편 채권자의 수령지체 중에 당사자 쌍방의 책임 없는 사유로 이행할 수 없게 된 때에도 채무자는 상대방의 이행을 청구할 수 있다. 이 경우에도 채무자는 자기의 채무를 면함으로써 이익을 얻은 때에는 이를 채권자에게 상환하여야 한다(제538조).

27 ★★

④ 채무자는 상대방의 이행제공이 없는 한 이행기에 채무를 이행하지 않더라도 이행지체책임이 없다.

28 ★★★

① 丙은 계약의 당사자가 아니므로 乙의 채무불이행을 이유로 甲과 乙의 매매계약을 해제할 수 없다.

29 ★★

④ 합의해제 또는 해제계약은 계약당사자가 체결한 계약의 효력을 합의에 의해 소멸시키는 '계약'에 해당하므로 '단독행위'가 아니다.

30 ★

① 이는 후발적 불능이므로 계약이 무효로 되지 않는다(유효).

31 ★★

ㄱ, ㄷ. 계약금 포기에 의한 계약해제는 법정해제와는 달리 채무불이행으로 인한 손해배상청구나 원상회복의무가 없다.
ㄹ. 매수인이 이를 수령하지 않으면 공탁할 의무까지는 없다(판례).

32 ★★

② 타인의 권리를 매도한 자가 그 전부를 취득하여 매수인에게 이전할 수 없는 경우, 악의의 매수인은 계약을 해제할 수 있다(제570조).

33 ★

③ 임차인의 비용상환청구권은 임의규정이므로 임차인에게 불리한 약정을 하여도 효력이 인정된다.

34 ★★★

③ 乙이 甲의 동의를 얻어 丙에게 전대한 경우, 甲이 乙과 임대차계약을 합의해지하더라도 丙의 전차권은 소멸하지 않는다(제631조).

35 ★★

⑤ 집합건물의 공용부분은 취득시효에 의한 소유권 취득의 대상이 될 수 없다고 봄이 타당하다(대판 2011다78200).

36 ★★★

⑤ 신탁자는 명의신탁약정의 무효로서 수탁자로부터 소유권이전등기를 받은 제3자에게 그의 선의·악의 여부를 불문하고 대항하지 못한다(부동산실명법 제3조 제3항).

37 ★★

ㄴ. '매매대금'채권을 위해 가등기한 경우에는 적용되지 않는다.
ㄷ. 등기할 수 없는 동산에는 적용되지 않는다.
ㄹ. 차용액이 목적물 시가보다 큰 경우에는 적용되지 않는다.

38 ★★

② 확정일자는 우선변제권의 요건이고 최우선변제권의 요건은 아니다.

39 ★★

① 임대차 기간을 1년 미만으로 정한 경우, 임차인만 그 기간의 유효를 주장할 수 있다(제9조 제1항).

40 ★★

④ 상가건물임대차보호법 제10조의4 제4항.

1	②	2	⑤	3	⑤	4	④	5	④	6	②	7	②	8	③	9	⑤	10	④
11	④	12	①	13	③	14	①	15	①	16	④	17	①	18	②	19	④	20	③
21	①	22	④	23	③	24	③	25	⑤	26	②	27	③	28	①	29	④	30	⑤
31	⑤	32	⑤	33	④	34	②	35	③	36	①	37	②	38	①	39	⑤	40	①

★ 초급 ★★ 중급 ★★★ 고급으로 문제의 난이도를 표시한 것임.

01 ★★
ㄹ. 사회질서에 위반한 조건이 붙은 법률행위는 무효이다.

ㄱ, ㄴ, ㄷ, ㅁ. 취소할 수 있는 법률행위에 해당한다.

02 ★★★
⑤ 표현대리가 성립하기 위해서는 대리인의 대리행위가 있어야 한다. 대리인이 현명하지 않은 경우 대리행위가 인정되지 않으므로 표현대리가 성립하지 않는다(대판 92다33329). 따라서 대리인 乙이 자신의 명의로 丙과 계약을 체결하고 현명을 하지 않았기 때문에 대리행위가 아니므로 표현대리도 성립할 여지가 없다.

03 ★★★
ㄱ. 가장매매로서 무효이다.

ㄴ. 은닉행위로서 유효이다.

ㄷ, ㄹ. 소유자인 乙로부터 매수하여 이전등기를 마친 丙은 선의·악의를 불문하고 적법하게 소유권을 취득하므로, 甲은 丙에게 X토지의 소유권이전등기말소를 청구할 수 없다.

04 ★★
① 취소된 법률행위는 처음부터 무효인 것으로 본다.

② 제한능력자는 취소할 수 있는 법률행위를 단독으로 취소할 수 있다.

③ 법정대리인은 취소의 원인이 소멸하기 전에도 추인할 수 있다(제144조 제2항).

④ 제145조

⑤ 취소할 수 있는 법률행위의 상대방이 확정된 경우에는 그 취소는 그 상대방에 대한 의사표시로 하여야 한다(제142조). 이 때 취소의 의사표시는 묵시적으로도 할 수 있다.

05 ★
① 궁박은 정신적·심리적 원인에 기인할 수도 있다.

② 무경험은 어느 특정영역이 아니라 거래일반에 대한 경험의 부족을 의미한다.

③ 대리인에 의해 법률행위가 이루어진 경우, 궁박 상태는 본인을 기준으로 판단하여야 한다.

⑤ 급부와 반대급부 사이의 현저한 불균형의 여부는 객관적 가치에 의하여 판단한다(대판).

06 ★★★
① 乙은 특별한 사정이 없는 한 丙으로부터 매매계약에 따른 중도금이나 잔금을 수령할 수 있다.

② 대리행위의 효력이 착오, 사기, 강박, 선의, 악의, 과실 등으로 영향을 받을 경우에 그 사실의 유무는 대리인을 기준으로 결정한다(제116조). 다만 이러한 하자에서 발생한 효과(취소권, 무효주장권 등)는 본인에게 귀속한다. 따라서 丙이 매매계약을 적법하게 해제한 경우, 丙은 대리인 乙에게 손해배상을 청구할 수 없다.

③ 丙의 채무불이행이 있는 경우, 乙은 특별한 사정이 없는 한 계약을 해제할 수 없다.

④ 계약상 채무의 불이행을 이유로 계약이 상대방 당사자에 의하여 유효하게 해제되었다면, 해제로 인한 원상회복의무는 대리인이 아니라 계약의 당사자인 '본인'이 부담한다(대판 2011다30871). 따라서 丙이 매매계약을 적법하게 해제한 경우, 그 해제로 인한 원상회복의무는 甲과 丙이 부담한다.

⑤ 만약 甲이 매매계약의 체결과 이행에 관하여 포괄적 대리권을 수여한 경우, 乙은 특별한 사정이 없는 한 약정된 매매대금 지급기일을 연기해 줄 권한도 가진다.

07 ★
① 제한능력자도 대리인이 될 수 있으므로, 제한능력자인 대리인이 법정대리인의 동의 없이 대리행위를 하더라도 법정대리인은 그 대리행위를 취소할 수 없다.

③ 대리인이 다수인 경우에 원칙적으로 각자가 본인을 대리한다.

④ 대리권의 범위를 정하지 않은 경우, 대리인은 보존행위를 할 수 있다.

⑤ 임의대리인은 원칙적으로 복임권이 없다.

08 ★★

① 불공정한 법률행위로서 무효인 경우, 무효행위 전환의 법리가 적용될 수 있다.

② 토지거래허가구역 내의 토지매매계약은 관할관청의 불허가 처분이 있으면 확정적 무효이다.

③ 무효인 법률행위를 추인하면 그때부터 유효로 된다(제139조). 즉 소급효가 없으므로, 계약을 체결한 때부터 유효가 되는 것은 아니다.

④ 이미 매도된 부동산에 관하여, 매도인의 채권자가 매도인의 배임행위에 적극 가담하여 설정된 저당권은 무효이다.

⑤ 토지거래허가구역 내의 토지거래계약이 확정적으로 무효가 된 경우, 그 계약이 무효로 되는데 책임 있는 사유가 있는 자도 무효를 주장할 수 있다. 즉 신의칙에 반하지 않는다.

10 ★

④ 조건이 법률행위 당시 이미 성취한 것인 경우, 그 조건이 해제조건이면 그 법률행위는 무효이다.

11 ★★

ㄷ. 건물에 부합된 증축부분이 경매절차에서 경매목적물로 평가되지 않은 때에도 매수인은 그 소유권을 취득한다(대판).

ㄹ. 민법 제256조 단서 소정의 "권원"이라 함은 지상권, 전세권, 임차권 등과 같이 타인의 부동산에 자기의 동산을 부속시켜서 그 부동산을 이용할 수 있는 권리를 뜻하므로 그와 같은 권원이 없는 자가 토지소유자의 승낙을 받음이 없이 그 임차인의 승낙만을 받아 그 부동산 위에 나무를 심었다면 특별한 사정이 없는 한 토지소유자에 대하여 그 나무의 소유권을 주장할 수 없다(대판 88다카9067).

12 ★★★

① 민법 제366조는 가치권과 이용권의 조절을 위한 공익상의 이유로 지상권의 설정을 강제하는 것이므로 저당권설정 당사자 간의 특약으로 저당목적물인 토지에 대하여 법정지상권을 배제하는 약정을 하더라도 그 특약은 효력이 없다(대판 87다카1564).

② 법정지상권자가 지상건물을 제3자에게 양도한 경우, 제3자는 그 건물과 함께 법정지상권을 등기 하여야 취득한다(제186조).

③ 법정지상권자가 건물을 제3자에게 양도하는 경우에는 특별한 사정이 없는 한 건물과 함께 법정지상권도 양도하기로 하는 채권적 계약이 있었다고 할 것이며, 법정지상권이 붙은 건물의 양수인은 '법정지상권에 대한 등기를 하지 않았다 하더라도' 토지소유자에 대한 관계에서 적법하게 토지를 점유사용하고 있는 자라 할 것이고, 따라서 건물을 양도한 자라고 하더라도 지상권갱신청구권이 있고 건물의 양수인은 법정지상권자인 양도인의 갱신청구권을 대위행사할 수 있다고 보아야 할 것이다(대판 94다39925).

④ 강제경매의 목적이 된 토지 또는 그 지상 건물의 소유권이 강제경매로 인하여 그 절차상의 매수인에게 이전된 경우에 건물의 소유를 위한 관습상 법정지상권이 성립하는가 하는 문제에 있어서는 그 매수인이 소유권을 취득하는 '매각대금의 완납 시'가 아니라 '그 압류의 효력이 발생하는 때'를 기준으로 하여 토지와 그 지상 건물이 동일인에 속하였는지가 판단되어야 한다(대판 2010다52140).

⑤ 건물을 위한 법정지상권이 성립한 경우, 그 건물에 대한 저당권이 실행되면 경락인은 등기 없이도 법정지상권을 취득한다(제187조).

13 ★★

① 중간생략등기의 합의는 적법한 등기원인이 될 수 없다.

② 종전건물의 등기를 신축건물의 등기로 유용하지 못한다.

③ 전세권자는 전세금을 지급하고 타인의 부동산을 점유하여 그 부동산의 용도에 좇아 사용·수익하며, 그 부동산 전부에 대하여 후순위권리자 기타 채권자보다 전세금의 우선변제를 받을 권리가 있다(민법 제303조 제1항). 이처럼 전세권이 용익물권적인 성격과 담보물권적인 성격을 모두 갖추고 있는 점에 비추어 전세권 존속기간이 시작되기 전에 마친 전세권설정등기도 특별한 사정이 없는 한 유효한 것으로 추정된다(대결 2017마1093).

④ 미등기 건물의 양수인이 그 건물을 신축한 양도인의 동의를 얻어 직접 자기명의로 보존등기를 한 경우, 그 등기는 실체관계에 부합하여 유효하다.

⑤ 중간생략등기를 합의한 최초매도인은 그와 거래한 매수인의 대금미지급을 들어 최종매수인 명의로의 소유권이전등기의무의 이행을 거절할 수 있다.

14 ★★

① 민법 제214조의 규정에 의하면, 소유자는 소유권을 방해하는 자에 대하여 그 방해제거 행위를 청구할 수 있고, 소유권을 방해할 염려가 있는 행위를 하는 자에 대하여 그 방해예방 행위를 청구하거나 소유권을 방해할 염려가 있는 행위로 인하여 발생하리라고 예상되는 손해의 배상에 대한 담보를 지급할 것을 청구할 수 있으나, 소유자가 침해자에 대하여 방해제거 행위 또는 방해예방 행위를 하는 데 드는 비용을 청구할 수 있는 권리는 위 규정에 포함되어 있지 않으므로, 소유자가 민법 제214조에 기하여 방해배제 비용 또는 방해예방 비용을 청구할 수는 없다(대판 2014다52612).

② 불법원인으로 급여를 한 사람은 그 원인행위가 법률상 무효라 하여 상대방에게 부당이득반환청구를 할 수 없음은 물론 급여한 물건의 소유권은 여전히 자기에게 있다고 하여 소유권에 기한 반환청구도 할 수 없고 따라서 급여한 물건의 소유권은 급여를 받은 상대방에게 귀속된다(대판 79다483).

④ 소유권에 기한 방해배제청구권에 있어서 '방해'라 함은 현재에도 지속되고 있는 침해를 의미하고, 법익 침해가 과거에 일어나서 이미 종결된 경우에 해당하는 '손해'의 개념과는 다르다 할 것이어서, 소유권에 기한 방해배제청구권은 방해결과의 제거를 내용으로 하는 것이 되어서는 아니 되며(이는 손해배상의 영역에 해당한다 할 것이다) 현재 계속되고 있는 방해의 원인을 제거하는 것을 내용으로 한다(대판 2003다5917).

15 ★

① 공유물분할금지의 약정은 갱신할 수 있으며 그 기간은 갱신한 날부터 5년을 넘지 못한다(제268조 제2항).

16 ★★★

① 甲은 그가 乙의 토지에 신축한 X건물의 소유권을 유보하여 지상권을 양도할 수 있다.

② 甲의 권리가 법정지상권일 경우, 지료에 관한 협의나 법원의 지료결정이 없으면 乙은 지료연체를 주장하지 못한다.

③ 지료를 연체한 甲이 丙에게 지상권을 양도한 경우, 乙은 지료약정이 등기된 때에만 연체사실로 丙에게 대항할 수 있다.

④ 지상권자의 지료 지급 연체가 토지소유권의 양도 전후에 걸쳐 이루어진 경우 토지양수인에 대한 연체기간이 2년이 되지 않는다면 양수인은 지상권소멸청구를 할 수 없다(대판 99다17142).

⑤ 甲이 戊에게 지상권을 목적으로 하는 저당권을 설정한 경우, 지료연체를 원인으로 하는 乙의 지상권소멸청구는 戊에게 통지한 후 상당한 기간이 경과함으로써 효력이 생긴다.

17 ★★

① 직접점유자의 점유는 타주점유에 해당한다.

18 ★★

① 점유물의 과실을 취득한 선의의 점유자는 통상의 필요비의 상환을 청구하지 못한다.

③ 악의의 점유자는 수취한 과실을 반환하여야 하며 소비하였거나 '과실(過失)로 인하여' 수취하지 못한 경우에는 그 과실의 대가를 보상하여야 한다(제201조).

④ 유익비는 점유물의 가액 증가가 현존한 때에 한하여 상환을 청구할 수 있다.

⑤ 법원이 유익비의 상환을 위하여 상당한 기간을 허여한 경우, 유치권은 성립하지 않는다.

20 ★★

ㄱ. 지역권은 요역지와 분리하여 양도하거나 처분할 수 없다.

ㄴ. 공유자의 1인은 다른 공유자의 동의 없이 지역권을 설정할 수 없다.

ㄷ. 지역권에는 물권적 반환 청구권이 준용(인정)되지 않는다.

ㄹ. 지역권은 일정한 목적을 위하여 타인의 토지를 자기의 토지의 편익에 이용하는 용익물권으로서 요역지와 승역지 사이의 권리관계에 터잡은 것이므로 어느 토지에 대하여 통행지역권을 주장하려면 그 토지의 통행으로 편익을 얻는 요역지가 있음을 주장 입증하여야 한다(대판 92다22725).

ㅁ. 자기 소유의 토지에 도로를 개설하여 타인으로 하여금 영구히 사용케 한다고 약정하고 그 대금을 수령한 경우, 위 약정은 지역권 설정에 관한 합의이다(대판 79다1704).

21 ★★★

ㄱ. 채무자 소유의 건물 등 부동산에 강제경매개시결정의 기입등기가 경료되어 압류의 효력이 발생한 이후에 채무자가 위 부동산에 관한 공사대금 채권자에게 그 점유를 이전함으로써 그로 하여금 유치권을 취득하게 한 경우, 점유자로서는 위 유치권을 내세워 그 부동산에 관한 경매절차의 매수인에게 대항할 수 없다(대판 2005다22688).

ㄴ. 채무자 소유의 건물에 관하여 증·개축 등 공사를 도급받은 수급인이 경매개시결정의 기입등기가 마쳐지기 전에 채무자에게서 건물의 점유를 이전받았다 하더라도 경매개시결정의 기입등기가 마쳐져 압류의 효력이 발생한 후에 공사를 완공하여 공사대금채권을 취득함으로써 그때 비로소 유치권이 성립한 경우에는, 수급인은 유치권을 내세워 경매절차의 매수인에게 대항할 수 없다(대판 2011다55214).

ㄷ, ㄹ. 경매개시결정등기가 되기 전에 이미 그 부동산에 관하여 유치권을 취득한 사람은 그 취득에 앞서 저당권설정등기나 가압류등기 또는 체납처분압류등기가 먼저 되어 있다 하더라도 경매절차의 매수인에게 자기의 유치권으로 대항할 수 있다(대판 2010다84932).

22 ★

④ 저당권은 원본, 이자, 위약금, 채무불이행으로 인한 손해배상 및 저당권의 실행비용을 담보한다. 그러나 지연배상에 대하여는 원본의 이행기일을 경과한 후의 1년분에 한하여 저당권을 행사할 수 있다(제360조).

23 ★★★

③ 甲은 채무자 X토지의 경매절차에서 8,000만 원을 우선변제 받았다. 그 후 丁이 경매신청한 Y토지의 매각대금 완납 시의 甲의 채권이 6,500만 원이었으나, 甲은 채권최고액 1억 3,000만 원까지 우선변제를 받을 수 있다. 따라서 이미 X토지에서 8,000만 원을 우선변제 받은 甲은 Y토지에서 5,000만 원을 우선변제 받을 수 있다.

24 ★★

① 저당권은 그 담보한 채권과 분리하여 타인에게 양도하거나 다른 채권의 담보로 하지 못한다(제361조).

② 저당물의 소유권을 취득한 제3자도 경매인이 될 수 있다(제363조 제2항).

③ 건물저당권의 효력은 민법 제358조 본문에 따라서 건물뿐만 아니라 건물의 소유를 목적으로 한 토지의 임차권 또는 지상권(종된 권리)에도 미친다(대판).

④ 저당권의 효력은 저당부동산에 대한 압류가 있은 후에 저당권설정자가 그 부동산으로부터 수취한 과실 또는 수취할 수 있는 과실에 미친다(제359조).

⑤ 저당물의 제3취득자가 그 부동산의 보존, 개량을 위하여 필요비 또는 유익비를 지출한 때에는 저당물의 경매대가에서 우선상환을 받을 수 있다(제367조).

25 ★

① 청약은 불특정 다수인을 상대로 할 수 있다.

② 청약은 특별한 사정이 없는 한 철회하지 못한다.

③ 격지자 간의 계약은 다른 의사표시가 없으면 승낙의 통지를 '발송'한 때에 성립한다.

④ 청약자가 청약의 의사표시를 발송한 후 제한능력자가 되어도 청약의 효력에 영향을 미치지 않는다(제111조). 즉 유효하다.

⑤ 청약자가 미리 정한 기간 내에 이의를 하지 아니하면 승낙한 것으로 간주한다는 뜻을 청약 시 표시하였다고 하더라도 이는 상대방을 구속하지 아니한다(대판 98다48903). 따라서 이의 없이 그 기간이 지나더라도 계약은 성립하지 않는다.

26 ★★

① 제3자가 하는 수익의 의사표시의 상대방은 '낙약자'이다.

③ 낙약자의 채무불이행이 있으면, 요약자는 수익자의 동의 없이 계약을 해제할 수 있다.

④ 수익자는 계약의 당사자가 아니므로 계약의 해제를 원인으로 한 원상회복청구권이 없다.

⑤ 수익자는 계약의 당사자가 아니므로 요약자의 제한행위능력을 이유로 계약을 취소하지 못한다.

27 ★★

① 계약금계약은 요물계약이므로 乙이 계약금의 전부를 지급하지 않으면, 계약금계약은 성립하지 않는다.

② 乙이 계약금을 지급하였더라도 정당한 사유 없이 잔금 지급을 지체한 때에는 이는 채무불이행에 해당한다. 따라서 甲은 '채무불이행을 이유로' 손해배상을 청구할 수 있다.

③ 계약금계약은 매매계약의 종된 계약이므로, 매매계약이 무효이거나 취소되면 계약금계약의 효력도 소멸한다.

④ 乙이 甲에게 지급한 계약금 3천만 원은 증약금으로서의 성질을 가진다.

⑤ 乙이 계약금과 중도금을 지급한 경우에는 이행에 착수하였으므로, 특별한 사정이 없는 한 甲은 계약금의 배액을 상환하여 계약을 해제할 수 없다.

28 ★★★

ㄱ. 임대인과 임차인 사이에 임대인의 동의 없이 임차권을 양도할 수 있도록 하는 약정은 유효하다.

29 ★★★

ㄹ. 근저당권 실행을 위한 경매가 무효로 된 경우, 낙찰자가 부담하는 소유권이전등기 말소의무는 채무자에 대한 것인 반면, 채권자(=근저당권자)가 낙찰자에 대하여 부담하는 배당금 반환채무와 낙찰자가 채무자에 대하여 부담하는 소유권이전등기 말소의무는 서로 이행의 상대방을 달리하는 것으로서, 위 두 채무는 동시에 이행되어야 할 관계

에 있지 아니하다(대판 2006다24049).

30 ★★

① 매도인의 책임 있는 사유로 이행불능이 되면 매수인은 최고 없이 계약을 해제할 수 있다.

② 계약이 합의해제된 경우, 다른 사정이 없으면 채무불이행으로 인한 손해배상을 청구할 수 없다.

③ 매도인이 매매계약을 적법하게 해제하였더라도, 매수인은 계약해제의 효과로 발생하는 불이익을 면하기 위하여 착오를 원인으로 그 계약을 취소할 수 있다.

④ 계약상대방이 수인인 경우, 특별한 사정이 없는 한 그 중 1인에 대하여 한 계약의 해제는 효력이 없다(제547조).

⑤ 합의해제의 경우, 다른 약정이 없는 한 반환할 금전에 그 받은 날로부터 이자를 가산하여야 할 의무가 있는 것은 아니다(대판 79다1455).

31 ★★★

ㄱ. 경매의 경우에는 매매의 목적물에 하자가 있는 때에는 담보책임이 인정되지 않는다. 따라서 X건물 자체에 하자가 있는 경우, 丁은 甲에게 하자담보 책임을 물을 수 없다.

ㄴ, ㄷ. 경락인이 강제경매절차를 통하여 부동산을 경락받아 대금을 완납하고 그 앞으로 소유권이전등기까지 마쳤으나, 강제경매가 무효인 경우, 경락인은 경매 채권자에게 경매대금 중 그가 배당받은 금액에 대하여 일반 부당이득의 법리에 따라 반환을 청구할 수 있고, 민법 제578조 제1항, 제2항에 따른 경매의 채무자나 채권자의 담보책임은 인정될 여지가 없다(대판 2003다59259). 따라서 丁은 甲에게 담보책임에 의하여 손해배상을 청구할 수 없다(ㄴ). 반면 丁은 丙에게 부당이득반환을 청구할 수 있다(ㄷ).

ㄹ. 소유권에 관한 가등기의 목적이 된 부동산을 낙찰 받아 낙찰대금까지 납부하여 소유권을 취득한 낙찰인이 그 뒤 가등기에 기한 본등기가 경료됨으로써 일단 취득한 소유권을 상실하게 된 때에는 이는 매매의 목적 부동산에 설정된 저당권 또는 전세권의 행사로 인하여 매수인이 취득한 소유권을 상실한 경우와 유사하므로, 민법 제578조, 제576조를 유추적용하여 담보책임을 추급할 수는 있다고 할 것인바, 이 경우 낙찰인은 집행법원에 대하여 경매에 의한 매매계약을 해제하고 납부한 낙찰대금의 반환을 청구하는 방법으로 담보책임을 추급할 수 있다(대결 96그64).

32 ★★

① 임차인의 지위와 분리하여 부속물매수청구권만을 양도할 수 없다.

② 임차목적물의 구성부분은 부속물매수청구권의 객체가 될 수 없다.

③ 임대차계약이 임차인의 차임연체 등 채무불이행으로 해지된 경우, 부속물매수청구권은 인정되지 않는다.

④ 부속물은 임차인이 임대인의 동의를 얻어 부속하거나 임대인으로부터 매수한 것이어야 한다.

⑤ 건물자체의 수선 내지 증축·개축부분은 특별한 사정이 없는 한 건

물자체의 구성부분을 이루고 독립된 물건이라고 보이지 않으므로 임차인의 부속물매수청구권의 대상이 될 수 없다(대판 80다589). 그리고 건물 임차인이 자신의 비용을 들여 증축한 부분을 임대인 소유로 귀속시키기로 하는 약정은 임차인이 원상회복의무를 면하는 대신 투입비용의 변상이나 권리주장을 포기하는 내용이 포함된 것으로서 특별한 사정이 없는 한 유효하므로, 그 약정이 부속물매수청구권을 포기하는 약정으로서 강행규정에 반하여 무효라고 할 수 없고 또한 그 증축 부분의 원상회복이 불가능하다고 해서 유익비의 상환을 청구할 수도 없다(대판 94다44705, 44712).

33 ★★★

① 乙과 丙 사이의 무단으로 한 전대차계약은 유효하다.

② 甲은 임대차계약이 종료되지 않으면 X토지의 불법점유를 이유로 丙에게 차임상당의 부당이득반환을 청구할 수 없다.

③ 甲은 임대차계약이 존속하는 동안에는 X토지의 불법점유를 이유로 丙에게 차임상당의 손해배상을 청구할 수 없다.

④ 임차권 소멸 후 임대인이 그 토지를 제3자에게 양도하는 등 그 소유권이 이전되었을 때에는 그 건물에 대하여 보존등기를 필하여 제3자에 대하여 대항할 수 있는 차지권(제622조)을 가지고 있는 토지임차인은 그 신소유자에 대하여도 지상물매수청구권을 행사할 수 있다(대판 75다348). 따라서 대항력을 갖춘 乙은 신소유자 丁에게 건물매수청구권을 행사할 수 있다.

⑤ 지상물매수청구권은 건물의 소유자만이 행사할 수 있다. 따라서 乙이 X토지에 신축한 건물의 소유권을 임대차 종료 전에 戊에게 이전하였다면, 乙의 건물매수청구권은 인정되지 않는다.

34 ★★★

① 매매목적토지가 공용수용된 경우, 매도인에게 귀책사유가 없으므로 乙은 매매계약을 해제하고 전보배상(손해배상)을 청구할 수 없다.

②, ⑤ 소유권이전등기의무의 목적 부동산이 수용되어 그 소유권이전등기의무가 이행불능이 된 경우, 등기청구권자는 등기의무자에게 대상청구권의 행사로서 등기의무자가 지급받은 수용보상금의 반환을 구하거나 또는 등기의무자가 취득한 수용보상금청구권의 양도를 구할 수 있을 뿐 그 수용보상금청구권 자체가 등기청구권자에게 귀속되는 것은 아니다(대판 95다56910).

③ 매매목적토지가 공용수용된 경우, 甲은 乙에게 이행을 청구하지 못한다(제537조). 따라서 乙은 이미 지급한 중도금을 부당이득으로 반환 청구할 수 있다.

④ 계약체결상의 과실책임은 원시적 불능일 경우에만 인정된다.

35 ★★★

①, ②, ④ 부동산경매절차에서 부동산을 매수하려는 甲이 乙과의 명의신탁약정 아래 乙명의로 매각허가결정을 받아 甲의 부담으로 매각대금을 완납한 경우, 경매목적부동산의 소유권은 수탁자 乙이 취득한다. 따라서 甲은 乙에 대하여 X건물에 관한 소유권이전등기말소를 청구할 수 없다(①). 그리고 수탁자 乙이 목적부동산의 소유권을 취득한 결과 신탁자 甲은 애초부터 당해 부동산의 소유권을 취득할 수 없으

므로 甲은 乙에 대하여 부당이득으로 X건물의 소유권반환을 청구할 수 없으며(②), 자신이 乙에게 제공한 매수자금에 상당하는 금액의 부당이득반환청구권을 가질 뿐이다. 한편 명의신탁자의 이와 같은 부당이득반환청구권은 부동산 자체로부터 발생한 채권이 아니므로 결국 민법 제320조 제1항에서 정한 유치권 성립요건으로서의 목적물과 채권 사이의 견련관계를 인정할 수 없다(④).

③ 법원이 소유자의 의사와 관계없이 그 소유물을 처분하는 공법상 처분으로서의 성질을 아울러 가지고 있고, 소유자는 경매절차에서 매수인의 결정 과정에 아무런 관여를 할 수 없는 점, 경매절차의 안정성 등을 고려할 때, 경매절차에서의 소유자가 명의신탁약정 사실을 알고 있었더라도 그러한 사정만으로 그 명의인의 소유권취득이 부동산실명법 제4조 제2항에 따라 무효로 된다고 할 것은 아니다(대판 2012다69197).

36 ★★★

② 甲은 특별한 사정이 없는 한 담보권실행을 위하여 丙에게 X토지의 인도를 청구할 수 있다.

③ 乙이 피담보채무의 이행지체에 빠졌을 경우, 청산절차를 마치지 않은 甲은 아직 소유자가 아니므로 丙에게 소유권에 기하여 X토지의 인도를 청구할 수 없다.

④ 甲이 乙에게 청산금을 지급함으로써 소유권을 취득하면 甲의 양도담보권은 소멸한다.

⑤ 만약 甲이 선의의 丁에게 X토지를 매도하고 소유권이전등기를 마친 경우, 乙은 선의의 丁에게 소유권이전등기의 말소를 청구할 수 없다.

37 ★

① 관리인의 대표권 제한은 선의의 제3자에게 대항할 수 없다.

② 구조상의 공용부분에 관한 물권의 득실변경은 등기를 요하지 않는다(집합건물법 제13조).

③ 관리인은 매년 회계연도 종료 후 3개월 이내에 정기 관리단집회를 소집하여야 한다.

④ 일부의 구분소유자만이 공용하도록 제공되는 것임이 명백한 공용부분은 그들 구분소유자의 공유에 속한다.

⑤ 공유자가 공용부분에 관하여 다른 공유자에 대하여 가지는 채권은 그 특별승계인에 대하여도 행사할 수 있다.

38 ★★

① 묵시적 갱신으로 인한 임대차계약의 존속기간은 2년이다(제6조 제2항).

39 ★★

⑤ 상가임대인이 그의 임차인이 주선한 신규임차인으로 되려는 자와 임대차계약의 체결을 거절할 수 있는 경우는 다음과 같다(제10조의4 제2항).

• 임차인이 주선한 신규임차인이 되려는 자가 보증금 또는 차임을

지급할 자력이 없는 경우

- 임차인이 주선한 신규임차인이 되려는 자가 임차인으로서의 의무를 위반할 우려가 있거나 그 밖에 임대차를 유지하기 어려운 상당한 사유가 있는 경우
- 임대차 목적물인 상가건물을 1년 6개월 이상 영리목적으로 사용하지 아니한 경우
- 임대인이 선택한 신규임차인이 임차인과 권리금 계약을 체결하고 그 권리금을 지급한 경우

40 ★★★

① 구분소유적 공유관계를 해소하는 경우, 특정 부분에 대하여 신탁적으로 지분등기를 가지고 있는 자들을 상대로 하여 그 특정부분에 대한 명의신탁해지를 원인으로 한 지분이전등기절차의 이행만을 구하면 될 것이고 공유물분할 청구를 할 수 없다 할 것이다(대판 88다카10517).

제2과목 민법 및 민사특별법 제9회 정답 및 해설

1	①	2	⑤	3	①	4	④	5	⑤	6	①	7	⑤	8	①	9	⑤	10	④
11	②	12	②	13	①	14	③	15	④	16	④	17	⑤	18	③	19	②	20	③
21	①	22	①	23	①	24	③	25	④	26	④	27	③	28	②	29	④	30	②
31	③	32	②	33	④	34	③	35	②	36	②	37	⑤	38	③	39	③	40	⑤

★ 초급 ★★ 중급 ★★★ 고급으로 문제의 난이도를 표시한 것임.

01 ★★
① 기한의 도래는 소급효가 없다(제152조).

02 ★★
ㄱ. 특별한 사정이 없는 한 丙은 X토지의 소유권을 취득한다.

ㄷ. 甲과 丙의 계약이 사회질서 위반으로 무효인 경우, 이는 절대적 무효이므로 丙으로부터 X토지를 전득한 丁은 선의이더라도 그 소유권을 취득하지 못한다.

03 ★★
① 비진의 의사표시에 있어서의 진의란 특정한 내용의 의사표시를 하고자 하는 표의자의 생각을 말하는 것이지 표의자가 진정으로 마음속에서 바라는 사항을 뜻하는 것은 아니라고 할 것이므로, 비록 재산을 강제로 뺏긴다는 것이 표의자의 본심으로 잠재되어 있었다 하여도 표의자가 강박에 의하여서나마 증여를 하기로 하고 그에 따른 증여의 의사표시를 한 이상 증여의 내심의 효과의사가 결여된 것이라고 할 수는 없다(대판 2000다47361).

04 ★★★
④ 통정허위표시는 무효이지만 반사회적인 행위가 아니므로, 甲은 乙에게 원인무효를 이유로 부당이득반환을 청구할 수 있다.

05 ★★
⑤ 동기의 착오가 법률행위의 내용의 중요부분의 착오에 해당함을 이유로 표의자가 법률행위를 취소하려면 그 동기를 당해 의사표시의 내용으로 삼을 것을 상대방에게 표시하고 의사표시의 해석상 법률행위의 내용으로 되어 있다고 인정되면 충분하고 당사자들 사이에 별도로 그 동기를 의사표시의 내용으로 삼기로 하는 합의까지 이루어질 필요는 없다(대판 97다44737).

06 ★★
① 권한을 넘은 표현대리에서는 기본대리권의 내용이 되는 행위와 표현대리 행위가 반드시 같은 종류의 것이어야 하는 것은 아니다(대판).

07 ★
⑤ 수권행위의 철회는 임의대리권의 소멸원인이다(제128조).

08 ★★
① 불공정한 법률행위의 경우, 무효행위의 '추인'은 허용되지 않으나, 무효행위의 전환은 인정될 수 있다(대판).

09 ★★
① 특별승계인은 법률행위의 취소권자가 될 수 있다(제140조).

② 제한능력자가 법률행위를 취소한 경우에는 그 행위로 인한 이익이 현존하는 한도에서 상환할 책임이 있다.

③ 매수인이 유발한 동기착오에 의해 체결된 토지매매계약이 이행 후 취소된 경우, 매수인의 소유권이전등기말소의무와 매도인의 매매대금반환의무는 동시이행의 관계에 있다.

④ 취소권자의 상대방이 취소할 수 있는 행위로 취득한 권리의 일부를 양도하더라도 이는 법정추인이 되지 않으므로 취소권자의 취소권은 소멸하지 않는다.

⑤ 표의자가 제3자의 사기로 의사표시를 한 경우, 상대방이 그 사실을 알았거나 알 수 있었을 경우에 한하여 그 의사표시를 취소할 수 있다(제110조 제2항). 따라서 상대방이 그 사실을 과실 없이 알지 못한 때에는 그 의사표시를 취소할 수 없다.

10 ★
④ 조건성취의 효력은 원칙적으로 조건이 성취한 때부터 발생한다. 즉, 소급효가 없다.

11 ★★
ㄴ. 온천에 관한 권리는 관습법상의 물권이 아니다.

ㄹ. 미등기 무허가건물의 양수인은 소유권이전등기를 경료 받지 않은 경우 소유권에 준하는 관습법상의 물권을 취득할 수 없다(대판).

12 ★★

② 소유권을 상실한 자는 소유권에 기한 물권적 청구권으로서의 방해배제를 청구할 수 없다(대판 68다725). 따라서 甲은 乙에게 건물의 철거를 청구할 수 없다.

13 ★★

① 법률행위를 원인으로 하여 소유권이전등기를 명하는 판결을 받더라도 등기를 하여야 소유권을 취득한다(제186조).

14 ★★

ㄴ. 乙이 가등기에 기한 본등기를 하면 乙은 '본등기를 경료한 때'부터 토지에 대한 소유권을 취득한다.

ㄹ. 乙은 가등기된 소유권이전청구권을 가등기에 대한 부기등기의 방법으로 타인에게 양도할 수 있다.

15 ★★

④ 선의의 점유자가 본권에 관한 소에서 패소한 경우 '그 소가 제기된 때부터' 악의의 점유자로 보므로(제197조 제2항), 제소 후 판결확정 전에 취득한 과실은 반환할 의무가 있다.

16 ★★★

④ 점유권과 광업권은 혼동으로 소멸하는 권리가 아니다.

17 ★★★

ㄴ. 토지에 대한 취득시효 완성으로 인한 소유권이전등기청구권은 그 토지에 대한 점유가 계속되는 한 시효로 소멸하지 아니하고, 그 후 점유를 상실하였다고 하더라도 이를 시효이익의 포기로 볼 수 있는 경우가 아닌 한 이미 취득한 소유권이전등기청구권은 바로 소멸되는 것은 아니나, 취득시효가 완성된 점유자가 점유를 상실한 경우 취득시효 완성으로 인한 소유권이전등기청구권의 소멸시효는 이와 별개의 문제로서, 그 점유자가 점유를 상실한 때로부터 10년간 등기청구권을 행사하지 아니하면 소멸시효가 완성된다(대판 95다34866).

ㄹ. 만약 乙이 점유취득시효를 완성하기 전에 甲이 丙에게 X토지를 매도하여 이전등기를 마쳤다면, 乙은 시효완성당시 소유자인 丙에게 이전등기를 청구할 수 있다.

18 ★

③ 총유의 경우, 지분이 없다.

19 ★★★

② 토지와 함께 공동근저당권이 설정된 건물이 그대로 존속함에도 불구하고 사실과 달리 등기부에 멸실의 기재가 이루어지고 이를 이유로 등기부가 폐쇄된 경우, 저당권자로서는 멸실 등으로 인하여 폐쇄된 등기기록을 부활하는 절차 등을 거쳐 건물에 대한 저당권을 행사하는 것이 불가능한 것이 아닌 이상 저당권자가 건물의 교환가치에 대하여

이를 담보로 취득할 수 없게 되는 불측의 손해가 발생한 것은 아니라고 보아야 하므로, 그 후 토지에 대하여만 경매절차가 진행된 결과 토지와 건물의 소유자가 달라지게 되었다면 그 건물을 위한 법정지상권은 성립한다 할 것이다(대판 2012다108634).

20 ★

③ '요역지'는 1필의 토지이어야 하지만, '승역지'는 1필의 토지 일부라도 무방하다.

21 ★

① 전세금의 지급은 전세권의 성립요건이므로 전세권은 무상으로 설정할 수 없다.

22 ★★★

② 유치권자는 매수인에게 채권변제를 청구할 수 없다.

③ 유치권은 점유의 상실로 인하여 소멸한다(제328조). 따라서 유치권에 기한 반환청구권은 인정되지 않는다. 다만 점유의 침탈을 당했다면 점유권에 기한 반환청구권은 인정된다.

④ 임대차 종료 후 법원이 임차인의 유익비상환청구권에 유예기간을 인정한 경우, 채권이 아직 변제기에 있지 않으므로 임차인은 그 기간 내에는 유익비상환청구권을 담보하기 위해 임차목적물을 유치할 수 없다.

⑤ 유치권자가 유치물인 주택에 거주하며 이를 사용하는 것은 유치물의 보존에 필요한 사용에 해당하므로(대판), 특별한 사정이 없는 한 채무자는 유치권소멸을 청구할 수 없다.

23 ★★

ㄴ. 민법 제364조는 "저당부동산에 대하여 소유권, 지상권 또는 전세권을 취득한 제3자는 저당권자에게 그 부동산으로 담보된 채권을 변제하고 저당권의 소멸을 청구할 수 있다."고 규정하고 있다. 그러므로 근저당부동산에 대하여 후순위근저당권을 취득한 자는 민법 제364조에서 정한 권리를 행사할 수 있는 제3취득자에 해당하지 아니한다(대판 2005다17341).

ㄹ. 근저당부동산에 대하여 민법 제364조의 규정에 의한 권리를 취득한 제3자는 피담보채무가 확정된 이후에 '채권최고액의 범위 내에서' 채무를 변제하고 근저당권의 소멸을 청구할 수 있다.

24 ★

③ 저당권의 효력이 미치는 종물은 저당권 '설정 전 후'를 묻지 않는다.

25 ★

④ 청약의 상대방은 청약에 대하여 회답할 의무가 없으므로, 청약자가 '일정한 기간 내에 회답이 없으면 승낙한 것으로 본다'고 표시한 경우, 특별한 사정이 없으면 상대방은 이에 구속되지 않는다(대판).

26 ★★

① 동시이행의 항변권을 배제하는 당사자 사이의 특약은 유효하다.

② 쌍무계약에서 선이행의무자가 선이행하여야 할 채무를 이행하지 않은 상태에서 상대방의 채무가 이행기에 도달한 경우, 선이행의무자는 동시이행의 항변을 행사할 수 있다.

③ 쌍무계약의 당사자 일방이 먼저 한번 현실의 제공을 하고 상대방을 수령지체에 빠지게 하였다 하더라도 그 이행의 제공이 계속되지 않은 경우는 과거에 이행의 제공이 있었다는 사실만으로 상대방이 가진 동시이행의 항변권이 소멸한다고 볼 수 없다(대판 72다1513).

⑤ 임대인의 임대보증금의 반환의무가 주택임대차보호법 제3조의3 규정에 의한 임차권등기에 대한 임차인의 말소의무보다 선이행의무이다.

27 ★★★

③ 제3자는 선의이어도 보호되는 제3자에 해당하지 않으므로, 甲과 乙의 매매계약이 사기를 이유로 적법하게 취소된 경우 선의의 丙의 급부청구권은 소멸한다.

28 ★★

② 해제 후 원상회복을 위해 금전을 반환할 자는 '받은 날로부터' 이자를 가산하여야 한다.

29 ★★★

ㄱ. 계약해제로부터 보호받는 제3자란 해제된 계약으로부터 생긴 법률적 효과를 기초로 해제 전에 새로운 이해관계를 가졌을 뿐만 아니라 등기·인도 등으로 완전한 권리를 취득한 자를 말한다(대판). 따라서 계약상의 '채권 자체'를 압류 또는 전부(轉付)한 채권자는 계약해제로부터 보호받는 제3자에 해당하지 않는다.

ㄹ. 제3자를 위한 계약에서 수익자는 계약해제로부터 보호받는 제3자에 해당하지 않는다.

30 ★★

② 타인권리매도도 유효하다(제569조).

31 ★★★

③ 계약이 일단 성립한 후에는 당사자의 일방이 이를 마음대로 해제할 수 없는 것이 원칙이고, 다만 주된 계약과 더불어 계약금계약을 한 경우에는 민법 제565조 제1항의 규정에 따라 해제를 할 수 있기는 하나, 계약금계약은 금전 기타 유가물의 교부를 요건으로 하므로 단지 계약금을 지급하기로 약정만 한 단계에서는 아직 계약금으로서의 효력, 즉 위 민법 규정에 의해 계약해제를 할 수 있는 권리는 발생하지 않는다고 할 것이다(대판 2007다73611).

32 ★★★

① 토지에 대한 법령상의 제한으로 건물신축이 불가능하다면 이는 매매 '목적물의 하자'에 해당한다(대판).

② 제576조

③ 전부타인권리매매의 경우 악의의 매수인에게도 해제권은 인정된다(제570조).

④ '선의'의 매수인에 한하여 계약목적 달성이 가능한 경우에는 손해배상만을 청구할 수 있고, 계약의 목적 달성이 불가능한 경우에만 계약을 해제할 수 있다(제575조).

⑤ 선의의 매수인은 '안 날로부터' 1년 내에 행사하여야 한다(제573조).

33 ★★★

④ 임대차 기간의 정함이 없는 경우 甲이 해지통고를 하면 乙은 갱신청구의 유무에 불구하고 지상물매수청구권을 행사할 수 있다.

34 ★★

ㄷ. 임대인 甲에게 명도하면 임차인(전대인) 乙에 대한 명도의무를 면한다.

35 ★★

② 우선변제권은 주택이 '경매'된 경우에만 인정되고, '매매'의 경우에는 인정되지 않는다.

36 ★★

② 임차주택이 미등기인 경우에도 동법이 적용된다.

37 ★★

ㄱ. 권리금계약이란 신규임차인이 되려는 자가 '임차인'에게 권리금을 지급하기로 하는 계약을 말한다.

ㄴ. 임차인의 차임연체액이 '3기'의 차임액에 달하는 때에는 임대인은 계약을 해지할 수 있다.

38 ★★

③ 전유부분에 관하여 설정된 저당권의 효력은 특별한 사정이 없는 한 그 전유부분의 소유자가 사후에 취득한 대지사용권에까지 미친다(대판 2004다58611).

39 ★★

③ 甲은 직접 丙에게 소유권이전등기의 말소를 청구할 수 없으나, 乙을 대위하여 丙에게 소유권이전등기의 말소청구를 할 수 있다.

40 ★★

⑤ 채권자가 나름대로 평가한 청산금의 액수가 객관적인 청산금의 평가액에 미치지 못한다고 하더라도 담보권 실행의 통지로서의 효력이나 청산기간의 진행에는 아무런 영향이 없다(대판 96다6974).

1	⑤	2	③	3	③	4	⑤	5	③	6	⑤	7	①	8	①	9	③	10	②
11	③	12	④	13	③	14	④	15	④	16	④	17	③	18	③	19	③	20	⑤
21	①	22	④	23	②	24	②	25	⑤	26	④	27	②	28	③	29	①	30	⑤
31	④	32	③	33	⑤	34	④	35	①	36	②	37	②	38	④	39	⑤	40	⑤

★ 초급 ★★ 중급 ★★★ 고급으로 문제의 난이도를 표시한 것임.

01 ★★

ㄱ. 반사회질서의 법률행위에 해당하는지 여부는 "해당 법률행위가 이루어진 때"를 기준으로 판단해야 한다.

ㄹ. 다수의 보험계약을 통하여 보험금을 부정 취득할 목적으로 체결한 보험계약은 반사회질서의 법률행위이다.

02 ★★★

① 통정허위표시가 성립하기 위해서는 진의와 표시의 불일치에 관하여 상대방과 합의가 있어야 한다.

② 통정허위표시로서 무효인 법률행위라도 채권자취소권의 대상이 될 수 있다.

③ 당사자가 통정하여 증여를 매매로 가장한 경우, 매매는 가장행위로서 무효이지만, 증여(은닉행위)는 유효이다.

④ 통정허위표시의 무효로 대항할 수 없는 제3자의 범위는 통정허위표시를 기초로 새로운 법률상 이해관계를 맺었는지 여부에 따라 실질적으로 파악해야 한다. 그리고 통정허위표시의 무효로 대항할 수 없는 제3자는 등기, 인도 등으로 완전한 권리를 갖춘 자일 것을 요하는 것은 아니다. 해제의 소급효로부터 보호되는 제3자가 해제되기 전의 계약으로부터 생긴 법률효과를 토대로 하여 새로운 이해관계를 가졌을 뿐만 아니라 등기, 인도 등으로 완전한 권리를 갖춘 자를 의미한다.

⑤ 통정허위표시의 무효로 대항할 수 없는 제3자에 해당하는지의 여부를 판단할 때, 파산관재인은 파산채권자 모두가 악의로 되지 않는 한 선의로 다루어진다.

03 ★★

③ 조건이 법률행위 당시에 이미 성취할 수 없는 것인 경우, 그 조건이 정지조건이면 그 법률행위는 무효로 한다(제151조).

04 ★★

⑤ 甲의 내용증명우편이 乙에게 도달한 후 乙이 성년후견개시의 심판을 받은 경우, 甲의 해제의 의사표시는 효력을 잃지 않는다.

05 ★★★

① 乙이 한정후견개시의 심판을 받은 경우, 특별한 사정이 없는 한 乙의 대리권은 소멸하지 않는다. 다만 乙이 성년후견개시의 심판을 받은 경우라면 乙의 대리권은 소멸한다.

② 乙은 甲의 허락이 있으면 甲을 대리하여 자신이 X토지를 매수하는 계약을 체결할 수 있다.

③ 제128조

④ 甲의 수권행위는 불요식행위로서 묵시적인 방법에 의해서도 가능하다.

⑤ 乙은 특별한 사정이 없는 한 대리행위를 통하여 체결된 X토지 매매계약에 따른 중도금, 잔금을 수령할 권한도 있다.

06 ★

① 복대리인은 본인의 대리인이다.

② 임의대리인이 본인의 승낙을 얻어서 복대리인을 선임한 경우, 본인에 대하여 그 선임감독에 관한 책임이 있다.

③ 대리인이 복대리인을 선임한 후 사망한 경우, 특별한 사정이 없는 한 그 복대리권도 소멸한다.

④ 복대리인의 대리행위에 대하여도 표현대리에 관한 규정이 적용될 수 있다.

07 ★★

② 甲은 위 임대차계약을 묵시적으로 추인할 수 있다.

③ 丙이 계약 당시에 乙에게 대리권 없음을 알았던 경우에도 丙의 甲에 대한 최고권이 인정된다.

④ 甲이 임대기간을 단축하여 위 임대차계약을 추인한 경우, 丙의 동의가 없는 한 그 추인은 무효이다.

⑤ 甲이 추인하면, 특별한 사정이 없는 한 위 임대차계약은 계약 시에 소급하여 효력이 생긴다.

08 ★

ㄱ. 대리인이 여러 명인 때에는 각자대리가 원칙이다.

ㄴ. 권한을 정하지 아니한 대리인은 보존행위뿐만 아니라 성질이 변하지 않는 범위 내에서 이용 또는 개량행위를 할 수 있다.

ㄷ. 유권대리에 관한 주장 속에는 무권대리에 속하는 표현대리의 주장이 포함되어 있지 않다.

09 ★★★

ㄷ. '상대방'이 취소권자에게 이행을 청구한 경우는 법정추인사유에 해당하지 않는다. '취소권자'가 이행을 청구한 경우는 법정추인사유에 해당한다.

ㄹ. '상대방'이 취소할 수 있는 행위로 취득한 권리를 타인에게 양도한 경우는 법정추인사유에 해당하지 않는다. '취소권자'가 취소할 수 있는 행위로 취득한 권리를 타인에게 양도한 경우는 법정추인사유에 해당한다.

10 ★★★

① 甲은 토지거래허가의 협력절차에 협력할 의무가 있다.

③ 甲은 乙의 매매대금 이행제공이 없음을 이유로 토지거래허가 신청에 대한 협력의무의 이행을 거절할 수 없다.

④ 토지거래허가구역 지정기간이 만료되었으나 재지정이 없는 경우, 위 계약은 확정적으로 유효로 된다.

⑤ 乙이 丙에게 X토지를 전매하고 丙이 자신과 甲을 매매당사자로 하는 허가를 받아 甲으로부터 곧바로 등기를 이전받았다고 하더라도 그 등기는 무효이다.

11 ★

① 소유권에 기한 물권적 청구권은 소멸시효에 걸리지 않는다.

② 상대방의 귀책사유는 물권적 청구권의 행사요건이 아니다.

④ 임차인은 임차목적물에 관한 임대인의 소유권에 기한 물권적 청구권을 대위행사할 수 있다.

⑤ 유치권자는 유치권에 기한 물권적 청구권이 인정되지 않고 점유권에 기한 물권적 청구권을 행사할 수 있다.

12 ★★

① 부동산 물권변동 후 그 등기가 원인 없이 말소되더라도 그 물권변동의 효력에 영향을 미치지 않는다.

② 등기를 요하지 않은 물권취득의 원인인 판결이란 형성판결을 의미한다.

③ 소유권이전등기청구권의 보전을 위한 가등기에 기하여 본등기가 행해지면 물권변동의 효력은 본등기가 행해진 때 발생한다.

④ 매수한 토지를 인도받아 점유하고 있는 미등기 매수인으로부터 그 토지를 다시 매수한 자는 3자간 합의가 없는 한 최초 매도인에 대하여 직접 자신에게로의 소유권이전등기를 청구할 수 없으며, 중간자를 대위하여 소유권이전등기를 청구할 수 있다.

⑤ 강제경매로 인해 성립한 관습상 법정지상권을 법률행위에 의해 '양도'하기 위해서는 등기가 필요하다.

13 ★★

ㄴ. 대리에 의한 매매계약을 원인으로 소유권이전등기가 이루어진 경우, 대리권의 존재는 추정된다.

ㄷ. 근저당권등기가 행해지면 피담보채권의 존재는 추정되지만, 그 피담보채권을 성립시키는 기본계약의 존재는 추정되지 않는다.

ㄹ. 부동산 소유권 보존등기가 경료되어 있는 이상 그 보존등기 명의자에게 소유권이 있음이 추정된다 하더라도, 그 보존등기 명의자가 보존등기하기 이전의 소유자로부터 부동산을 양수한 것이라고 주장하고 전 소유자는 양도사실을 부인하는 경우에는 그 보존등기의 추정력은 깨어진다(대판 82다카707).

14 ★

① 주택임대차보호법상의 대항요건인 인도(引渡)는 임차인이 주택의 간접점유를 취득하는 경우에도 인정될 수 있다.

② 점유취득시효의 기초인 점유에는 간접점유도 포함된다.

③ 직접점유자가 그 점유를 임의로 양도한 경우, 그 점유 이전이 간접점유자의 의사에 반하더라도 간접점유가 침탈된 것은 아니다.

⑤ 점유매개관계를 발생시키는 법률행위가 무효라 하더라도 간접점유는 인정될 수 있다.

15 ★★

④ 취득시효완성에 의한 등기를 하기 전에 먼저 소유권이전등기를 경료하여 부동산 소유권을 취득한 제3자에 대하여는 그 제3자 명의의 등기가 무효가 아닌 한 시효취득을 주장할 수 없으므로, 이 사건 토지에 관한 취득시효가 완성된 후 그 등기를 하기 전에 제3자가 취득시효완성 전에 이미 설정되어 있던 가등기에 기하여 소유권이전의 본등기를 경료하였다면 그 가등기나 본등기를 무효로 볼 수 있는 경우가 아닌 한 시효완성자는 시효완성 후 부동산소유권을 취득한 제3자에 대하여 시효취득을 주장할 수 없다(대판 92다21258).

⑤ 점유로 인한 부동산소유권의 시효취득에 있어 취득시효의 중단사유는 종래의 점유상태의 계속을 파괴하는 것으로 인정될 수 있는 사유이어야 하는데, '압류 또는 가압류'는 금전채권의 강제집행을 위한 수단이거나 그 보전수단에 불과하여 취득시효기간의 완성 전에 부동산에 압류 또는 가압류 조치가 이루어졌다고 하더라도 이로써 종래의 점유상태의 계속이 파괴되었다고는 할 수 없으므로 이는 취득시효의 중단사유가 될 수 없다(대판 2018다296878).

16 ★★

① 취득시효완성으로 인한 소유권이전등기청구권은 채권자와 채무자 사이에 아무런 계약관계나 신뢰관계가 없고, 그에 따라 채권자가 채무자에게 반대급부로 부담하여야 하는 의무도 없다(대판 2015다36167). 따라서 점유취득시효의 완성으로 점유자가 소유자에 대해 갖는 소유권이전등기청구권은 통상의 채권양도 법리에 따라 양도될 수 있다.

④ 가등기에 기한 소유권이전등기청구권이 시효완성으로 소멸된 후 그 부동산을 취득한 제3자가 가등기권자에 대해 갖는 등기말소청구권은 소유권에 기한 방해배제청구권으로서 물권적 청구권이다.

⑤ 사법상 권리인 등기청구권은 공법상 권리인 등기신청권과 서로 다른 내용의 권리이다.

17 ★★

② 부동산에 부합된 동산의 가격이 부동산의 가격을 초과하더라도 동산의 소유권은 원칙적으로 '부동산의 소유자'에게 귀속된다.

③ 제261조

④ 토지소유자와 지상권설정계약을 맺은 자가 자신 소유의 수목을 그 토지에 식재한 경우, 지상권이라는 '정당한 권원'에 의하여 수목을 식재한 자가 그 수목의 소유권자이다(제256조 단서).

18 ★★

③ 공유부동산에 대해 공유자 중 1인의 단독명의로 원인무효의 소유권이전등기가 행해졌다면, 다른 공유자는 등기명의인인 공유자의 지분을 제외한 부분의 말소를 청구할 수 있다.

19 ★★★

② 물권은 법률 또는 관습법에 의하는 외에는 임의로 창설하지 못하는 것이므로(민법 제185조), 지상권설정등기가 경료되면 그 지상권의 내용과 범위는 등기된 바에 따라서 대세적인 효력이 발생하고, 제3자가 지상권설정자에 대하여 해당 토지를 사용·수익할 수 있는 채권적 권리를 가지고 있다고 하더라도 이러한 사정만으로 지상권자에 대항할 수는 없다고 할 것이다(대판 2005다47205). 따라서 乙이 지상권침해를 이유로 丙에 대하여 Y의 철거를 청구할 경우, 특별한 사정이 없는 한 丙은 甲에 대한 채권을 이유로 乙에게 대항할 수 없다.

③ 금융기관이 대출금 채무의 담보를 위하여 채무자 소유의 토지에 저당권을 취득함과 아울러 그 토지에 지료를 지급하지 아니하는 지상권을 취득하면서 채무자 등으로 하여금 그 토지를 계속하여 점유, 사용토록 하는 경우, 특별한 사정이 없는 한 당해 지상권은 저당권이 실행될 때까지 제3자가 용익권을 취득하거나 목적 토지의 담보가치를 하락시키는 침해행위를 하는 것을 배제함으로써 저당 부동산의 담보가치를 확보하는 데에 그 목적이 있다고 할 것이고, 그 경우 지상권의 목적 토지를 점유, 사용함으로써 임료 상당의 이익이나 기타 소득을 얻을 수 있었다고 보기 어려우므로, 그 목적 토지의 소유자 또는 제3자가 저당권 및 지상권의 목적 토지를 점유, 사용한다는 사정만으로는 금융기관에게 어떠한 손해가 발생하였다고 볼 수 없다(대판 2006다586). 따라서 乙은 丙에게 X의 사용·수익을 이유로 부당이득의 반환을 청구할 수 없다.

20 ★

① 요역지는 1필의 토지여야 한다.

② 요역지의 지상권자는 자신의 용익권 범위 내에서 지역권을 행사할 수 있다.

③ 공유자 중 1인이 지역권을 취득한 때에는 다른 공유자도 지역권을 취득한다.

④ 요역지의 불법점유자는 통행지역권을 시효취득할 수 없다.

21 ★★

① 乙의 전세권이 법정갱신되는 경우, 그 존속기간은 정함이 없는 것으로 본다(제312조 제4항).

② 존속기간 만료 시 乙이 전세금을 반환받지 못하더라도 乙은 전세권에 기하여 X건물 전체에 대한 경매를 신청할 수는 없다.

③ 존속기간 만료 시 乙은 특별한 사정이 없는 한 전세금반환채권을 타인에게 양도할 수 있다.

④ 甲이 X건물의 소유권을 丙에게 양도한 후 존속기간이 만료되면 乙은 丙에 대하여 전세금반환을 청구할 수 있고, 甲에 대하여 전세금반환을 청구할 수 없다.

⑤ 乙은 특별한 사정이 없는 한 전세목적물의 현상유지를 위해 지출한 통상필요비의 상환을 甲에게 청구할 수 없다(제309조).

22 ★★★

ㄱ. 치권은 타인 소유의 물건에 성립한다.

ㄴ. 변제기가 도래하여야 유치권이 성립한다.

ㄷ. X에 대한 甲의 점유가 채무자를 매개로 한 간접점유가 아닌 한, 직접점유인지 간접점유인지 여부는 甲의 유치권 성립에 영향을 미치지 않는다.

ㄹ. 불법점유라면 유치권이 성립되지 않는다.

ㅁ. 유치권을 배제하기로 한 약정은 유효이므로 이러한 약정이 있으면 유치권이 성립하지 않는다.

23 ★★★

① 乙은 甲에 대한 채권과 분리하여 자신의 저당권을 타인에게 양도할 수 없다.

② 乙이 X에 대한 저당권을 실행하는 경우, Y는 제3자 丙의 소유건물이므로, Y에 대해서는 일괄경매를 청구할 수 없다.

③ 丁의 Y에 대한 저당권 실행으로 戊가 경락을 받아 그 대금을 완납하면, 특별한 사정이 없는 한 丙의 X에 관한 임차권은 戊에게 이전된다.

④ 丁의 Y건물에 대한 저당권이 실행되더라도, 乙의 저당권은 토지에 대한 저당권이므로 소멸하지 않는다.

⑤ 甲이 X를 매도하는 경우, 乙은 그 매매대금에 대해 물상대위권을 행사할 수 없다.

24 ★

ㄷ. 저당부동산에 대한 '압류 이후'에 저당부동산으로부터 발생한 저당권설정자의 차임채권에 저당권의 효력이 미친다.

25 ★★

ㄱ. 약금은 별도의 약정이 없는 한 해약금의 성질을 가진다(제565조).

ㄴ. 매수인이 '이행기 전'에 중도금을 지급한 경우에도 특별한 사정이 없는 한 이행의 착수에 해당하므로, 매도인은 특별한 사정이 없는 한 계약금의 배액을 상환하여 계약을 해제할 수 없다.

ㄷ. 매도인이 계약금의 배액을 상환하여 계약을 해제하는 경우, 그 이행의 제공을 하면 족하고 매수인이 이를 수령하지 않더라도 공탁까지 할 필요는 없다(대판).

26 ★★

① 甲은 대가관계의 부존재를 이유로 자신이 기본관계에 기하여 乙에게 부담하는 채무의 이행을 거부할 수 없다.

② 甲과 乙 간의 계약이 해제된 경우, 乙은 丙에게 급부한 것이 있더라도 丙을 상대로 부당이득반환을 청구할 수 없다.

③ 丙이 수익의 의사표시를 한 후 甲이 乙의 채무불이행을 이유로 계약을 해제하면, 丙은 乙에게 그 채무불이행으로 자기가 입은 손해의 배상을 청구할 수 있다.

④ 甲과 乙간의 계약이 甲의 착오로 취소된 경우, 丙은 착오취소로써 대항할 수 없는 제3자의 범위에 속하지 않는다.

⑤ 수익의 의사표시를 한 丙은 甲이 아닌 乙에게 직접 그 이행을 청구할 수 있다.

27 ★★

ㄱ. 계약해제 전 그 계약상의 채권을 양수하고 이를 피보전권리로 하여 처분금지가처분결정을 받은 채권자는 해제로 인하여 보호받는 제3자에 해당하지 않는다(대판).

ㄷ. 계약해제 전 그 계약상의 채권을 압류한 자는 해제로 인하여 보호받는 제3자에 해당하지 않는다(대판).

28 ★

① 계약을 합의해제할 때에 원상회복에 관하여 반드시 약정해야 하는 것은 아니다.

② 계약이 합의해제된 경우, 다른 사정이 없는 한 채무불이행으로 인한 손해배상을 청구할 수 없다.

④ 계약의 합의해제에 관한 청약에 대하여 상대방이 변경을 가하여 승낙한 때에는 그 청약은 효력을 잃는다.

⑤ 합의해제의 경우에도 법정해제의 경우와 마찬가지로 제3자의 권리를 해하지 못한다. 즉 제3자의 권리가 보호된다.

29 ★

② 매매계약은 유상·쌍무계약이다.

③ 매도인의 담보책임은 무과실책임이다.

④ 타인의 권리도 매매의 대상이 될 수 있다.

⑤ 매매계약에 관한 비용은 특별한 사정이 없는 한 당사자 쌍방이 균분하여 부담한다.

30 ★★★

① X토지가 인도되지 않고 대금도 완제되지 않은 경우, 특별한 사정이 없는 한 乙은 인도의무의 지체로 인한 손해배상을 청구할 수 없다.

② 乙이 대금지급을 거절할 정당한 사유가 있는 경우, X토지를 미리

인도받았더라도 그 대금에 대한 이자를 지급할 의무는 없다.

③ X토지가 인도되지 않았다면, 특별한 사정이 없는 한 乙이 잔대금 지급을 지체하여도 甲은 잔대금의 이자상당액의 손해배상청구를 할 수 없다.

④ X토지를 아직 인도받지 못한 乙이 미리 소유권이전등기를 경료받았다고 하여도 매매대금을 완제하지 않는 이상 X토지에서 발생하는 과실은 甲에게 귀속된다.

31 ★★

① 후발적 불능이 당사자 쌍방에게 책임 없는 사유로 생긴 때에는 위험부담의 문제가 발생한다.

② 편무계약의 경우 원칙적으로 위험부담의 법리가 적용되지 않는다.

③ 당사자 일방이 대상청구권을 행사하려면 상대방에 대하여 반대급부를 이행할 의무가 있다.

⑤ 우리 민법은 채무자위험부담주의를 원칙으로 한다.

32 ★★

① 부동산에 관하여 매매등기와 아울러 환매특약의 등기가 경료된 이후 그 부동산 매수인으로부터 그 부동산을 전득한 제3자가 환매권자의 환매권행사에 대항할 수 없으나, 환매특약의 등기가 부동산의 매수인의 처분권을 금지하는 효력을 가지는 것은 아니므로 그 매수인은 환매특약의 등기 이후 부동산을 전득한 제3자에 대하여 여전히 소유권이전등기절차의 이행의무를 부담하고, 부동산의 매수인은 전득자인 제3자에 대하여 환매특약의 등기사실만으로 제3자의 소유권이전등기청구를 거절할 수 없다(대판 94다35527).

② 환매기간을 정한 때에는 다시 이를 연장하지 못한다.

③ 제592조

④ 환매기간에 관한 별도의 약정이 없으면 그 기간은 5년이다.

⑤ 환매특약은 매매계약과 동시에 하여야 한다.

33 ★★★

ㄷ. 전세권자에게는 필요비상환청구권이 인정되지 않는다.

34 ★★

④ 임대차가 甲의 채무불이행 때문에 기간 만료 전에 종료되었다면 지상물이 현존하더라도 甲은 매수청구를 할 수 없다.

35 ★★

② 임대인으로부터 매수한 부속물에도 인정된다.

③ 적법한 전차인에게도 인정된다.

④ 이를 인정하지 않는 약정으로 임차인에게 불리한 것은 그 효력이 없다.

⑤ 오로지 임차인의 특수목적을 위해 부속된 물건은 매수청구의 대상이 아니다.

36 ★★

① 乙은 2년의 임대차 존속기간을 주장할 수 있다.

② 甲이 아니라 乙은 1년의 존속기간이 유효함을 주장할 수 있다.

③ 乙이 2기의 차임액에 달하도록 차임을 연체한 경우, 묵시적 갱신이 인정되지 아니한다.

④ 임대차계약이 묵시적으로 갱신된 경우, 乙은 언제든지 甲에게 계약해지를 통지할 수 있다.

37 ★★

② 임차인이 임차한 건물을 중대한 과실로 전부 파손한 경우, 임대인은 권리금회수의 기회를 보장할 필요가 없다(제10조의4 제1항 단서).

38 ★★★

④ 채권자가 통지한 청산금액이 객관적으로 정확하게 계산된 액수와 맞지 않아도 실행통지로서의 효력이 있다.

39 ★★

① 규약 및 관리단집회의 결의는 구분소유자의 특별승계인에 대하여도 효력이 있다.

② 구분소유건물의 공용부분에 관한 물권의 득실변경은 등기가 필요하지 않다.

③ 관리인은 구분소유자가 아니더라도 무방하다.

④ 재건축 결의는 구분소유자 및 의결권의 각 5분의 4 이상의 결의에 의한다.

40 ★★★

① 甲과 乙 사이의 명의신탁약정은 유효이다.

② 甲은 乙을 상대로 부당이득반환을 원인으로 한 소유권이전등기를 구할 수 없다.

③ 甲과 丙 사이의 매매계약은 유효이므로, 甲은 丙을 상대로 소유권이전등기청구를 할 수 있다.

④ 甲은 丙을 대위하여 乙명의 등기의 말소를 구할 수 있다.

⑤ 수탁자와 거래한 제3자는 선의·악의를 불문하고 권리를 취득하므로, 甲과 乙 간의 명의신탁약정 사실을 알고 있는 丁이 乙로부터 X부동산을 매수하고 이전등기를 마쳤다면, 丁은 특별한 사정이 없는 한 그 부동산을 취득한다.

틀린문제 포인트 부분을 직접 기입하면서 문제 하나하나를 완전한 내 것으로 만든다.